城市轨道交通"英"系列技能教材

城市轨道交通消防安全

CHENGSHI GUIDAO JIAOTONG XIAOFANG ANQUAN

主编 庄群虎 彭 骏
参编 徐 雪 项郁南 王国祥 马小晨
　　　张宝祥 杨艳军 季蓉蓉 陆 瑶
　　　王连峰 季秋睿 夏海峰

苏州大学出版社
Soochow University Press

图书在版编目(CIP)数据

城市轨道交通消防安全/庄群虎,彭骏主编. --苏州：苏州大学出版社,2023.8
城市轨道交通"英"系列技能教材
ISBN 978-7-5672-4348-4

Ⅰ.①城… Ⅱ.①庄… ②彭… Ⅲ.①城市铁路—轨道交通—消防管理—高等学校—教材 Ⅳ.①U239.5

中国国家版本馆 CIP 数据核字(2023)第 063896 号

| 书　　名 ：城市轨道交通消防安全 |
| 主　　编 ：庄群虎　彭　骏 |
| 责任编辑 ：施小占 |
| 装帧设计 ：刘　俊 |
| 出版发行 ：苏州大学出版社(Soochow University Press) |
| 社　　址 ：苏州市十梓街 1 号　邮编：215006 |
| 印　　装 ：苏州市深广印刷有限公司 |
| 网　　址 ：http://www.sudapress.com |
| 邮购热线 ：0512-67480030 |
| 销售热线 ：0512-67481020 |
| 开　　本 ：787 mm×1 092 mm　1/16　印张：13.75　字数：293 千 |
| 版　　次 ：2023 年 8 月第 1 版 |
| 印　　次 ：2023 年 8 月第 1 次印刷 |
| 书　　号 ：ISBN 978-7-5672-4348-4 |
| 定　　价 ：45.00 元 |

若发现印装错误,请与本社联系调换。
服务热线：0512-67481020
苏州大学出版社邮箱　sdcbs@suda.edu.cn

城市轨道交通"英"系列技能教材编委会

主　　任　金　铭

副 主 任　史培新

编　　委　陆文学　王占生　钱曙杰　楼　颖
　　　　　　蔡　荣　朱　宁　范巍巍　庄群虎
　　　　　　王社江　江晓峰　潘　杰　戈小恒
　　　　　　陈　升　虞　伟　刘农光　蒋　丽
　　　　　　李　勇　张叶锋　王　永　王庆亮
　　　　　　查红星　胡幼刚　韩建明　冯燕华
　　　　　　鲍　丰　孙田柱　凌　扬　周　礼
　　　　　　毛自立　矫甘宁　凌松涛　周　赟
　　　　　　姚海玲　谭琼亮　汪一鸣　姚林泉
　　　　　　金菊华　王志强　俄文娟　崔建荣

序

习近平总书记指出:"城市轨道交通是现代大城市交通的发展方向。发展轨道交通是解决大城市病的有效途径,也是建设绿色城市、智能城市的有效途径。"习近平总书记的重要讲话指明了城市轨道交通的发展方向,是发展城市轨道交通的根本遵循。

当前,城市轨道交通正在迈入智能化的新时代。对此,要求人才培养工作重视高素质人才、专业化人才的培养和广大员工信息化知识的普及教育。如何切实保障城市轨道交通安全运行?如何提升城市轨道交通的服务质量和客户满意度?如何助推交通强国建设?这是摆在我们面前的重要任务。

苏州是我国首个开通轨道交通的地级市,多年来,苏州市轨道交通集团有限公司坚持以习近平新时代中国特色社会主义思想为指导,牢记"为苏州加速,让城市精彩"的使命,深入践行"建城市就是建地铁"的发展理念,坚持深化改革和推动高质量发展两手抓,在长三角一体化发展、四网融合、区域协调发展等"国之大者"中认真谋划布局苏州轨道交通事业,助推"区域融合",建立沪苏锡便捷式、多通道轨道联系。截至2023年,6条线路开通运营,运营里程突破250千米;在建8条线路如期进行,建设总里程达210千米。"十四五"时期是苏州轨道交通发展的关键期,面对长三角一体化发展、面对人民群众的期盼,苏州轨道交通事业面临各种挑战和机遇,对人才队伍的专业技能和整体素质也提出了更高要求。

苏州轨道交通处于建设高峰期,对人才的需求更加迫切。苏州市轨道交通集团有限公司一直高度重视人才培养和高素质人才队伍建设,特别推出了城市轨道交通"慧"系列管理教材和"英"系列技能教材。

"慧"系列管理教材包括管理基础、管理能力、管理方法、创新能力、企业文化等方面的内容，涵盖了从管理基础的学习到创新能力的培养，从企业文化的塑造到管理方法的运用，为城市轨道交通行业的管理人员全面、系统地学习管理知识和提升管理能力提供了途径。

"英"系列技能教材包括行车值班员、行车调度员、电客车司机、安全实践案例分析、消防安全等方面的内容，为城市轨道交通行业的从业人员技能培训和安全意识提升提供了途径，为城市轨道交通行业的安全和服务质量提供了重要的保障。

这两个系列教材，顺应轨道交通事业发展要求，契合轨道交通专业人才特点，聚焦管理基础和技能提升，融合管理资源和业务资源，兼具苏州城市和轨道专业特色，具有很好的实践指导性，对于促进企业管理水平提升、培养高素质管理人才和高水平技能人才将会起到实实在在的推动作用。

这两个系列教材可供轨道交通相关企业培训使用，也可作为院校相关专业教学用书。

这两个系列教材凝聚了编写组人员的心血，是苏州轨道交通优秀实践经验的凝练和总结。希望能够物尽其用，充分发挥好基础性、支撑性作用，促进城市轨道交通技能人才培养，推动"轨道上的苏州"建设，助力"强富美高"新苏州现代化建设，谱写更加美好的新篇章。

中国城市轨道交通协会常务副会长

前言 Preface

党的二十大报告指出:"坚持安全第一、预防为主,建立大安全大应急框架,完善公共安全体系,推动公共安全治理模式向事前预防转型。"

城市轨道交通系统点多、线长、面广,建设、运营涉及施工现场、地上建筑、地下空间等区域,各类设备管线复杂,电气化程度高,人员密集,人口流动性大,存在诸多消防安全隐患。一旦发生火灾事故,社会影响大,涉及范围广,易造成较大财产损失和人员伤亡。普及消防安全知识、提升火灾防控能力对于保障城市轨道交通的安全运营有着十分重要的现实意义。城市轨道交通系统工作人员学习本书,有助于提升检查消除火灾隐患能力、扑救初起火灾能力、组织人员疏散逃生能力和消防宣传教育培训能力,做到预防火灾和减轻火灾危害,加强应急救援工作,保护人身、财产安全,维护公共安全。

全书共分为五个项目。项目一城市轨道交通消防安全概述,介绍了消防安全基础知识以及城市轨道交通的消防安全现状、建筑防火知识、电气防火知识;项目二消防法律法规和技术标准,介绍了《中华人民共和国消防法》和相关法律、规章以及地铁设计防火标准;项目三城市轨道交通消防设施,分别从车站、隧道、车辆三个方面介绍了消防设施并讲解了消防设施的检查方法,探索了智慧消防的深度应用;项目四城市轨道交通消防安全管理,介绍了消防安全组织、日常消防安全管理、施工现场消防安全管理、消防宣传培训教育的内容和要求,讲解了消防安全评估的流程和方法;项目五城市轨道交通火灾事故应急处置,在分析城市轨道交通火灾事故的基础上,分别介绍了初起火灾扑救、灭火和应急救援预案、火灾事故调查、消防装备等火灾事故应急处置相关内容。

  本书由苏州市轨道交通集团有限公司和苏州市消防救援支队组织编写。在编写过程中，编者查阅和参考了国内外消防安全管理、城市轨道交通安全管理等文献资料、相关标准规范及部分网络资源，已在参考文献及书中注明相应资料的出处，在此向相关作者表示感谢。本书的编写和出版得到了苏州市轨道交通集团有限公司、苏州大学轨道交通学院、苏州大学出版社的大力支持，在此也一并表示感谢。

  由于编者水平有限，书中疏漏、错误之处在所难免，敬请读者批评指正！

编者
2022 年 11 月

项目一　城市轨道交通消防安全概述 ……………………………………… 1

任务一　消防安全基础知识 ………………………………………… 1
任务二　城市轨道交通消防安全现状 …………………………… 13
任务三　城市轨道交通建筑防火知识 …………………………… 17
任务四　城市轨道交通电气防火知识 …………………………… 40
案例分析 ……………………………………………………………… 52
项目训练 ……………………………………………………………… 55
自测题 ………………………………………………………………… 55

项目二　消防法律法规和技术标准 ……………………………………… 56

任务一　中华人民共和国消防法 ………………………………… 56
任务二　消防相关法律法规及规章 ……………………………… 60
任务三　城市轨道交通设计消防技术标准 ……………………… 67
案例分析 ……………………………………………………………… 71
项目训练 ……………………………………………………………… 71
自测题 ………………………………………………………………… 72

项目三　城市轨道交通消防设施 ………………………………………… 73

任务一　城市轨道交通车站消防设施 …………………………… 73
任务二　城市轨道交通隧道消防设施 …………………………… 98
任务三　城市轨道交通车辆消防设施 …………………………… 105
任务四　城市轨道交通消防设施检查 …………………………… 108
任务五　智慧消防在城市轨道交通中的应用 …………………… 113
案例分析 ……………………………………………………………… 120
项目训练 ……………………………………………………………… 123
自测题 ………………………………………………………………… 123

项目四　城市轨道交通消防安全管理 …… 124

　　任务一　消防安全组织 …… 124
　　任务二　日常消防安全管理 …… 129
　　任务三　施工现场消防安全管理 …… 140
　　任务四　消防宣传教育培训 …… 144
　　任务五　消防安全评估 …… 145
　　案例分析 …… 157
　　项目训练 …… 158
　　自测题 …… 159

项目五　城市轨道交通火灾事故应急处置 …… 161

　　任务一　初起火灾扑救 …… 161
　　任务二　消防装备 …… 166
　　任务三　灭火和应急救援预案 …… 176
　　任务四　火灾事故调查 …… 183
　　案例分析 …… 187
　　项目训练 …… 188
　　自测题 …… 189

附录A　单位消防安全评估参照表 …… 190

附录B　微型消防站分级标准 …… 205

附录C　微型消防站装备配备参考标准 …… 207

参考文献 …… 208

项目一　城市轨道交通消防安全概述

 学习目标

1. 了解消防安全基础知识；
2. 熟悉城市轨道交通消防安全风险；
3. 知晓城市轨道交通建筑防火知识；
4. 知晓城市轨道交通电气防火知识。

能力目标

1. 能够辨识城市轨道交通领域消防安全风险；
2. 能够认知城市轨道交通建筑消防安全的主要方面；
3. 掌握城市轨道交通变电站火灾预防和处置的基本方法。

任务一　消防安全基础知识

了解燃烧的基本知识才能正确认识火灾，正确认识火灾才能避免发生火灾，燃烧和火灾知识是消防安全最基础的知识。

一、燃烧

（一）燃烧的定义

燃烧是指可燃物与氧化剂相互作用发生的放热反应，通常伴有火焰、发光和（或）烟气。

通常将气相燃烧并伴有发光现象称为有焰燃烧，物质处于固体状态而没有火焰的燃烧称为无焰燃烧。物质高温分解或燃烧时产生的固体和液体微粒、气体，连同夹带和混

1

入的部分空气，就形成了烟气。燃烧是一种十分复杂的氧化还原化学反应，物质是否发生了燃烧反应，可根据"化学反应、放出热量、发出光亮"这三个特征来判断。

（二）燃烧的基本知识

1. 燃点

在规定的试验条件下，物质在外部引火源作用下表面起火并持续燃烧一定时间所需的最低温度，称为燃点。物质的燃点越低，火灾的危险性越大。

2. 自燃点

在规定的试验条件下，可燃物质发生自燃的最低温度，称为自燃点。在这一温度时，物质与空气（氧）接触，不需要明火的作用就能发生燃烧。可燃物的自燃点越低，火灾的危险性越大。

3. 闪点

在规定的试验条件下，可燃液体或固体表面产生的蒸气在试验火焰作用下发生闪燃的最低温度，称为闪点。闪点是衡量液体火灾危险性大小的重要参数，闪点越低，火灾的危险性越大。

4. 爆炸极限

可燃气体、蒸气及粉尘与空气混合所形成的混合物只有处于一定的浓度范围时，遇火源才会爆炸。能引起爆炸的最高浓度称为爆炸上限，能引起爆炸的最低浓度称为爆炸下限，上限和下限之间的间隔称为爆炸极限。气体和液体的爆炸极限通常用体积分数（%）表示，爆炸范围越大，下限越低，火灾的危险性就越大。粉尘爆炸极限通常用单位体积中所含粉尘的质量（g/m^3）来表示，爆炸下限越低的粉尘，爆炸的危险性越大。

（三）燃烧的条件

1. 燃烧的必要条件

燃烧现象十分普遍，但任何物质发生燃烧，都有一个由未燃烧状态转向燃烧状态的过程。有焰燃烧必须具备四个条件，即可燃物、助燃物、引火源和链式反应自由基，即着火"四面体"。

（1）可燃物。

可燃物是指能与空气中的氧或其他氧化剂起燃烧反应的物质，如纸张、木材、煤炭、汽油、氢气等。自然界中的可燃物种类繁多，若按化学组成，可分为有机可燃物和无机可燃物两大类；若按物理状态，可分为固体可燃物、液体可燃物和气体可燃物三大类。

（2）助燃物。

助燃物是指能帮助和支持可燃物燃烧的物质，即能与可燃物发生氧化反应的物质。通常燃烧过程中的助燃物是氧，它包括游离的氧或化合物中的氧。一般来说，可燃物的燃烧均是指在空气中进行的燃烧，其在空气中的燃烧以游离的氧作为氧化剂，这种燃烧是最普遍的。此外，某些物质也可作为燃烧反应的助燃物，如氯、氟、氯酸钾等。也有少数可燃物，如低氮硝化纤维、硝酸纤维的赛璐珞等含氧物质，一旦受热，能自动释放出氧，不需要外部助燃物就可发生燃烧。

（3）引火源。

使物质开始燃烧的外部热源（能源），称为引火源（也称点火源）。引火源温度越高，越容易点燃可燃物。根据引起物质着火的能量来源，在生产生活实践中，引火源通常有明火、高温物体、化学热能、电热能、机械热能、生物能、光能和核能等。

（4）链式反应自由基。

有焰燃烧都存在着链式反应自由基。可燃物与氧化剂之间的氧化反应不是直接进行的，而是经过高温中生成的自由基（活性基团和原子）等中间物质，通过连锁反应进行的。当某种可燃物受热时，它不仅会汽化，而且其分子会发生热裂解作用，从而产生自由基，通过与其他自由基和分子起反应，使燃烧持续进行。

2. 燃烧的充分条件

具备了燃烧的必要条件，并不意味着燃烧必然发生。发生燃烧或持续燃烧的充分条件是：

（1）一定数量或浓度的可燃物。

要燃烧，必须具备一定数量或浓度的可燃物。虽然有可燃物，但当其挥发的气体或蒸气浓度不够时，即使有足够的空气（氧化剂）和引火源接触，也不会发生燃烧。

（2）一定含量的助燃物。

可燃物发生燃烧需要有一个最低含氧量要求，各种不同的可燃物发生燃烧，均有本身固定的最低含氧量要求。低于这一浓度，即使燃烧的其他条件全部具备，燃烧仍然不会发生。可燃物不同，燃烧所需要的含氧量也不同。

（3）一定能量的引火源。

无论何种形式的引火源，都必须达到一定的能量，即要有一定的温度和足够热量才能引起燃烧反应，否则，燃烧不会发生。其所需引火源的能量，取决于可燃物的最小引燃能量（又称最小点火能量，即可燃物燃烧所需的最小能量）。若引火源的强度低于可燃物的最小引燃能量，燃烧便不会发生。

（4）相互作用。

要使燃烧发生或持续，"燃烧三要素"除了要达到一定量的要求外，还要相互结合、相互作用，否则燃烧也不能发生。

（四）燃烧产物

1. 燃烧产物的定义

由燃烧或热解作用而产生的全部物质，称为燃烧产物。它通常包括燃烧生成的烟气、热量和气体等。

2. 燃烧产物的分类

燃烧产物分为完全燃烧产物和不完全燃烧产物两类。

(1) 完全燃烧产物。

可燃物在燃烧过程中，如果生成的产物不能再燃烧，这种燃烧称为完全燃烧，其产物为完全燃烧产物，例如二氧化碳、二氧化硫等。

(2) 不完全燃烧产物。

可燃物在燃烧过程中，如果生成的产物还能继续燃烧，这种燃烧称为不完全燃烧，其产物为不完全燃烧产物，例如一氧化碳、醇类、醛类、醚类等。

3. 不同物质的燃烧产物

燃烧产物的数量及成分，随物质的化学组成以及温度、空气（氧）的供给情况等变化而有所不同。

(1) 单质的燃烧产物。

一般单质在空气中的燃烧产物为该单质元素的氧化物。如碳、氢、硫燃烧分别生成二氧化碳、水蒸气、二氧化硫，这些产物不能再燃烧，属于完全燃烧产物。

(2) 化合物的燃烧产物。

一些化合物在空气中燃烧除生成完全燃烧产物外，还会生成不完全燃烧产物。最典型的不完全燃烧产物是一氧化碳，它能进一步燃烧生成二氧化碳。特别是一些高分子化合物，受热后会产生热裂解，生成许多不同类型的有机化合物，并能进一步燃烧。

(3) 木材的燃烧产物。

木材属于高熔点类混合物，主要由碳、氢、氧、氮等元素组成，常以纤维素分子形式存在。木材燃烧一般包含分解燃烧和表面燃烧两种类型。在高湿、低温、贫氧条件下，木材还能发生阴燃。

(4) 高聚物的燃烧产物。

有机高分子化合物（简称"高聚物"），主要是以石油、天然气、煤为原料制得，例如人们熟知的塑料、橡胶、合成纤维这三大合成高聚物。高聚物的燃烧过程十分复杂，包括一系列的物理和化学变化，主要分为受热软化熔融、热分解和着火燃烧三个阶段。高聚物的燃烧与热源温度、物质的理化特性和环境氧浓度等因素密切相关，其着火燃烧的难易程度有很大差别。高聚物的燃烧具有发热量大、燃烧速度快、发烟量大、有熔滴等特点，并且在燃烧或分解过程中会产生氮氧化合物、氯化氢、光气、氰化氢等大量有毒或有刺激性的有害气体，其燃烧产物的毒性十分剧烈。

4. 燃烧产物的毒性及其危害

燃烧产物大多是有毒有害气体，例如，一氧化碳、氰化氢、二氧化硫等均对人体有不同程度的危害，往往会通过呼吸道侵入或刺激眼结膜、皮肤黏膜，使人中毒甚至死亡。据统计，在火灾中死亡的人约75%是由于吸入毒性气体中毒而致死的。一氧化碳是火灾中致死的主要燃烧产物之一，其毒性在于对血液中的血红蛋白具有高亲和力。一氧化碳与血红蛋白的亲和力比氧与血红蛋白的亲和力高 200—300 倍，所以一氧化碳极易与血红蛋白结合，形成碳氧血红蛋白，使血红蛋白丧失携氧的能力和作用，造成人体组织因缺氧而窒息。当吸入一氧化碳气体后，一氧化碳能阻止人体血液中氧气的输送，引起头痛、虚脱、神志不清、肌肉调节障碍等症状，严重时会使人昏迷甚至死亡。

5. 烟气

（1）烟气的定义及成分。

烟气是指物质高温分解或燃烧时产生的固体或液体微粒、气体，以及夹带和混入的部分空气形成的气流。

火灾烟气的主要成分有：燃烧和热分解所生成的气体，例如一氧化碳、二氧化碳、氰化氢、氯化氢、硫化氢、乙醛、丙醛、光气、苯、甲苯、氯气、氨气、氮氧化合物等；悬浮在空气中的液体微粒，例如由蒸气冷凝而成的均匀分散的焦油类粒子、高沸点物质的凝缩液滴等；固态微粒，例如燃料充分燃烧后残留下来的灰烬和炭黑固体粒子；由于卷吸而进入的空气。

（2）烟气的危害性。

烟气是一种混合物，其含有的各种有毒性气体和固体碳颗粒具有以下危害性。

① 毒害性。火灾产生的烟气中含有的各种有毒性气体，其浓度往往超过人的生理正常所允许的最高浓度，极易造成人员中毒死亡。例如，人生理正常所需要的氧浓度应大于 16%，而烟气中的含氧量往往低于此数值。据有关试验测定：当空气中的含氧量降低到 15% 时，人的肌肉活动能力下降；当降到 10%—14% 时，人就会四肢无力，智力下降，辨不清方向；当降到 6%—10% 时，人就会晕倒；当低于 6% 时，人的呼吸会停止，约 5 min 后就会死亡。实际上，着火房间中氧的最低浓度仅有 3% 左右，可见在发生火灾时人要是不及时逃离火场是很危险的。此外，火灾烟气中常含有氰化氢、卤化氢、光气及醛、醚等多种有毒刺激性气体，使人们不能长时间睁开眼睛，不能较好地辨别方向，这势必影响逃生。试验表明：当一氧化碳浓度达到 1% 时，人在 1—2 min 内死亡；当氢氰酸的浓度达到 0.027% 时，人立即死亡；当氯化氢的浓度达到 0.2% 时，人在数分钟内死亡；当二氧化碳的浓度达到 20% 时，人在短时间内死亡。在对火灾遇难者的尸体解剖中发现，死者血液中经常含有羰基血红蛋白，这是吸入一氧化碳和氰化物等的结果。

② 减光性。火灾烟气中存在大量的悬浮固体和液体烟粒子，烟粒子对可见光有完全的遮蔽作用，当烟气弥漫时，可见光的强度因受到烟粒子的遮蔽而大大减弱，能见度大大降低，这就是烟气的减光性。烟气的减光性，会使火场能见距离减少，进而影响人的视线，使人在浓烟中辨不清方向，不易找到起火点和辨别火势发展方向，严重妨碍人员安全疏散和消防救援人员灭火扑救。

③ 高温性。火灾烟气是燃烧或热解的产物，在物质的传递过程中，携带大量的热量

离开燃烧区,其温度非常高,火场上烟气温度往往能达到300 ℃—800 ℃,甚至超过多数可燃物的热分解温度,人在火灾烟气中极易被烫伤。试验表明:短时间内人的皮肤直接接触烟气的安全温度范围不宜超过65 ℃;若接触超过100 ℃的烟气,人不仅会出现虚脱现象且在几分钟内就会被严重烧伤或烧死。

④ 爆炸性。烟气中的不完全燃烧产物,如一氧化碳、氰化氢、硫化氢、氨气、苯、烃类等都是易燃物质,这些物质的爆炸下限都不高,极易与空气形成爆炸性混合气体,使火场有发生爆炸的危险。

⑤ 恐怖性。发生火灾时,火焰、烟气、高温会使人陷入极度恐慌状态,影响逃生疏散。

二、火灾

(一) 火灾的定义

在时间或空间上失去控制的燃烧,称为火灾。

(二) 火灾的分类

1. 按照可燃物的类型和燃烧特性分类

(1) A 类火灾。

A 类火灾是指固体物质火灾。这种物质通常具有有机物性质,一般在燃烧时能产生灼热的余烬。例如,木材及木制品、棉、毛、麻、纸张、粮食等物质火灾。

(2) B 类火灾。

B 类火灾是指液体或可熔化的固体物质火灾。例如,汽油、煤油、原油、甲醇、乙醇、沥青、石蜡等物质火灾。

(3) C 类火灾。

C 类火灾是指气体火灾。例如,煤气、天然气、甲烷、乙烷、氢气、乙炔等气体燃烧或爆炸发生的火灾。

(4) D 类火灾。

D 类火灾是指金属火灾。例如,钾、钠、镁、钛、锆、锂、铝镁合金等金属火灾。

(5) E 类火灾。

E 类火灾是指带电火灾,即物体带电燃烧的火灾。例如,变压器、家用电器、电热设备等电气设备以及电线电缆等带电燃烧的火灾。

(6) F 类火灾。

F 类火灾是指烹饪器具内的烹饪物火灾。例如,烹饪器具内的动物油脂或植物油脂燃烧的火灾。

2. 按照火灾损失严重程度分类

火灾损失是指火灾导致的直接经济损失和人身伤亡。火灾直接经济损失包括火灾直接财产损失、火灾现场处置费用等。火灾直接财产损失包括建筑类损失、装置装备及设备类损失、家庭物品类损失、汽车类损失、产品类损失、商品类损失、文物建筑等保护类财产损失和贵重物品等其他财产损失；火灾现场处置费用包括灭火救援费（含灭火剂等消耗材料费、水带等消防器材损耗费、消防装备损坏损毁费、现场清障调用大型设备及人力费）及灾后现场清理费。人身伤亡包括在火灾扑灭之日起7日内，人员因火灾或灭火救援中的烧灼、烟熏、砸压、辐射、碰撞、坠落、爆炸、触电等导致的死亡、重伤和轻伤三类。

依据《生产安全事故报告和调查处理条例》（国务院令第493号）规定的生产安全事故等级标准，按照火灾事故所造成的损失严重程度，可将火灾划分为特别重大火灾、重大火灾、较大火灾和一般火灾四个等级。

（1）特别重大火灾。

特别重大火灾是指造成30人以上死亡，或者100人以上重伤，或者1亿元以上直接财产损失的火灾。

（2）重大火灾。

重大火灾是指造成10人以上30人以下死亡，或者50人以上100人以下重伤，或者5 000万元以上1亿元以下直接财产损失的火灾。

（3）较大火灾。

较大火灾是指造成3人以上10人以下死亡，或者10人以上50人以下重伤，或者1 000万元以上5 000万元以下直接财产损失的火灾。

（4）一般火灾。

一般火灾是指造成3人以下死亡，或者10人以下重伤，或者1 000万元以下直接财产损失的火灾。

上述所称的"以上"包括本数，"以下"不包括本数。

3. 按照引发火灾的直接原因分类

我国在火灾统计工作中按照引发火灾的直接原因，将火灾分为电气、生产作业不慎、生活用火不慎、吸烟、自燃、静电、雷击等火灾类型。

（1）电气引发的火灾。

随着社会电气化程度的不断提高，电气设备使用范围越来越广，安全隐患也逐渐增多，导致近年来电气火灾事故发生越来越频繁，其数量始终居各种类型火灾的首位。电气引发的火灾按其发生在电力系统的位置，分为三类：一是变配电所火灾，主要包括变压器及变配电所内其他电气设备火灾；二是电气线路火灾，主要包括架空线路、进户线和室内敷设线路火灾；三是电气设备火灾，包括家用电器火灾、照明灯具火灾、电热设备火灾、电动设备火灾等。通过对近年来电气火灾事故分析发现，发生电气火灾的主要原因是电线短路故障、过负荷用电、线路接触不良、电气设备老化故障等。

（2）生产作业不慎引发的火灾。

生产作业不慎引发的火灾主要是指生产作业人员违反生产安全制度及操作规程引起

的火灾。例如，在焊接、切割等作业过程中未采取有效防火措施，产生的高温金属火花或金属熔渣（据测试一般焊接火花的喷溅颗粒温度为 1 100 ℃—1 200 ℃）引燃可燃物发生火灾或爆炸事故；在易燃易爆的车间内动用明火，引起爆炸起火；将性质相抵触的物品混存在一起，引起燃烧爆炸；操作错误、忽视安全、忽视警告（如未经许可开动、关停、移动机器；开关未锁紧，造成意外转动、通电或泄漏等），引起火灾；拆除安全装置、错误调整等造成安全装置失效，引起火灾；物体（指成品半成品、材料、工具和生产用品等）存放不当，引起火灾；化工生产设备失修，出现易燃可燃液体或气体跑、冒、滴、漏现象，遇到明火引起燃烧或爆炸。近年来生产作业不慎引发的火灾时有发生，造成了严重的人员伤亡和财产损失。

（3）生活用火不慎引发的火灾。

生活用火不慎引发的火灾，主要包括照明不慎引发的火灾，烘烤不慎引发的火灾，祭祀不慎引发的火灾，炊事用火不慎引发的火灾，使用蚊香不慎引发的火灾，焚烧纸张、杂物引发的火灾，炉具故障及使用不当引发的火灾，烟囱本体引发的火灾（原因主要有烟囱滋火、烟囱烤燃可燃物、金属烟囱热辐射引燃可燃物、烟囱安装不当、民用烟囱改作生产用火烟囱等），油烟道引发的火灾（原因主要有油烟道引燃可燃装修材料、油烟道内油垢受热燃烧、油烟道滋火、油烟道过热蹿火与飞火）等。

（4）吸烟引发的火灾。

点燃的烟头表面温度为 200 ℃—300 ℃，中心部位温度可达 700 ℃—800 ℃，而一般可燃物如纸张、棉花、布匹、松木、麦草等，其燃点大多低于烟头表面温度。因此，当将未熄灭的烟头随意丢弃，扔在纸张等可燃物上，或者躺在床上吸烟，烟头掉在被褥等可燃物上时，可燃物由于受到烟头表面作用发生热分解、炭化，并蓄存热量从阴燃发展成为有焰燃烧。此外，违规在商场、石油化工厂、汽车加油加气站等具有火灾、爆炸危险的场所吸烟，也易引起火灾和爆炸事故。

（5）自燃引发的火灾。

自燃性物质处于闷热、潮湿的环境中，经过发热、积（蓄）热、升温等过程，由于体系内部产生的热量大于向外部散失的热量，在无任何外来火源作用的情况下最终发生自燃。

（6）静电引发的火灾。

静电引发的火灾是指静电放电火花作为引火源导致可燃物起火。静电是一种处于静止状态的电荷，静电荷积累过多形成高电位后，产生放电火花。气候干燥的秋冬季节最容易产生静电。通常出现下列情形时，可以认定为静电火灾：一是具有产生和积累静电的条件；二是具有足够的静电能量和放电条件；三是放电点周围存在爆炸性混合物；四是放电能量足以引燃爆炸性混合物；五是可以排除其他起火原因。

（7）雷击引发的火灾。

雷电是大气中的放电现象。雷电通常分为直击雷、感应雷、雷电波侵入和球雷等。

雷击能在短时间内将电能转变成机械能、热能并产生各种物理效应,对建筑物、用电设备等具有巨大的破坏作用,并易引起火灾和爆炸事故。

(三) 建筑火灾蔓延的机理

1. 建筑火灾蔓延的传热基础

热传导:接触传热,连续介质就地传热,各部分之间没有相对位移。消防上主要在防火分区面积控制,绝热材料保护,可燃物与供暖管道、排烟管道之间的距离等方面应用。

热对流:流体各部分之间发生相对位移,冷热流体相互掺混。自然排烟窗的面积和设置高度对初期火灾的发展有重要影响。

热辐射:通过电磁波来传递能量,涉及消防上的防火间距、罐体的防护冷却等。

2. 建筑火灾的烟气的流动过程

(1) 烟气蔓延扩散的三条路线。

第一条:(最主要)着火房间→走廊→楼梯间→上部各层楼→室外;

第二条:着火房间→室外;

第三条:着火房间→相邻上层房间→室外。

(2) 烟气流动的驱动力。

第一种是烟囱效应。当建筑物内外温度不同时,室内外的空气密度随之出现差别,这将引发浮力驱动的流动。

第二种是火风压。火风压是指建筑物内发生火灾时,在起火房间内,由于温度上升,气体迅速膨胀,对楼板和四壁形成压力。

第三种是外界风的作用。风的存在可在建筑物的周围产生压力分布,而这种压力分布能够影响建筑物内的烟气流动。

第四种是空调系统的影响。火灾发生后,借助风机提供的动力以及竖向风道产生的烟囱效应,烟气沿着空调管道扩散蔓延至连通区域。

第五种是电梯的活塞效应。活塞效应会使得电梯井中产生气流运动,导致电梯前室和建筑控制之间产生压差,从而对火灾烟气的扩散造成影响。

(四) 火灾的危害

火灾是各种自然与社会灾害中发生概率高、突发性强、破坏力大的一种灾害。国际消防技术委员会对全球火灾的调查统计显示,近年来在世界范围内,每年发生的火灾起数高达600万—700万起,每年有6万—7万人在火灾中丧生。当今,火灾是世界各国所面临的一个共同的灾难性问题,对人类社会的发展进步、人民的生命及公私财产安全已构成了十分严重的危害。这具体表现在以下方面。

1. 导致人员伤亡

据《中国消防救援年鉴2020年卷》统计,2020年,全国消防部门共接报火灾68.1

万起（不含新疆生产建设兵团、森林、草原、铁路、港航、军队、矿井地下部分及港澳台地区火灾，下同），火灾共造成2 088人死亡、1 792人受伤。

2. 造成经济损失

火灾将生产、生活物资化为乌有，其造成的间接财产损失甚至比直接财产损失更为严重，这包括受灾单位自身的停工、停产、停业，以及相关单位生产、工作、运输、通信的停滞和灾后的救济、抚恤、医疗、重建等工作带来的更大的投入与花费。文物、古建筑火灾和森林火灾造成的损失，更是难以用经济价值衡量。

3. 破坏生态环境

火灾严重影响和破坏人类生存和发展的生态环境，使水资源和土地资源遭受污染，森林和草地资源减少，大量植物和动物灭绝，干旱少雨，风暴增多，气候异常，生物多样性降低。生态平衡的破坏，导致生态系统的结构和功能严重失调，从而严重威胁人类的生存和发展。

4. 影响社会和谐稳定

一旦发生群死群伤火灾事故，或者涉及能源、粮食、资源等国计民生的行业发生火灾，往往还会严重影响人们正常的生活、生产、工作、学习等，产生一定程度的负面效应，扰乱社会的和谐稳定，破坏人们的安居乐业和国家的长治久安。

（五）灭火的基本原理与方法

灭火的基本原理实质上是破坏燃烧的必要条件，主要有以下几种方法。

1. 冷却灭火

可燃物一旦达到着火点，即会燃烧或持续燃烧，采取冷却方式将可燃物的温度降到一定温度以下，燃烧即会停止。

2. 隔离灭火

在"燃烧三要素"中，可燃物是燃烧的主要因素，将可燃物与氧气、火焰隔离，就可以中止燃烧、扑灭火灾。

3. 窒息灭火（一般氧浓度低于15%时就不能燃烧）

可燃物的燃烧是氧化作用，需要在最低氧浓度以上才能进行，低于最低氧浓度，燃烧不能进行，火灾即被扑灭。

4. 化学抑制灭火（干粉、七氟丙烷）

由于有焰燃烧是通过链式反应进行的，如果能有效地抑制自由基的产生或降低火焰中的自由基浓度，即可使燃烧中止。

三、火灾危险性分类

（一）火灾危险性的定义

火灾危险性不仅指火灾发生的可能性，还包括火灾危险的程度及产生危害的后果。

(二)生产的火灾危险性分类(表 1.1.1)

表 1.1.1 生产的火灾危险性分类

类别	特征	举例
甲	① 闪点<28 ℃的液体; ② 爆炸下限<10%的气体; ③ 常温下能自行分解或在空气中氧化即能导致迅速自燃或爆炸的物质; ④ 常温下受到水或空气中水蒸气的作用,能产生可燃气体并引起燃烧或爆炸的物质; ⑤ 遇酸、受热、撞击、摩擦、催化以及遇有机物或硫黄等易燃的无机物,极易引起燃烧或爆炸的强氧化剂; ⑥ 受撞击、摩擦或与氧化剂、有机物接触时能引起燃烧或爆炸的物质; ⑦ 在密闭设备内操作温度不小于物质本身自燃点的生产	① 闪点<28 ℃的油品和有机溶剂的提炼、回收或洗涤部位及其泵房,橡胶制品的涂胶和胶浆部位,二硫化碳的粗馏、精馏工段及其应用部位,青霉素提炼部位,原料药厂的非纳西汀车间的烃化、回收及电感精馏部位,皂素车间的抽提、结晶及过滤部位,冰片精制部位,农药厂乐果厂房,敌敌畏的合成厂房,磺化法糖精厂房,氯乙醇厂房,环氧乙烷、环氧丙烷工段,苯酚厂房的磺化、蒸馏部位,焦化厂吡啶工段,胶片厂片基车间,汽油加铅室,甲醇、乙醇、丙酮、丁酮异丙醇、醋酸乙酯、苯等的合成或精制厂房,集成电路工厂的化学清洗间(使用闪点小于 28 ℃的液体),植物油加工厂的浸出车间、白酒液态法酿酒车间、酒精蒸馏塔,酒精度为 38 度及以上的勾兑车间、灌装车间、酒泵房;白兰地蒸馏车间、勾兑车间、灌装车间、酒泵房; ② 乙炔站,氢气站,石油气体分馏(或分离)厂房,氯乙烯厂房,乙烯聚合厂房,天然气、石油伴生气、矿井气、水煤气或焦炉煤气的净化(如脱硫)厂房压缩机室及鼓风机室,液化石油气灌瓶间,丁二烯及其聚合厂房,醋酸乙烯厂房,电解水或电解食盐厂房,环己酮厂房,乙基苯和苯乙烯厂房,化肥厂的氢氮气压缩厂房,半导体材料厂使用氢气的拉晶间,硅烷热分解室; ③ 硝化棉厂房及其应用部位,赛璐珞厂房,黄磷制备厂房及其应用部位,三乙基铝厂房,染化厂某些能自行分解的重氮化合物生产部位,甲胺厂房,丙烯腈厂房; ④ 金属钠、钾加工厂房及其应用部位,聚乙烯厂房的一氧二乙基铝部位,三氯化磷厂房,多晶硅车间三氯氢硅部位,五氧化二磷厂房; ⑤ 氯酸钠、氯酸钾厂房及其应用部位,过氧化氢厂房,过氧化钠、过氧化钾厂房,次氯酸钙厂房; ⑥ 赤磷制备厂房及其应用部位,五硫化二磷厂房及其应用部位; ⑦ 洗涤剂厂房石蜡裂解部位,冰醋酸裂解厂房
乙	① 闪点≥28 ℃但<60 ℃的液体; ② 爆炸下限≥10%的气体; ③ 不属于甲类的氧化剂; ④ 不属于甲类的易燃固体; ⑤ 助燃气体; ⑥ 能与空气形成爆炸性混合物的浮游状态的粉尘、纤维、闪点≥60 ℃的液体雾滴	① 闪点≥28 ℃但<60 ℃的油品和有机溶剂的提炼、回收、洗涤部位及其泵房,松节油或松香蒸馏厂房及其应用部位,醋酸酐精馏厂房,己内酰胺厂房,甲酚厂房,氯丙醇厂房,樟脑油提取部位,环氧氯丙烷厂房,松针油精制部位,煤油灌桶间; ② 一氧化碳压缩机室及净化部位,发生炉煤气或鼓风炉煤气净化部位,氨压缩机房; ③ 发烟硫酸或发烟硝酸浓缩部位,高锰酸钾、重铬酸钠(红矾钠)厂房; ④ 樟脑或松香提炼厂房,硫黄回收厂房,焦化厂精萘厂房; ⑤ 氧气站,空分厂房; ⑥ 铝粉或镁粉厂房,金属制品抛光部位,煤粉厂房、面粉厂的碾磨部位、活性炭制造及再生厂房,谷物筒仓的工作塔,亚麻厂的除尘器和过滤器室

续表

类别	特征	举例
丙	① 闪点≥60 ℃的液体； ② 可燃固体	① 闪点≥60 ℃的油品和有机液体的提炼、回收工段及其抽送泵房，香料厂的松油醇部位和乙酸松油脂部位，苯甲酸厂房，苯乙酮厂房，焦化厂焦油厂房，甘油、桐油制备厂房，油浸变压器室，机器房或变压油罐桶间，润滑油再生部位，配电室（每台装油量>60 kg的设备），沥青加工厂房，植物油加工厂的精炼部位； ② 煤、焦炭、油母页岩的筛分、转运工段和栈桥或储仓，木工厂房，竹、藤加工厂房，橡胶制品的压延、成型和硫化厂房，针织品厂房，纺织、印染、化纤生产的干燥部位，服装加工厂房，棉花加工和打包厂房，造纸厂备料、干燥车间，印染厂成品厂房，麻纺厂粗加工车间，谷物加工房，卷烟厂的切丝、卷制、包装车间，印刷厂的印刷车间，毛涤厂的选毛车间，电视机、收音机装配厂房，显像管厂装配工煅烧枪间，磁带装配厂房，集成电路工厂的氧化扩散间、光刻间，泡沫塑料厂的发泡、成型、印片压花部位，饲料加工厂房，畜（禽）屠宰、分割及加工车间，鱼加工车间
丁	① 对不燃烧物质进行加工，并在高温或熔化状态下经常产生强辐射热、火花或火焰的生产； ② 将气体、液体、固体作为燃料或将气体、液体进行燃烧作其他用的各种生产； ③ 常温下使用或加工难燃烧物质的生产	① 金属冶炼、锻造、铆焊、热轧、铸造、热处理厂房； ② 锅炉房，玻璃原料熔化厂房，灯丝烧拉部位，保温瓶胆厂房，陶瓷制品的烘干、烧成厂房，蒸汽机车库，石灰焙烧厂房，电石炉部位，耐火材料烧成部位，转炉厂房，硫酸车间焙烧部位，电极煅烧工段，配电室（每台装油量≤60 kg的设备）； ③ 难燃铝塑料材料的加工厂房，酚醛泡沫塑料的加工厂房，印染厂的漂炼部位，化纤厂后加工润湿部位
戊	常温下使用或加工不燃烧物质的生产	制砖车间，石棉加工车间，卷扬机室，不燃液体的泵房和阀门室，不燃液体的净化处理工段，除镁合金外的金属冷加工车间，电动车库，钙镁磷肥车间（焙烧炉除外），造纸厂或化学纤维厂的浆粕蒸煮工段，仪表、器械或车辆装配车间，氟利昂厂房，水泥厂的轮窑厂房，加气混凝土厂的材料准备、构件制作厂房

（三）储存物品的火灾危险性分类（表1.1.2）

表1.1.2 储存物品的火灾危险性分类

类别	特征	举例
甲	① 闪点<28 ℃的液体； ② 爆炸下限<10%的气体，受到水或空气中水蒸气的作用能产生爆炸下限<10%气体的固体物质； ③ 常温下能自行分解或在空气中氧化能导致迅速自燃或爆炸的物质； ④ 常温下受到水或空气中水蒸气的作用能产生可燃气体并引起燃烧或爆炸的物质；	① 己烷，戊烷，环戊烷，石脑油，二硫化碳，苯，甲苯，甲醇，乙醇，乙醚，蚁酸甲酯，醋酸甲酯，硝酸乙酯，汽油，丙酮，丙烯，酒精度为38度及以上的白酒； ② 乙炔，氢，甲烷，环氧乙烷，水煤气，液化石油气，乙烯，丙烯，丁二烯，硫化氢，氯乙烯，电石，碳化铝； ③ 硝化棉，硝化纤维胶片，喷漆棉，火胶棉，赛璐珞棉，黄磷； ④ 金属钾、钠、锂、钙、锶，氢化锂，氢化钠，四氢化锂铝； ⑤ 氯酸钾，氯酸钠，过氧化钾，过氧化钠，硝酸铵； ⑥ 赤磷，五硫化二磷，三硫化二磷

续表

类别	特征	举例
甲	⑤遇酸、受热、撞击、摩擦及遇有机物或硫黄等易燃的无机物，极易引起燃烧或爆炸的强氧化剂； ⑥受撞击、摩擦或与氧化剂、有机物接触时能引起燃烧或爆炸的物质	
乙	①闪点≥28 ℃但<60 ℃的液体； ②爆炸下限≥10%的气体； ③不属于甲类的氧化剂； ④不属于甲类的易燃固体； ⑤助燃气体； ⑥常温下与空气接触能缓慢氧化，积热不散引起自燃的物品	①煤油、松节油、丁烯醇、异戊醇、丁醚、醋酸丁酯、硝酸戊酯、乙酰丙酮、环己胺、溶剂油、冰醋酸、樟脑油、蚁酸； ②氨气、一氧化碳； ③硝酸铜、铬酸、亚硝酸钾、重铬酸钠、铬酸钾、硝酸、硝酸汞、硝酸钴、发烟硫酸、漂白粉； ④硫黄、镁粉、铝粉、赛璐珞板（片）、樟脑、萘、生松香、硝化纤维漆布、硝化纤维色片； ⑤氧气、氟气、液氯； ⑥漆布及其制品，油布及其制品，油纸及其制品，油绸及其制品
丙	①闪点≥60 ℃的液体； ②可燃固体	①动物油、植物油、沥青、蜡、润滑油、机油、重油、闪点≥60 ℃的柴油、糖醛、白兰地成品库； ②化学、人造纤维及其织物，纸张、棉、毛、丝、麻及其织物，谷物，面粉，粒径≥2 mm的工业成型硫黄，天然橡胶及其制品，竹、木及其制品，中药材，电视机、收录机等电子产品，计算机机房已录数据的磁盘储存间，冷库中的鱼肉间
丁	难燃烧物品	自熄性塑料及其制品，酚醛泡沫塑料及其制品，水泥刨花板
戊	不燃烧物品	钢材、铝材、玻璃及其制品，搪瓷制品、陶瓷制品，不燃气体，玻璃棉、岩棉、陶瓷棉、硅酸铝纤维、矿棉、石膏及其无纸制品，水泥石，膨胀珍珠岩

任务二 城市轨道交通消防安全现状

城市轨道交通是城市公共交通系统的骨干，是城市综合交通体系的重要组成部分，其安全运行对保障人民群众生命财产安全、维护社会安全稳定具有重要意义。当前，我国城市轨道线网规模和客流规模均居世界第一，而城市轨道交通运营环境日益复杂，做好消防安全工作至关重要，直接关系到人民群众的生命安全和社会的稳定。

一、城市轨道交通消防安全分析

（一）城市轨道交通消防安全概况

近年来，我国城市轨道交通取得了巨大发展，运营里程数持续增长，线网规模不断扩大，安全运行压力日趋加大。据交通运输部统计，截至 2022 年 10 月 31 日，我国 31 个省（自治区、直辖市）和新疆生产建设兵团共开通运营城市轨道交通线路 281 条，运营里程 9 246 km，实际开行列车 293 万列次，完成客运量 17.1 亿人次、进站量 10.1 亿人次。

随着我国消防法律法规的不断健全完善，各级消防主体的消防安全治理能力和治理水平稳步提升。当前，我国城市轨道交通消防安全形势总体平稳，但由于城市轨道交通具有运营线路长、站点多、建筑功能复杂多样、客流量大、地下车站空间封闭、隧道区间狭窄等特点，一旦发生火灾，人员疏散逃生和灭火应急救援难度大，极易造成群死群伤火灾事故。

在北京、上海、广州等特大型城市，城市轨道交通建设起步早，已建立了成熟的消防安全责任体系。在城市轨道交通的火灾防控方面，政府与各方主体均承担各自的消防安全职责，消防监督管理力量比较充足，消防资源投入充分，消防设施配备齐全，并定期开展消防知识培训与消防应急处理演练，在预防与应对火灾方面专业化水平较高。

但有些城市在轨道交通建设上起步较晚，相关的配套设施建设还处在不充分不完善的阶段，在消防安全方面政府参与度较低，在轨道交通消防安全体系建设上较为薄弱，消防监管力量不足，消防安全管理粗放，一旦发生火灾，应急处置能力相对较弱。

当前，我国轨道交通消防安全方面需要注意的问题主要有以下几个方面：

① 火灾防控体系的规划设计方面。很多城市并未针对轨道交通进行专业化的火灾防控体系建设。轨道交通的建设阶段和运营阶段在消防基础设施建设与火灾防控管理上没有进行有效链接，各方面资源没有得到有效保障，有些还存在缺陷和遗留的隐患。

② 建设施工方面。受资金投入和建设工期影响，城市轨道交通的工程建设与消防安全基础设施建设、火灾防控体系建设之间并未有效衔接，消防安全系统布局不合理。

③ 运行管理方面。城市轨道交通消防安全监督力度不够，投入力度太小，一些城市仅在轨道交通火灾防控上进行了前期一次性消防设施器材的配备，后续就不再完善，不能第一时间发现问题并及时纠正处理。

④ 应急处理方面。一些城市的轨道交通消防人员专业性差，在火情的应急处理上工作能力低下，当前采用的设备和方法效率低、效果差，没有经常性开展多部门联合演练，在应对火灾等紧急情况方面缺乏相应的经验。

消防安全责任落实方面依旧存在短板，主要是单位内部消防安全管理责任不明晰，存在管理盲区，在消防安全管理和隐患排查整改中主动作为意识不强，常常相互推诿，造成消防安全措施落不到实处；商业开发管理问题多，站点内违规设置商业网点现象较为普遍，个别商业建筑承租单位由于前期国土规划、建设等手续不全，无法办理消防行政审批或备案抽查，少数商业建筑装修改造后存在消防安全先天缺陷，消防安全隐患多。

二、城市轨道交通消防安全风险

(一) 大客流消防安全疏散风险高

近年来，我国城市轨道交通客流量在不断刷新历史纪录，运能与客流需求不匹配问题日益凸显，导致线路高负荷运行，给站点安全疏散带来挑战。特别是地铁车站扶梯、安检通道、换乘通道进出口等位置，其高峰时段瓶颈部位频现拥堵现象，大大增加消防安全疏散的压力。有的车站由于建设比较早，站厅层的建筑面积较小，设置安检设备和通道围挡后通道变窄，同时有多趟列车到站，出站客流会迅速将地铁站厅挤满。一旦遭遇火灾或突发性事故，无法及时有效疏散人员，还容易引发拥挤踩踏事件，从而导致严重的后果。

(二) 地下站点及商业区域隐患存量多

部分地下站点在站厅、站台层违规搭建设置商铺、报刊亭等小商业，在客流疏散区域设置自动贩卖机、自动拍照机等，导致可燃装修和固定家具增多，有的装饰采用广告布和KT板等有毒、易燃材料，增加了车站的火灾荷载。地下商业区的隐患主要是防火分区划分、防火分隔设施设置、安全疏散设计等不能满足国家消防技术标准的相关要求，部分商业场所超出原有设计区域，违规占用站厅层非付费区或乘客疏散区。商业区域电气风险突出，存在电气线路老化、店主私拉乱接电气线路、门头灯箱采用易燃材料装修等问题。此外，还有在一般建筑常见的消防设施缺少或损坏、堵塞疏散通道或安全出口等隐患。

(三) 站点与交通枢纽、商业综合体相连

部分城市的轨道交通站点和交通枢纽、商业综合体疏散体系相互借用，导致车站无法独立疏散。地下站点与毗邻建筑连接通道隐患多，车站毗邻的商场、枢纽等为吸引轨道客流或使换乘便利，设置了直通站厅的连通口或通道，普遍存在设置形式、防火分隔不符合国家消防技术标准相关要求的问题。特别是毗邻的大型综合体火灾隐患量大，人员密集，业态多样，有的具备三种及三种以上使用功能，日常消防安全管理不到位，存在防火分区和安全疏散不符合规范要求、建筑消防设施损坏严重等问题，有的甚至构成重大火灾隐患。一些站点的营业和施工区域相互联通，由于建设工期不同，易出现已完成建设的车站、商业区域处于运营状态，未完成建设的车站或商业区域处于施工状态的情况。此外，相当一部分同一建筑体内不同区域使用的自动消防设施系统相对独立，不能相互联动，加大了火灾防控的风险。

(四) 高层建筑火灾隐患不容忽视

城市轨道交通运营企业的办公场所、控制中心、地铁站点联通建筑等有许多高层公共建筑，使用性质多样，有的为办公用房，有的为酒店或酒店式公寓，也有相当一部分为商业综合体。特别是多产权、多使用权的建筑，内部单位分布广，经营主体多，消防

安全管理责任不明晰，物业管理单位不能有效统筹消防安全管理，消防安全责任制落实缺位，消防安全管理制度流于形式，建筑消防设施管理维护不到位，有的擅自改动建筑结构、随意拆改消防设施、用火用电管理不严，消防安全风险突出。

（五）消防安全管理存在盲区

许多城市的轨道交通系统没有消防安全管理部门和专业人员，有的虽然制定了消防安全管理制度、岗位职责及灭火和应急救援预案，但没有真正落到实处，管理制度执行不到位，岗位职责不明晰，灭火和应急救援预案缺乏针对性。轨道交通是高科技的公共交通系统，智能化程度高，系统设备复杂、用电量大、长时间运行，如果维护保养落实不到位，易引发火灾事故。此外，轨道交通企业的大部分员工缺乏必要的消防安全知识和技能，初期火灾应急处置能力水平总体不高。列车上只有一名驾驶员，在行驶过程中一旦发生火灾，没有列车员进行疏散引导，乘客无人指挥，特别是当列车因车身故障不能运行到就近的站台时，车上乘客将无法逃生。

（六）应急救援力量建设较为薄弱

从运营单位内部应急救援队伍建设情况来看，虽然运营线路基地、车辆段、站点，以及商业区域微型消防站已完成装备器材配备，但微型消防站日常管理运行还不规范，缺乏必需的训练，人员应急处置能力有待提高，站点安检员、保安等力量未能有效整合形成战斗力。从专业救援力量建设来看，各地城市轨道交通消防救援大队人员编制少，主要承担消防监督管理工作，没有专业的地铁消防救援队伍，地铁沿线消防救援队伍移动排烟、照明通信、救生侦检等特种装备配备不足。从救援力量协调作战能力来看，专业救援力量和运营单位内部救援力量尚未形成联勤联动、协调作战机制，受地下空间建筑结构限制，应急通信联络存在壁垒，应急处置指挥调度机制有待健全。

三、加强城市轨道交通消防安全工作的主要措施

（一）全面落实消防安全责任

落实"政府统一领导、部门依法监管、单位全面负责、公民积极参与"的消防工作原则，在当地政府领导下，交通运输、住建等部门和消防救援机构依法履行消防安全行业监管、源头监管、综合监管责任，轨道交通管理和运营单位有效落实消防安全主体责任，设置专门的消防安全管理内设机构和一定数量的专业管理人员，建立完善的消防安全管理制度，定期研判消防安全形势，强化日常消防安全标准化管理，切实强化火灾防控措施。

（二）加强城市轨道交通火灾隐患排查治理

强化源头管控，主管部门严格城市轨道交通建设工程消防设计审查、消防验收和备案抽查。城市轨道交通运营单位定期组织开展消防安全评估，从日常消防管理、用火用电、消防设施、教育培训、应急处置等方面规范设置，落实"消防安全风险自知、安全自查、隐患自改"。加强防火检查和巡查，重点检查火灾自动报警系统、自动喷水灭火系

统运行，安全出口和疏散通道畅通，高层建筑消防标识管理，地铁运营前和运营期间消防安全管理等情况，及时发现和消除火灾隐患。一时无法整改的，运营单位必须加强人防、技防措施，明确整改责任、整改措施和整改时限，严密整改期间防范措施。

（三）加强城市轨道交通灭火应急救援准备

将消防编制、队站建设、装备采购等纳入城市轨道交通建设规划范畴，科学规划城市轨道交通沿线消防救援站建设，地铁运营单位建立专职消防队和微型消防站，纳入统一调度体系，明确响应程序和任务分工，切实提升初期灾害事故快速反应和处置能力。进一步建立健全运营单位与相关部门的轨道交通灾害事故处置联动机制，明确各部门应急协作的具体规程和要求，定期组织开展多部门多力量参与的联合演练，提高整体处置能力。对已投入运营和在建的城市轨道交通设施进行全面细致的熟悉，针对可能发生的灾害事故，加强灭火和应急救援技战术研究，制定完善灭火救援预案，开展实战化训练，提高应急处置能力，切实做到一旦发生灾害事故，快速响应，统一指挥，高效处置，最大限度地减少伤亡和损失。

（四）广泛开展城市轨道交通消防宣传教育

交通运输等相关部门、轨道运营单位加强常态化消防宣传教育工作，建立并落实日常消防安全宣传工作制度，定期组织消防安全宣传教育培训，通过宣传提升消防安全意识，通过教育提升消防安全知识水平，通过培训提升消防安全技能，切实提高全体员工的消防安全素质。将城市轨道交通作为面向社会开展消防宣传教育的有效载体，通过开辟消防主题列车、设立咨询台、经常组织消防志愿服务，利用广播、视频系统滚动播发消防公益广告、安全提示，在醒目位置设置消防宣传橱窗标牌等，开展有针对性的消防宣传教育。利用"119"消防日、"安全生产日""防灾减灾日"等重要节点，集中开展形式多样的轨道交通宣传教育活动。此外，轨道运营单位还要定期组织全员进行消防演练，提高自防自救能力。

任务三　城市轨道交通建筑防火知识

城市轨道交通具有空间密闭性和人员集中性特点，一旦发生火灾，人员疏散极其困难。在轨道交通站点附近，有多种形式和功能的建筑物，人员的集中程度更高，这也对城市轨道交通的建筑防火提出了更高的要求。

城市轨道交通主要分为城市地上轨道交通和城市地下轨道交通，大部分设置有配套商业、控制中心、主变电所与车辆基地、车站（车辆基地）控制室（含防灾报警设备室）、变电所、配电室、通信及信号机房、固定灭火装置设备室、消防水泵房、废水泵房、通风机房、环控电控室、站台门控制室、蓄电池室、站台层、站厅付费区、站厅非付费区的乘客疏散区等。

一、建筑分类

（一）按使用性质分类

1. 民用建筑

民用建筑是指非生产性的住宅建筑和公共建筑。

2. 工业建筑

工业建筑是指生产厂房、辅助生产厂房、动力用厂房、储存用房屋、运输用房屋等。

3. 农业建筑

农业建筑是指农副产业生产与存储建筑，如暖棚、粮仓、禽畜养殖建筑等。

城市轨道交通建筑属于民用公共建筑。

（二）按建筑高度分类

1. 单层、多层建筑

单层、多层建筑是指建筑高度不大于 27 m 的住宅建筑，建筑高度不大于 24 m（或大于 24 m 的单层）的公共建筑和工业建筑。

2. 高层建筑

高层建筑是指建筑高度大于 27 m 的住宅建筑和其他建筑高度大于 24 m 的非单层建筑。高层民用建筑根据其建筑高度、使用功能和楼层的建筑面积可分为一类和二类。民用建筑的分类见表 1.3.1。

表 1.3.1 民用建筑的分类

名称	高层民用建筑		单层、多层民用建筑
	一类	二类	
住宅建筑	建筑高度大于 54 m 的住宅建筑（包括设置商业服务网点的住宅建筑）	建筑高度大于 27 m 但不大于 54 m 的住宅建筑（包括设置商业服务网点的住宅建筑）	建筑高度不大于 27 m 的住宅建筑（包括设置商业服务网点的住宅建筑）
公共建筑	① 建筑高度大于 50 m 的公共建筑； ② 建筑高度在 24 m 以上部分任一楼层建筑面积大于 1 000 m² 的商店、展览、电信、邮政、财贸金融建筑和其他多种功能组合的建筑； ③ 医疗建筑、重要公共建筑、独立建造的老年人照料设施； ④ 省级及以上的广播电视和防灾指挥调度建筑、网局级和省级电力调度建筑； ⑤ 藏书超过 100 万册的图书馆、书库	除一类高层公共建筑外的其他高层公共建筑	① 建筑高度大于 24 m 的单层公共建筑； ② 建筑高度不大于 24 m 的其他公共建筑

注：表中未列入的建筑，其类别应根据本表类比确定。

3. 半地下室

房间地面低于室外设计地面的平均高度大于该房间平均净高 1/3 且不大于 1/2 的建筑。

4. 地下室

房间地面低于室外设计地面的平均高度大于该房间平均净高 1/2 的建筑。

(三) 按建筑承重结构分类

1. 木结构建筑

木结构建筑是指主要承重构件为木材的建筑。

2. 砖木结构建筑

砖木结构建筑是指主要承重构件用砖石和木材做成的建筑。

3. 砖混结构建筑

砖混结构建筑是指竖向承重构件采用砖墙或砖柱，水平承重构件采用钢筋混凝土楼板、屋面板的建筑。

4. 钢筋混凝土结构建筑

钢筋混凝土结构建筑是指用钢筋混凝土做柱、梁、楼板及屋顶等主要承重构件，用砖或其他轻质材料做墙体等围护构件的建筑。

5. 钢结构建筑

钢结构建筑是指主要承重构件全部采用钢材的建筑。

6. 钢与钢筋混凝土混合结构（钢混结构）建筑

钢与钢筋混凝土混合结构（钢混结构）建筑是指屋顶采用钢结构，其他主要承重构件采用钢筋混凝土结构的建筑。

7. 其他结构建筑

其他结构建筑是指除上述各类结构外的建筑，如生土建筑、塑料建筑等。

(四) 设置自动喷水灭火系统的场所火灾危险等级划分

设置自动喷水灭火系统的场所火灾危险等级应划分为轻危险级、中危险级（Ⅰ级、Ⅱ级）、严重危险级（Ⅰ级、Ⅱ级）和仓库危险级（Ⅰ级、Ⅱ级、Ⅲ级）。

1. 轻危险级

住宅建筑、幼儿园、老年人建筑、建筑高度为 24 m 及以下的旅馆、办公楼，仅在走道设置闭式系统的建筑等。

2. 中危险级

（1）中危险Ⅰ级

高层民用建筑：旅馆、办公楼、综合楼、邮政楼、金融电信楼、指挥调度楼、广播电视楼（塔）等。

公共建筑（含单、多高层）：医院、疗养院；图书馆（书库除外）、档案馆、展览馆

（厅）；影剧院、音乐厅和礼堂（舞台除外）及其他娱乐场所；火车站、飞机场及码头的建筑；总建筑面积小于 5 000 m² 的商场、总建筑面积小于 1 000 m² 的地下商场等。

文化遗产建筑：木结构古建筑、国家文物保护单位等。

工业建筑：食品、家用电器、玻璃制品等工厂的备料与生产车间等；冷藏库、钢屋架等建筑构件。

（2）中危险Ⅱ级

民用建筑：书库、舞台（葡萄架除外）、汽车停车场、总建筑面积 5 000 m² 及以上的商场、总建筑面积 1 000 m² 及以上的地下商场，净空高度不超过 8 m、物品高度不超过 3.5 m 的超级市场等。

工业建筑：棉、毛、麻、丝及化纤的纺织织物及其制品，木材木器及胶合板，谷物加工，烟草及其制品，饮用酒（啤酒除外），皮革及其制品，造纸及纸制品，制药等工厂的备料与生产车间。

3. 严重危险级

（1）严重危险Ⅰ级

民用建筑：净空高度不超过 8 m、物品高度超过 35 m 的超级市场等。

工业建筑：印刷、酒精制品、可燃液体制品等工厂的备料与车间。

（2）严重危险Ⅱ级

民用建筑：摄影棚、舞台葡萄架下部等。

工业建筑：易燃液体喷雾操作区域，固体易燃物品、可燃的气溶胶制品、溶剂清洗、喷涂油漆、沥青制品等工厂的备料及生产车间。

4. 仓库危险级

（1）仓库危险Ⅰ级

仓库内储存：食品、烟酒；用木箱、纸箱包装的不燃、难燃物品等。

（2）仓库危险Ⅱ级

仓库内储存：木材、纸、皮革、谷物及其制品、棉毛麻丝、化纤及其制品，家用电器，电缆，B组塑料与橡胶及其制品，钢塑混合材料制品，各种塑料瓶盒包装的不燃、难燃物品及各类物品混杂储存的仓库；等等。

B组塑料与橡胶的分类：醋酸纤维素、醋酸丁酸纤维素、乙基纤维素、氟塑料、锦纶（锦纶6、锦纶6/6）、三聚氰胺甲醛、酚醛塑料、硬聚氯乙烯（PVC，如管道、管件等）、聚偏二氯乙烯（PVDC）、聚偏氟乙烯（PVDF）、聚氟乙烯（PVF）、脲甲醛等；氯丁橡胶、不发泡类天然橡胶、硅橡胶；粉末、颗粒、压片状的A组塑料。

（3）仓库危险Ⅲ级

仓库内储存：A组塑料与橡胶及其制品、沥青制品等。

A组塑料与橡胶的分类：丙烯腈—丁二烯—苯乙烯共聚物（ABS）、缩醛（聚甲醛）、聚甲基丙烯酸甲酯、玻璃纤维增强聚酯（FRP）、热塑性聚酯、聚丁二烯、聚碳酸酯、聚乙烯、聚丙烯、聚苯乙烯、聚氨基甲酸酯、高增塑聚氯乙烯（PVC，如人造革、胶片等）、苯乙烯—丙烯腈（SAN）等。

（五）按灭火器配置进行火灾危险等级划分的建筑分类

1. 工业建筑

（1）轻危险级。

火灾危险性较小、可燃物较少、起火后蔓延较缓慢的场所。如原木库房、堆场、丁戊类物品储存或生产场所等。

（2）中危险级。

火灾危险性较大、可燃物较多、起火后蔓延较迅速的场所。如酒精度数小于60°的白酒库房、低温冷库、丙类物品储存或生产场所等。

（3）严重危险级。

火灾危险性大、可燃物多、起火后蔓延迅速或容易造成重大火灾损失的场所。如各工厂的总控制室、分控制室；棉花库房及散装堆场；稻草、芦苇、麦秸等堆场；酒精度数为60°以上的白酒库房、甲乙类物品储存或生产场所等。

2. 民用建筑

（1）轻危险级。

用电用火较少、火灾危险性较小、可燃物较少、起火后蔓延较缓慢的场所。如：旅馆、饭店的客房；未设集中空调、电子计算机、复印机等设备的普通办公室；普通住宅；日常用品小卖店及经营难燃烧或非燃烧的建筑装饰材料的商店；各类建筑物中以难燃烧或非燃烧的建筑构件分隔的，并主要存储难燃烧或非燃烧材料的辅助房间；等等。

（2）中危险级。

用电用火较多、火灾危险性较大、可燃物较多、起火后蔓延较迅速的场所。如：县级以下的文物保护单位、档案馆、博物馆的库房、展览室、阅览室等；县级以下的党政机关办公大楼的会议室；城镇级以下的邮政信函和包裹分拣房、邮袋库；通信枢纽及其电信机房；广播电台、电视台的会议室、资料室；体育场（馆）、电影院、剧院、会堂、礼堂的观众厅；民用机场的检票厅、行李厅；客房数在50间以下的旅馆、饭店的公共活动用房、多功能厅、厨房；住院床位在50张以下的医院的手术室、理疗室、透视室、心电图室、药房、住院部、门诊部、病历室；老人住宿床位在50张以下的养老院；幼儿住宿床位在50张以下的托儿所、幼儿园；学生住宿床位在100张以下的学校集体宿舍；建筑面积在200 m²以下的公共娱乐场所；建筑面积在500 m²以下的车站和码头的候车、候船室及行李房；建筑面积在1 000 m²以下的经营易燃易爆化学物品的商场、商店的库房及铺面；建筑面积在2 000 m²以下的图书馆、展览馆的珍藏室、阅览室、书库、展览厅；高级住宅、别墅；学校教室、教研室；百货楼、超市、综合商场的库房、铺面；民用的油浸变压器室和高/低压配电室民用燃油、燃气锅炉房；等等。

(3) 高危险级。

功能复杂、用电用火多、设备贵重、火灾危险性大、可燃物多、起火后蔓延迅速或容易造成重大损失的场所。如：县级及以上的文物保护单位、档案馆、博物馆的库房、展览室、阅览室；县级及以上的党政机关办公大楼的会议室；城镇及以上的邮政信函和包裹分拣房、邮袋库；通信枢纽及其电信机房；设备贵重或可燃物多的实验室；广播电台、电视台的演播室、道具间和发射塔楼、专用电子计算机房；体育场（馆）、电影院、剧院、会堂、礼堂的舞台及后台部位；民用机场的候机厅、安检厅及空管中心、雷达机房；客房数在50间及以上的旅馆、饭店的公共活动用房、多功能厅、厨房；住院床位在50张及以上的医院的手术室、理疗室透视室、心电图室、药房、住院部、门诊部、病历室；老人住宿床位在50张及以上的养老院；幼儿住宿床位在50张及以上的托儿所、幼儿园；学生住宿床位在100张及以上的学校集体宿舍；建筑面积在200 m^2 及以上的公共娱乐场所；建筑面积在500 m^2 及以上的车站和码头的候车、候船室及行李房；建筑面积在1 000 m^2 及以上的经营易燃易爆化学物品的商场、商店的库房及铺面；建筑面积在2 000 m^2 及以上的图书馆、展览馆的珍藏室、阅览室、书库、展览厅；超高层建筑和一类高层建筑的写字楼、公寓楼；电影、电视摄影棚；城市地下铁道；地下观光隧道；机动车交易市场（包括旧机动车交易市场）及其展销厅；汽车加油加气站；民用液化气、天然气灌装站、换瓶站、调压站；等等。

二、建筑构件的燃烧性能分级

建筑构件的燃烧性能取决于组成建筑构件材料的燃烧性能。根据建筑材料的燃烧性能，建筑构件分为不燃性构件、难燃性构件和可燃性构件。

1. 不燃性构件

不燃性构件是指用不燃材料做成的构件，如混凝土柱、混凝土楼板、砖墙、混凝土楼梯等。

2. 难燃性构件

难燃性构件是指用难燃材料做成的构件或用可燃材料做成而用非燃烧性材料作为防护层的构件，如水泥刨花复合板隔墙、木龙骨两面钉石膏板隔墙等。

3. 可燃性构件

可燃性构件是指用可燃材料做成的构件，如木柱、木楼板、竹制吊顶等。

三、建筑构件的耐火极限

建筑构件起火或受热失去稳定性，会使建筑倒塌损坏，造成人员伤亡。为了疏散人员、抢救物资和扑救火灾，建筑应具有一定的耐火能力。而建筑的耐火能力即耐火等级，则取决于建筑构件的燃烧性能和耐火极限。

（一）耐火极限的定义

耐火极限是指在标准耐火试验条件下，建筑构件、配件或结构从受到火的作用时起，至失去承载能力、完整性或隔热性时止所用的时间，用小时（h）表示。

（二）耐火极限的判定

通常通过是否失去耐火稳定性、完整性和隔热性来判断建筑构件是否达到耐火极限。

1. 耐火稳定性

耐火稳定性是指在标准耐火试验条件下，承重建筑构件在一定时间内抵抗坍塌的能力。判定构件在耐火试验期间能够持续保持其承载能力的参数是构件的变形量和变形速率。

2. 耐火完整性

耐火完整性是指在标准耐火试验条件下，当建筑分隔构件一面受火时，在一定时间内防止火焰和烟气穿透或在背火面出现火焰的能力。

3. 耐火隔热性

耐火隔热性是指在标准耐火试验条件下，当建筑分隔构件一面受火时，在一定时间内防止其背火面温度超过规定值的能力。

构件背火面温升出现以下任一限定情况即认定为丧失隔热性：平均温升超过初始平均温度 140 ℃；任一位置的温升超过初始温度 180 ℃。

承重分隔构件（如承重墙、防火墙、楼板、屋面板等）具有承重和分隔双重功能，所以当构件在试验中失去稳定性或完整性或隔热性时，构件即达到其耐火极限。

（三）影响耐火极限的因素

影响建筑构件耐火性能的因素较多，除构件的制作方法、构件间的构造方式外，主要因素还有以下几点。

1. 材料本身的燃烧性能

同一构件的耐火极限，随构件材料的燃烧性能 A、B1、B2、B3 四个等级依序降低。

2. 材料的高温力学性能和导热性能

在高温下，由力学性能较好和导热性能较差的材料组成的构件，其耐火极限较高；反之，则耐火极限较低。

3. 建筑构件的截面尺寸

有相同受力条件、由相同材料组成的构件，其截面尺寸越大，耐火极限就越高。

4. 保护层的厚度

构件保护层厚度越大，其耐火极限就越高。为提高钢构件的耐火极限，通常采取涂刷防火涂料或包覆不燃烧材料的方法进行防火保护，增加保护层的厚度可以提高构件的耐火极限。

四、建筑耐火等级

（一）建筑耐火等级的定义

耐火等级是指根据建筑中墙、柱、梁、楼板、吊顶等各类构件材料的燃烧性能和耐火极限对建筑物整体耐火性能进行的等级划分。建筑耐火等级是衡量建筑抵抗火灾能力大小的标准，由建筑构件的燃烧性能和耐火极限中的最低者决定。

影响建筑耐火等级认定的因素主要有建筑的重要性、使用性质、火灾危险性、建筑的高度和面积、火灾荷载的大小等。

（二）建筑耐火等级的划分

我国将建筑的耐火等级划分为四个等级。在城市轨道交通中一般只存在一、二级耐火等级建筑，且地下空间的耐火等级要高于地上空间。

1. 一级耐火等级建筑

一级耐火等级建筑是指主要建筑构件全部为不燃烧体且满足相应耐火极限要求的建筑。地下或半地下建筑、一类高层建筑的耐火等级不应低于一级，如一类高层医疗建筑、一类高层重要公共建筑、高度大于 54 m 的住宅等。

在城市轨道交通建筑中，下列建筑的耐火等级应为一级：地下车站及其出入口通道、风道；地下区间、联络通道、区间风井及风道；控制中心；主变电所；易燃物品库、油漆库；地下停车库、列检库、停车列检库、运用库、联合检修库及其他检修用房。

2. 二级耐火等级建筑

二级耐火等级建筑是指主要建筑构件除吊顶为难燃烧体外，其余构件为不燃烧体，且满足相应耐火极限要求的建筑。单、多层重要公共建筑和二类高层建筑的耐火等级不应低于二级，如建筑高度大于 27 m 但不大于 54 m 的住宅。

在城市轨道交通中，下列建筑的耐火等级不应低于二级：地上车站及地上区间；地下车站出入口地面厅、风亭等地面建（构）筑物；运用库、检修库、综合维修中心的维修综合楼、物质总库的库房、调机库、牵引降压混合变电所、洗车机库（棚）、不落轮镟库、工程车库和综合办公楼等生活辅助建筑。

五、防火和防烟分区

为避免火灾迅速蔓延，利于安全疏散，最大限度地控制火灾并减少火灾损失，必须按相关规定划分防火和防烟分区。

（一）防火分区

防火分区是指在建筑内部采用防火墙、楼板及其他防火分隔设施分隔而成，能在一定时间内防止火灾向同一建筑的其余部分蔓延的局部空间。

1. 防火分区的分类

建筑防火分为区分水平防火分区和竖向防火分区。

(1) 水平防火分区。

水平防火分区是指建筑某一楼层内采用具有一定耐火能力的防火分隔物（如防火墙、防火门、防火窗和防火卷帘等），按规定的建筑面积标准分隔的防火单元。

对于采用防火墙进行分隔的，防火墙上确需开设门、窗、洞口时应为甲级防火门、窗、洞口；对于采用防火卷帘进行分隔的，防火卷帘的设置应满足规范要求。

(2) 竖向防火分区。

竖向防火分区是指采用具有一定耐火能力的楼板和窗间墙将建筑上下层隔开。对于建筑中庭、自动扶梯、楼梯间、管道井、窗槛墙等上下连通的空间，一般采用防火卷帘、防火门、防火封堵等方式对上下楼层进行防火分隔。

2. 防火分隔设施

防火分隔设施是指能在一定时间内阻止火势蔓延，把建筑内部空间分隔成若干较小防火空间的物体。防火分隔设施分为水平分隔设施和竖向分隔设施，包括防火墙、防火隔墙、防火门、防火窗、防火卷帘等。

(1) 防火墙。

防火墙是指防止火灾蔓延至相邻建筑或相邻水平防火分区且耐火极限不低于 3 h 的不燃性墙体，是建筑水平防火分区的主要防火分隔物，由不燃烧材料构成。

防火墙设置应符合的规定：

① 防火墙应直接设置在建筑的基础或框架、梁等承重结构上，框架、梁等承重结构的耐火极限不应低于防火墙的耐火极限。

② 防火墙上不应开设门、窗、洞口，确需开设时，应设置不可开启或发生火灾时能自动关闭的甲级防火门、窗、洞口。

③ 可燃气体和甲、乙、丙类液体的管道严禁穿过防火墙，防火墙内不应设置排气道。除规定外的其他管道不宜穿过防火墙，确需穿过时，应采用防火封堵材料将墙与管道之间的空隙紧密填实，穿过防火墙处的管道保温材料，应采用不燃材料；当管道为难燃或可燃材料时，应在防火墙两侧的管道上采取防火措施。

④ 建筑内的防火墙不宜设置在转角处，确需设置时，内转角两侧墙上的门、窗、洞口之间最近边缘的水平距离不应小于 4 m；当采取设置乙级防火窗等防止火灾水平蔓延的措施时，该距离不限。

⑤ 防火墙的构造应能在防火墙任意一侧的屋架、梁、楼板等受到火灾破坏时，不会导致防火墙倒塌。

(2) 防火隔墙。

防火隔墙是指从楼、地面基层隔断至梁、楼板或屋面板的底面基层。

防火隔墙设置应符合的规定：

① 除居住建筑中套内的厨房外，民用建筑内的附属库房，宿舍、公寓建筑中的公

共厨房和其他建筑内的厨房部位应采用耐火极限不低于 2 h 的防火隔墙与其他部位分隔。

② 附设在建筑内的消防控制室、灭火设备室、消防水泵房和通风空气调节机房、变配电室等,应采用耐火极限不低于 2 h 的防火隔墙;锅炉房、柴油发电机房内设置储油间的,应采用耐火极限不低于 3 h 的防火隔与储油间分隔。

③ 设置在丁、戊类厂房内的通风机房,应采用耐火极限不低于 1 h 的防火隔墙和耐火极限不低于 0.5 h 的楼板与其他部位分隔。

④ 电缆井、管道井、排烟道、排气道、垃圾道等竖向井道,应分别独立设置。井壁的耐火极限不应低于 1 h,井壁上的检查门应采用丙级防火门。

(3) 防火门。

防火门是指在一定时间内能满足耐火稳定性、完整性和隔热性要求的门。它是设置在防火分区间、疏散楼梯间、垂直竖井等处具有一定耐火性的防火分隔物。防火门除具有普通门的作用外,更具有阻止火势蔓延和烟气扩散的作用,可在一定时间内阻止火势的蔓延,确保人员疏散。

防火门设置应符合的规定:

① 设置在建筑内经常有人通行处的防火门宜采用常开防火门。常开防火门应能在发生火灾时自行关闭,并应具有信号反馈的功能。

② 除允许设置常开防火门的位置外,其他位置的防火门均应采用常闭防火门。常闭防火门应在其明显位置设有"保持防火门关闭"等提示标识。

③ 除管井检修门外,防火门应具有自行关闭功能。双扇防火门应具有按顺序自行关闭功能。

④ 防火门应能在其内外两侧手动开启。

⑤ 设置在建筑变形缝附近时,防火门应设置在楼层较多的一侧,并应保证防火门开启时门扇不跨越变形缝。

⑥ 防火门关闭后应具有防烟性能。

(4) 防火窗。

防火窗是指在一定时间内连同框架能满足耐火稳定性和耐火完整性要求的窗。

防火窗设置应符合的规定:

① 设置在防火墙、防火隔墙上的防火窗,应采用不可开启的窗扇,或者具有发生火灾时能自行关闭的功能。

② 防火窗窗口的净高度和净宽度不应小于 0.8 m 和 1 m,下沿距室内地面不宜大于 1.2 m,间距不宜大于 20 m 且每个防火分区不应少于 2 个。

(5) 防火卷帘。

防火卷帘门是指在一定时间内连同框架能满足耐火稳定性和完整性要求的卷帘,由帘板、卷轴、电动机、导轨、支架、防护罩和控制机构等组成。防火卷帘主要用于需要进行防火分隔的墙体，特别是防火墙及防火隔墙上因生产、使用等需要开设较大开口而又无法设置防火门的防火分隔设施。

防火卷帘常见的设置部位：自动扶梯周围、与中庭相连通的过厅和通道等处。当建筑物设置防火墙或防火门有困难时，要用防火卷帘门代替，同时须用水幕保护。

防火卷帘设置应符合的规定：

① 除中庭外，当防火分隔部位的宽度不大于 30 m 时，防火卷帘的宽度应不大于 10 m；当防火分隔部位的宽度大于 30 m 时，防火卷帘的宽度应不大于该部位宽度的 1/3，且应不大于 20 m。

② 防火卷帘应具有火灾时靠自重自动关闭功能。

③ 防火卷帘的耐火极限不应低于对所设置部位墙体的耐火极限要求。

④ 当防火卷帘的耐火极限符合现行国家标准有关耐火完整性和耐火隔热性的判定条件时，可不设置自动喷水灭火系统保护。

⑤ 当防火卷帘的耐火极限仅符合现行国家标准有关耐火完整性的判定条件时，应设置自动喷水灭火系统保护。自动喷水灭火系统的设计应符合现行国家标准的规定，但火灾延续时间应不小于该防火卷帘的耐火极限。

⑥ 防火卷帘应具有防烟性能，其与楼板、梁、墙、柱之间的空隙应采用防火封堵材料封堵。

⑦ 需要在发生火灾时自动降落的防火卷帘，应具有信号反馈的功能。

> **小贴士**
>
> ### 城市轨道交通防火分区要求
>
> **一、城市地下轨道交通**
>
> 1. 站台和站厅公共区可划分为同一个防火分区，站厅公共区的建筑面积为 5 000 m²。
>
> 2. 站厅设备管理区应与站厅、站台公共区划分为不同的防火分区，设备管理区内每个防火分区的最大允许建筑面积为 1 500 m²。消防水泵房、污水和废水泵房、厕所、盥洗室、茶水室、清扫室等房间的建筑面积可不计入所在防火分区的建筑面积。
>
> 3. 地下一层侧式站台与同层站厅公共区可划分为同一个防火分区，但站台上任意一点至车站直通地面的疏散通道口的最大距离为 50 m；若必须大于 50 m 时，应在与同层站厅的邻接面处或站厅的适当位置采用耐火极限不低于 2 h 的

防火隔墙等进行分隔。

4. 上、下重叠平行站台的车站应符合的规定：

下层站台穿越上层站台至站厅的楼梯或扶梯，应在上层站台的楼梯或扶梯开口部位设置耐火极限不低于 2 h 的防火隔墙；

上、下层站台之间的联系楼梯或扶梯，除可在下层站台的楼梯或扶梯开口处人员上下通行的部位采用耐火极限不低于 3 h 的防火卷帘等进行分隔外，其他部位应设置耐火极限不低于 2 h 的防火隔墙。

5. 多线同层站台平行换乘车站的各站台之间应设置耐火极限不低于 2 h 的纵向防火隔墙，该防火隔墙应延伸至站台有效长度外不小于 10 m。

6. 点式换乘车站站台之间的换乘通道和换乘梯，除可在下层站台的通道或楼梯或扶梯口处人员上下通行的部位采用耐火极限不低于 3 h 的防火卷帘等进行分隔外，其他部位应设置耐火极限不低于 2 h 的防火隔墙。

7. 侧式站台与同层站厅换乘车站，除可在站台连接同层站厅的通道口部位采用耐火极限不低于 3 h 的防火卷帘等进行分隔外，其他部位应设置耐火极限不低于 3 h 的防火墙。

8. 通道换乘车站的站间换乘通道两侧应设置耐火极限不低于 2 h 的防火隔墙，通道内应采用 2 道耐火极限均不低于 3 h 的防火卷帘等进行分隔。

9. 站厅层位于站台层下方时，除可在站厅至站台的楼梯或扶梯开口处人员上下通行的部位采用耐火极限不低于 3 h 的防火卷帘等进行分隔外，其他部位应设置耐火极限不低于 2 h 的防火隔墙。

10. 在站厅层与站台层之间设置地铁设备层时，站台至站厅的楼梯或扶梯穿越设备层的部位周围应设置无门、窗、洞口的防火墙。

11. 站台与站厅公共区之间，除上下楼梯或扶梯的开口外，不应设置其他上下连通的开口。

二、城市地上轨道交通

1. 站厅公共区内每个防火分区的最大允许建筑面积为 5 000 m²。

2. 站厅设备管理区应与站台、站厅公共区划分为不同的防火分区，设备管理区每个防火分区的最大允许建筑面积为 2 500 m²；建筑高度大于 24 m 的高架车站，其设备管理区每个防火分区的最大允许建筑面积为 1 500 m²。

3. 站厅位于站台上方且站台层不具备自然排烟条件时，除可在站台至站厅的楼梯或扶梯开口处人员上下通行的部位采用耐火极限不低于 3 h 的防火卷帘等进行分隔外，其他部位应设置耐火极限不低于 2 h 的防火隔墙。

三、控制中心与主变电所

1. 中央控制室应远离电源室、隔离变室、高压配电室等火灾危险性大的房间，中央控制室内不得穿越与指挥调度无关的管线。

2. 设置在应急指挥室与中央控制室之间的观察窗，应采用甲级防火玻璃窗。

3. 控制中心的设备用房宜集中布置，并应采用耐火极限不低于2 h的防火隔墙和耐火极限不低于1.5 h的楼板与其他部位进行分隔。

4. 除直接开向室外的门外，变压器室、补偿装置室、蓄电池室、电缆夹层、配电装置室的门，以及配电装置室中间隔墙上的门均应采用甲级防火门。

5. 主变电所的消防控制设备应设置在主变电所有人值守的控制室内。

（二）防烟分区

防烟分区是指在建筑内部采用挡烟设施分隔而成，能在一定时间内阻止火灾烟气向同一防火分区的其余部分蔓延的局部空间。

1. 防烟分区的划分

设置排烟系统的场所或部位应划分防烟分区，防烟分区不应跨越防火分区。

2. 防烟分区的划分构件

划分防烟分区的构件主要有挡烟垂壁、隔墙、防火卷帘、建筑横梁等。其中，隔墙是指只起分隔作用的墙体；挡烟垂壁是指用不燃烧材料制成，垂直安装在建筑顶棚、横梁或吊顶下，能在火灾时形成一定蓄烟空间的挡烟分隔设施；当建筑横梁的高度不小于50 cm时，该横梁可作为挡烟设施使用。

> **小贴士**
>
> **城市轨道交通防烟分区要求**
>
> 站厅公共区和设备管理区应采用挡烟垂壁或建筑结构划分防烟分区，防烟分区不应跨越防火分区。站厅公共区内每个防烟分区的最大允许建筑面积为2 000 m²，设备管理区内每个防烟分区的最大允许建筑面积为750 m²。
>
> 公共区楼扶梯穿越楼板的开口部位、公共区吊顶与其他场所连接处的顶棚或吊顶面高差不足0.5 m的部位，应设置挡烟垂壁。
>
> 挡烟垂壁或划分防烟分区的建筑结构应为不燃材料且耐火极限不应低于0.5 h，凸出顶棚或封闭吊顶应不小于0.5 m。挡烟垂壁的下缘至地面、楼梯或扶梯踏步面的垂直距离应不小于2.3 m。

六、建筑总平面布局

(一) 防火间距

防火间距是防止着火建筑的辐射热在一定时间内引燃相邻建筑,且便于消防扑救的间隔距离。

对防火间距进行实地测量时,应沿建筑周围选择相对较近处测量间距。

建筑之间的防火间距按相邻建筑外墙的最近水平距离计算,当外墙有凸出的可燃或难燃构件时,从其凸出部分外缘算起。

> **小贴士**
>
> **城市轨道交通防火间距要求**
>
> 1. 地下车站的出入口、风亭、电梯和消防专用通道的出入口等附属建筑,地上车站、地上区间、地下区间及其敞口段(含车辆基地出入线)、区间风井及风亭等,与周围建筑物、储罐(区)、地下油管等的防火间距应符合现行国家有关标准的规定。
>
> 2. 地下车站的采光窗井与相邻地面建筑之间的防火间距应符合表1.3.2的规定,当相邻地面建筑物的外墙为防火墙或在采光窗井与地面建筑物之间设置防火墙时,防火间距不限。
>
> 表1.3.2 地下车站的采光窗井与相邻地面建筑之间的防火间距
>
> 单位:m
>
> | 建筑类别 | 单层、多层民用建筑 | | | 高层民用建筑 | 丙、丁、戊类厂房、库房 | | | 甲、乙类厂房、库房 |
> |---|---|---|---|---|---|---|---|---|
> | 建筑耐火等级 | 一、二级 | 三级 | 四级 | 一、二级 | 一、二级 | 三级 | 四级 | 一、二级 |
> | 地下车站的采光窗井 | 6 | 7 | 9 | 13 | 10 | 12 | 14 | 25 |

(二) 消防车道

1. 消防车道的定义

消防车道是指满足消防车通行和作业等要求,在紧急情况下供消防救援队专用,使消防员和消防车等装备能到达或进入建筑的通道。

消防车道可分为环形消防车道、尽头式消防车道、穿过建筑的消防车道和消防水源地消防车道等。

2. 消防车道的设置要求

(1) 车道的净宽度和净空高度均不应小于4 m;

(2) 转弯半径应满足消防车转弯的要求；

(3) 消防车道与建筑之间不应设置妨碍消防车操作的树木、架空管线等障碍物；

(4) 消防车道靠建筑外墙一侧的边缘距离建筑外墙不宜小于 5 m；

(5) 消防车道的坡度不宜大于 8%；

(6) 消防车道的路面应能承受重型消防车的压力。

> **小贴士**
>
> **城市轨道交通建筑消防车道设置要求**
>
> 1. 地上车站建筑的周围应设置环形消防车道，确有困难时，可沿车站建筑的一个长边设置消防车道。
>
> 2. 独立建造的控制中心、地上主变电所应设置环形消防车道，确有困难时，可沿建筑的一个长边设置消防车道。
>
> 3. 地下消防车道与停车库、列检库、停车列检库、运用库、联合检修库之间应采用耐火极限不低于 3 h 的防火墙进行分隔。防火墙上应设置消防救援入口，入口处应采用乙级防火门等进行分隔。

七、安全疏散

(一) 安全疏散的相关概念

引导人员向安全区域撤离的过程称为疏散，也称安全疏散。

1. 安全区域

当建筑发生火灾时，人员不受火灾威胁的地方都是安全区域。

建筑的室外地坪及类似的空旷场所、封闭楼梯间、防烟楼梯间、建筑屋顶平台、高层建筑中的避难层和避难间可视为安全区域。

2. 安全出口

安全出口是指供人员安全疏散用的楼梯间、室外楼梯的出入口、直通室内外安全区域的出口。

3. 允许安全疏散时间

允许安全疏散时间指建筑物内或建筑物某个区域的所有人员从发出疏散信号至抵达最终安全出口或安全区的时间。

允许安全疏散时间由建筑物的防烟排烟设施、灭火系统、耐火等级等因素确定。如果建筑物的允许安全疏散时间大于人员所需的安全疏散时间，则认为安全疏散可行。

4. 安全疏散距离

安全疏散距离包括房间内最远点到房门的疏散距离和从房门至最近安全出口的直线

距离。

5. 疏散宽度指标（百人宽度指标）

百人宽度指标是每100人在允许疏散时间内，以单股人流形式疏散所需的疏散宽度。当人流不超过4股时，单股人流宽按0.55 m计；当人流大于4股时，单股人流宽按0.5 m计。

一、二级耐火等级建筑的疏散时间控制为2 min，三级耐火等级建筑的疏散时间控制为1.5 min。单股人流通过能力，按平坡地面43人/min、阶梯地面37人/min可计算出不同建筑所需百人宽度指标。

（二）安全疏散和避难设施

安全疏散和避难设施包括疏散出口、疏散走道、疏散楼梯（间）、疏散指示标志、避难层（间）、应急照明等。

（三）疏散门

疏散门是直接通向疏散走道的房间门、直接开向疏散楼梯间的门或室外的门。除另有规定外，公共建筑内各房间疏散门的数量应经计算确定且不应少于2个，疏散门的净宽度不应小于0.8 m，每个房间相邻2个疏散门最近边缘之间的水平距离不应小于5 m。

> **小贴士**
>
> **城市轨道交通疏散门消防规定**
>
> 1. 城市轨道交通在公共区内付费区与非付费区之间的栅栏上应设置平开疏散门。自动检票机和疏散门的通过能力应满足下式（公式1.3.1）要求：
>
> $$A_3 + LA_4 \geq 0.9[A_1(N-1) + A_2 B] \quad （公式1.3.1）$$
>
> 式中：A_3—自动检票机门常开时的通过能力（人/min）；
>
> A_4—单位宽度疏散门的通过能力[人/(min·m)]；
>
> L—疏散门的净宽度（m）（按0.55 m的整倍数计算）；
>
> A_1—一台自动扶梯的通过能力[人/(min·台)]；
>
> A_2—单位宽度疏散楼梯的通过能力[人/(min·m)]；
>
> N—用作疏散的自动扶梯的数量（台）；
>
> B—疏散楼梯的总宽度（m）（每组楼梯的宽度应按0.55 m的整倍数计算）。
>
> 2. 站台的两端部均应设置从区间疏散至站台的楼梯。当站台设置站台门时，站台门的端门应向站台公共区方向开启。
>
> 3. 站台每侧站台门上的应急门数量宜按列车编组数确定。当应急门设置在站台计算长度内的设备管理区和楼梯、扶梯段内时，应核算每侧站台在应急门开启时的通过能力。

（四）安全出口

安全出口是指供人员安全疏散用的楼梯间和室外楼梯的出入口或直通室内外安全区域的出口。相邻 2 个安全出口最近边缘之间的水平距离不应小于 5 m。

城市轨道交通安全出口消防规定

1. 每个站厅公共区应至少设置 2 个直通室外的安全出口。安全出口应分散布置，且相邻两个安全出口之间的最小水平距离不应小于 20 m。当换乘车站共用一个站厅公共区时，站厅公共区的安全出口应按每条线不少于 2 个设置。

2. 站台设备管理区可利用站台公共区进行疏散，但有人值守的设备管理区应至少设置 1 个直通室外的安全出口。

3. 站厅公共区与商业等非地铁功能的场所的安全出口应各自独立设置。两者的连通口和上、下联系楼梯或扶梯不得作为相互间的安全出口。乘客出入口通道的疏散路线应各自独立，不得重叠或设置门槛、有碍疏散的物体及袋形走道。两个或两个以上汇入同一条疏散通道的出入口，应视为一个安全出口。

4. 有人值守的设备管理区内每个防火分区安全出口的数量不应少于 2 个，并应至少有 1 个安全出口直通地面。当值守人员小于或等于 3 人时，设备管理区可利用与相邻防火分区相通的防火门或能通向站厅公共区的出口作为安全出口。

5. 地下一层侧式站台车站，每侧站台应至少设置 2 个直通地面或其他室外空间的安全出口。与站厅公共区同层布置的站台应符合下列规定：

（1）当站台与站厅公共区之间设置防火隔墙时，应在该防火隔墙上设置至少 2 个门洞，相邻两个门洞之间的最小水平距离不应小于 10 m；

（2）当站台与站厅公共区之间未设置防火隔墙时，站台上任一点至地面或其他室外空间的疏散时间不应大于 6 min。

6. 中央控制室的安全出口不应少于 2 个，室内的设备布置应方便人员安全疏散。

7. 建筑面积大于 250 m^2 的控制室和配电装置室、补偿装置室、电缆夹层应至少设置 2 个安全出口，并宜设置在设备室的两端。建筑长度大于 60 m 的配电装置室，应在其中间适当部位增设 1 个安全出口。

（五）疏散走道

公共建筑内疏散走道的净宽度不应小于相关规定。

小贴士

城市轨道交通疏散走道消防规定

1. 电梯、竖井爬梯、消防专用通道以及管理区的楼梯不得用作乘客的安全疏散设施。

2. 站厅公共区和站台计算长度内任一点到疏散通道口和疏散楼梯口或用于疏散的自动扶梯口的最大疏散距离不应大于50 m。地下一层侧式站台车站，每侧站台应至少设置2个直通地面或其他室外空间的安全出口。与站厅公共区同层布置的站台应符合下列规定：

（1）当站台与站厅公共区之间设置防火隔墙时，应在该防火隔墙上设置至少2个门洞，相邻两个门洞之间的最小水平距离不应小于10 m；

（2）当站台与站厅公共区之间未设置防火隔墙时，站台上任一点至地面或其他室外空间的疏散时间不应大于6 min；

（3）有人值守的设备管理用房的疏散门至最近安全出口的距离，当疏散门位于2个安全出口之间时，不应大于40 m；当疏散门位于袋形走道两侧或尽端时，不应大于22 m。

3. 出入口通道的长度不宜大于100 m；当大于100 m时，应增设安全出口，且该通道内任一点至最近安全出口的疏散距离不应大于50 m。地面侧式站台车站的过轨地道可作为疏散通道，上跨轨道的通道不得作为疏散通道。

4. 设备管理区内房间的疏散门至最近安全出口的疏散距离应符合现行国家标准《建筑设计防火规范》（GB 50016—2014）的规定。

5. 在疏散通道、疏散走道、疏散出口处，不应有任何影响人员疏散的物体，并应在疏散通道、疏散走道、疏散出口的明显位置设置明显的指示标志。疏散通道、疏散走道、疏散出口的净高度均不应小于2.1m。疏散走道在防火分区分隔处应设置疏散门。

（六）疏散楼梯（间）

疏散楼梯（间）分为敞开楼梯间、封闭楼梯间、防烟楼梯间和室外疏散楼梯四种。封闭楼梯间是指在楼梯间入口处设防火门，以防止火灾的烟和热气进入的楼梯间。

防烟楼梯间是指在楼梯间入口处设置防烟的前室、开敞式阳台或凹廊等设施，且通向前室和楼梯间的门均为防火门，以防止火灾的烟和热气进入的楼梯间。

除通向避难层错位的疏散楼梯外，建筑内的疏散楼梯间在各层的平面位置不应改变。

小贴士

城市轨道交通疏散楼梯（间）消防规定

1. 站台至站厅或其他安全区域的疏散楼梯、自动扶梯和疏散通道的通过能力，应保证在远期或客流控制期中超高峰小时最大客流量时，一列进站列车所载乘客及站台上的候车乘客能在 4 min 内全部撤离站台，并应能在 6 min 内全部疏散至站厅公共区或其他安全区域。乘客全部撤离站台的时间应满足下式（公式 1.3.2）要求：

$$T = \frac{Q_1 + Q_2}{0.9[A_1(N-1) + A_2B]} \leq 4 \text{ min} \qquad (\text{公式} 1.3.2)$$

式中：Q_1——远期或客流控制期中超高峰小时最大客流量时一列进站列车的载客人数（人）；

Q_2——远期或客流控制期中超高峰小时站台上的最大候车乘客人数（人）；

A_1——一台自动扶梯的通过能力 [人/(min·台)]；

A_2——单位宽度疏散楼梯的通过能力 [人/(min·m)]；

N——用作疏散的自动扶梯的数量（台）；

B——疏散楼梯的总宽度（m）（每组楼梯的宽度应按 0.55 m 的整倍数计算）。

2. 电梯、竖井爬梯、消防专用通道以及管理区的楼梯不得用作乘客的安全疏散设施。

3. 站台端部通向区间的楼梯不得用作站台区乘客的安全疏散设施。换乘车站的换乘通道、换乘梯不得用作乘客的安全疏散设施。

4. 地下车站应设置消防专用通道。当地下车站超过 3 层（含 3 层）时，消防专用通道应设置为防烟楼梯间。

5. 建筑高度超过 24 m 且相连区间未设纵向疏散平台的高架车站，应在站台增设直达地面的疏散楼梯。

6. 单洞双线载客运营地下区间的线路间宜设置耐火极限不低于 3 h 的防火墙；当不设置防火墙且不能敷设排烟道（管）时，在地下区间内应每隔 800 m 设置一个直通地面的疏散井，井内的楼梯间应采用防烟楼梯间。当地下区间利用区间风井进行疏散时，风井内应设置直达地面的防烟楼梯间。

（七）消防应急照明和疏散指示系统

消防应急照明和疏散指示系统是一种辅助人员安全疏散的建筑消防系统，由消防应急照明灯具、消防应急标志灯具及相关装置构成，其主要功能是在火灾等紧急情况下，为人员的安全疏散和灭火救援行动提供必要的照度条件及正确的疏散指示信息。

1. 消防应急照明和疏散指示系统的类型

消防应急照明和疏散指示系统（以下简称"系统"）按消防应急灯具（以下简称"灯具"）的控制方式可分为集中控制型系统和非集中控制型系统。

系统类型的选择应根据建、构筑物的规模、使用性质及日常管理及维护难易程度等因素确定，并应符合下列规定：

（1）设置消防控制室的场所应选择集中控制型系统。

（2）设置火灾自动报警系统，但未设置消防控制室的场所宜选择集中控制型系统。

（3）其他场所可选择非集中控制型系统。

2. 消防应急照明和疏散指示系统的基本设计原则

系统设计应遵循系统架构简洁、控制简单的基本设计原则，包括灯具布置、系统配电、系统在非火灾状态下的控制设计、系统在火灾状态下的控制设计；集中控制型系统尚应包括应急照明控制器和系统通信线路的设计。

3. 疏散指示方案

系统设计前，应根据建、构筑物的结构形式和使用功能，以防火分区、楼层、隧道区间、地铁站台和站厅等为基本单元确定各水平疏散区域的疏散指示方案。疏散指示方案应包括确定各区域疏散路径、指示疏散方向的消防应急标志灯具（以下简称"方向标志灯"）的指示方向和指示疏散出口、安全出口消防应急标志灯具（以下简称"出口标志灯"）的工作状态，并应符合下列规定：

（1）具有一种疏散指示方案的区域，应按照最短路径疏散的原则确定该区域的疏散指示方案。

（2）具有两种及以上疏散指示方案的区域应符合下列规定：① 需要借用相邻防火分区疏散的防火分区，应根据火灾时相邻防火分区可借用和不可借用的两种情况，分别按最短路径疏散原则和避险原则确定相应的疏散指示方案。② 需要采用不同疏散预案的交通隧道、地铁隧道、地铁站台和站厅等场所，应分别按照最短路径疏散原则和避险疏散原则确定相应疏散指示方案；其中，按最短路径疏散原则确定的疏散指示方案应为该场所默认的疏散指示方案。

4. 建筑内消防应急照明和灯光疏散指示标志的备用电源的连续供电时间

建筑内消防应急照明和灯光疏散指示标志的备用电源的连续供电时间应满足人员安全疏散的要求，且不应小于如下的规定值（表1.3.3）。

表 1.3.3　消防应急照明和灯光疏散指示标志的备用电源的连续供电时间

建筑类别		连续供电时间（h）
建筑高度大于 100 m 的民用建筑		1.5
建筑高度不大于 100 m 的医疗建筑，老年人照料设施，总建筑面积大于 100 000 m² 的其他公共建筑		1.0
水利工程，水电工程，总建筑面积大于 20 000 m² 的地下或半地下建筑		1.0
城市轨道交通工程	区间和地下车站	1.0
	地上车站、车辆基地	0.5
城市交通隧道	一、二类	1.5
	三类	1.0
城市综合管廊工程，平时使用的人民防空工程，除上述规定外的其他建筑		0.5

5. 应设置灯光疏散指示标志的建筑

除筒仓、散装粮食仓库和火灾发展缓慢的场所外，下列建筑应设置灯光疏散指示标志，疏散指示标志及其设置间距、照度应保证疏散路线指示明确、方向指示正确清晰、视觉连续。

（1）甲、乙、丙类厂房，高层丁、戊类厂房。

（2）丙类仓库，高层仓库。

（3）公共建筑。

（4）建筑高度大于 27 m 的住宅建筑。

（5）除室内无车道且无人员停留的汽车库外的其他汽车库和修车库。

（6）平时使用的人民防空工程。

（7）地铁工程中的车站、换乘通道或连接通道、车辆基地、地下区间内的纵向疏散平台。

（8）城市交通隧道、城市综合管廊。

（9）城市的地下人行通道。

（10）其他地下或半地下建筑。

6. 应设置疏散照明的建筑部位

除筒仓、散装粮食仓库和火灾发展缓慢的场所外，厂房、丙类仓库、民用建筑、平时使用的人民防空工程等建筑中的下列部位应设置疏散照明。

（1）安全出口、疏散楼梯（间）、疏散楼梯间的前室或合用前室、避难走道及其前室、避难层、避难间、消防专用通道、兼作人员疏散的天桥和连廊。

（2）观众厅、展览厅、多功能厅及其疏散口。

（3）建筑面积大于 200 m² 的营业厅、餐厅、演播室、售票厅、候车（机、船）厅等人员密集的场所及其疏散口。

（4）建筑面积大于 100 m² 的地下或半地下公共活动场所。

（5）地铁工程中的车站公共区，自动扶梯、自动人行道，楼梯，连接通道或换乘通道，车辆基地，地下区间内的纵向疏散平台。

（6）城市交通隧道两侧，人行横通道或人行疏散通道。

（7）城市综合管廊的人行道及人员出入口。

（8）城市地下人行通道。

7. 建筑内疏散照明的地面最低水平照度

建筑内疏散照明的地面最低水平照度应符合下列规定：

（1）疏散楼梯间、疏散楼梯间的前室或合用前室、避难走道及其前室、避难层、避难间、消防专用通道，不应低于 10.0 lx。

（2）疏散走道、人员密集的场所，不应低于 3.0 lx。

（3）本条上述规定场所外的其他场所，不应低于 1.0 lx。

8. 消防控制室、消防水泵房、自备发电机房、配电室、防排烟机房以及发生火灾时仍需正常工作的消防设备房应设置备用照明，其作业面的最低照度不应低于正常照明的照度。

9. 消防电气设备外壳的防尘与防水等级

对可能处于潮湿环境内的消防电气设备，外壳的防尘与防水等级应符合下列规定：

（1）对于交通隧道，不应低于 IP55。

（2）对于城市综合管廊及其他潮湿环境，不应低于 IP45。

八、建筑材料的燃烧性能及城市轨道交通建筑的装修防火基本要求

（一）建筑材料的燃烧性能

材料是指单一物质或均匀分布的混合物，如金属、石材、木材、混凝土、矿纤、聚合物等。建筑材料是指建筑中所使用的各种材料的总称，其燃烧性能直接关系到建筑的防火安全。

1. 建筑材料的燃烧性能的含义

建筑材料的燃烧性能是指当材料燃烧或遇火时所发生的一切物理和（或）化学变化。建筑材料的燃烧性能依据在明火或高温作用下，材料表面的着火性和火焰传播性、发烟、炭化、失重以及毒性生化物的产生等特性来衡量，它是评价材料的防火性能的一项重要指标。

依据《建筑材料及制品燃烧性能分级》（GB 8624—2012），我国建筑材料及制品燃烧性能分为 A、B1、B2、B3 四个等级。

A级材料是指不燃材料（制品），在空气中遇明火或高温作用下不起火、不微燃、不碳化，如大理石、玻璃、钢材、混凝土石膏板、铝塑板、金属复合板等。

B1级材料是指难燃材料（制品），在空气中遇明火或高温作用下难起火、难微燃、难碳化，如水泥刨花板、矿棉板、难燃木材、难燃胶合板、难燃聚氯乙烯塑料、硬PVC塑料地板等。

B2级材料是指普通可燃材料（制品），在空气中遇明火或高温作用下会立即起火或发生微燃，火源移开后继续保持燃烧或微燃，如天然木材、胶合板、人造革、墙布、半硬质PVC塑料地板等。

B3级材料是指易燃材料（制品），在空气中很容易被低能量的火源或电焊渣等点燃，火焰传播速度极快。

2. 建筑保温和外墙装饰防火的基本要求

（1）建筑保温材料的分类。

建筑外墙保温材料可分为三大类：一是无机保温材料，通常为不燃烧材料，如矿棉、岩棉等；二是有机—无机复合保温材料，通常为难燃材料，如胶粉聚苯颗粒保温浆料等；三是有机保温材料，通常为可燃材料，如EPS板、XPS板、聚氨酯等。

（2）建筑外墙内保温防火。

对于人员密集场所，用火、用油、用气等具有火灾危险的场所以及各类建筑内的避难走道、疏散楼梯间、避难层（间）等场所或部位，应采用燃烧性能为A级的保温材料。外墙内保温系统应采用不燃材料做防护层，当保温材料的燃烧性能为B1级时，防护层的厚度不应小于10 mm。

（3）建筑外墙外保温防火。

高度大于等于50 m的建筑，其保温材料的燃烧性能应为A级。高度大于等于24 m且小于50 m的建筑，其保温材料的燃烧性能应为A级或B1级。其中，当采用B1级保温材料时，每两层应设置水平防火隔离带。高度小于24 m的建筑，其保温材料的燃烧性能不应低于B2级。其中，当采用B2级保温材料时，每层应设置水平防火隔离带。外保温系统应采用不燃或难燃材料作为防护层。防护层应将保温材料完全覆盖。首层的防护层厚度不应小于6 mm，其他层不应小于3 mm。采用外墙外保温系统的建筑，其基层墙体耐火极限应符合现行防火规范的有关规定。

（4）屋面层保温防火。

建筑的屋面外保温系统，当屋面板的耐火极限不低于1 h时，保温材料的燃烧性能不应低于B2级；当建筑的屋面和外墙外保温系统均采用B1、B2级保温材料时，屋面与外墙之间应采用宽度不小于500 mm的不燃材料设置防火隔离带进行分隔。

（5）建筑外墙装饰防火。

建筑外墙的装饰层应采用燃烧性能为A级的材料，但建筑高度不大于50 m时，可采用 B1 级材料。

（二）城市轨道交通建筑的装修防火基本要求

1. 装修材料的分类和分级

装修材料按其使用部位和功能，可划分为顶棚装修材料、墙面装修材料、地面装修材料、隔断装修材料、固定家具、装饰织物、其他装修装饰材料七类。

2. 城市轨道交通建筑装修防火要求

（1）地上车站公共区的墙面和顶棚装修材料的燃烧性能均应为 A 级，满足自然排烟条件的车站公共区，其地面装修材料的燃烧性能不应低于 B1 级。

（2）休息室、更衣室、卫生间等场所，其顶棚装修材料的燃烧性能均应为 A 级，墙面、地面装修材料的燃烧性能均不应低于 B1 级。除架空地板的燃烧性能可为 B1 级外，设备管理区用房的顶棚、墙面、地面装修材料的燃烧性能均应为 A 级。

（3）中央控制室、应急指挥室、控制中心的顶棚和墙面装修材料的燃烧性能均应为 A 级，地面、隔断、调度台椅、窗帘及其他装饰材料的燃烧性能均不应低于 B1 级。

（4）除地面绝缘材料外，主变电所室内装修材料的燃烧性能应为 A 级。

（5）站厅、站台、人员出入口、疏散楼梯及楼梯间、疏散通道、避难走道、联络通道等人员疏散部位和消防专用通道，其墙面、地面、顶棚及隔断装修材料的燃烧性能均应为 A 级，但站台门的绝缘层和地上具有自然排烟条件的房间地面装修材料的燃烧性能可为 B1 级。

（6）疏散通道和疏散楼梯的地面材料应具有防滑特性。

（7）广告灯箱、导向标志、座椅、电话亭、售检票亭（机）等固定设施的燃烧性能均不应低于 B1 级，垃圾箱的燃烧性能应为 A 级。

（8）车站内使用的玻璃应采用安全玻璃。在设备管理区设置的玻璃门、窗，其耐火性能不应低于该防火分隔部位的耐火性能要求。

（9）室内装修材料不得采用石棉制品、玻璃纤维制品和塑料制品。

任务四　城市轨道交通电气防火知识

在城市轨道交通建设、运营和商业开发中，电力作为主要动力能源，电力设施多，电气线路和设施长时间运行和使用容易产生故障，电气火灾发生的概率较大，电气防火是城市轨道交通消防安全的重要环节。

一、城市轨道交通供电系统

供电系统的供电制式主要指电流制式、电压等级和馈电方式。目前，城市轨道交通的直流牵引电压等级有 DC 600 V、DC 750 V 和 DC 1 500 V 等多种。我国国家标准《城市轨道交通直流牵引供电系统》（GB/T 10411—2005）规定了 DC 750 V 和 DC 1 500 V 两种电压制式。供电系统的馈电方式分为架空接触网和接触轨两种。其中，电压制式和馈电方式是密不可分的。一般架空接触网馈电方式电压等级采用 DC1 500 V，接触轨馈电方式电压等级主要采用 DC 750 V，但有向 DC 1 500 V 发展的趋势。城市轨道交通作为城市电网的用户，直接从城市电网取得电能；城市电网也把城市轨道交通看成一个重要用户。

城市轨道交通供电系统由电源系统（城市电网、主变电所）、牵引供电系统、动力照明供电系统和电力监控系统组成。其中，牵引供电系统包括牵引变电所和牵引网两大部分，动力照明供电系统包括降压变电所与动力照明配电系统。

（一）电源系统

我国电力生产由国家经营管理，因此无论是干线电气化铁路还是工矿电力牵引用电和城市轨道交通电力牵引用电均由国家电网统一供给。

根据生产电能的发电厂所利用的能源不同，发电厂可以分为火力发电厂（以煤、油为燃料）、水力发电厂、原子能发电厂及风力、地热、太阳能和潮汐发电厂等。发电厂可能与其用户相距甚远，必须将输电电压升高，以减少线路的电压损失和能量损耗，因此在发电厂的输出端接入升压变压器以提高输电电压。目前我国用得最普遍的输电电压为 110~220 kV。

通常高压输电线到了各城市或工业区以后，通过区域变电所（站）将电能转配或降低一个等级向附近各用电中心送电。城市轨道交通牵引用电既可从区域变电所高压线路得电，也可以从下一级电压的城市地方电网得电，这取决于系统和城市地方电网的具体情况及牵引用电容量大小。对于直接从系统高压电网获得电力的城市轨道交通系统，往往需要再设置一级主降压变电站，如将系统输电电压 110~220 kV 降低到 10~35 kV，以适应直流牵引变电所的需要。从管理的角度上看，主降压变电站可以由电力系统（电业部门）直接管理，也可以归属于城市轨道交通部门管理。从发电厂经升压、高压输电网、区域变电站至主降压变电站部分通常被称为牵引供电系统的"外部（一次）供电系统"。主降压变电站（当它不属于电力部门时）及其以后部分统称为"牵引供电系统"，它应该包括主降压变电站、直流牵引变电所、馈电线、接触网、走行轨及回流线等。其中，直流牵引变电所将三相高压交流电变成适合电动车辆使用的低压直流电。馈电线的作用是将牵引变电所的直流电送到接触网上。接触网是沿列车走行轨架设的特殊供电线路，电动车辆通过其受流器与接触网的直接接触而获得电力。走行轨构成牵引供电回路的一部分。回流线将轨道回流引向牵引变电所。

（二）牵引供电系统

城市轨道交通牵引供电系统主要由牵引变电所（牵引降压混合变电所）和接触网系统构成，两者共同完成向城市轨道交通列车输送电能的任务。

牵引变电所是牵引供电系统的核心，一般由进出线单元、变压变流单元及馈出单元构成。其主要功能是将中压环网的 AC 35 kV 或 AC 10 kV 电源经变压变流单元转换为城市轨道交通列车所需的电能，并分配到上下行区间供列车牵引用。在城市轨道交通工程中，由于地下土建工程造价高，所以在有条件时最好将牵引变电所建于地面，但降压变电所由于压损的要求仍应设在车站内，这样可以有效地降低工程造价。在设备选型上，随着设备制造技术的发展，设备在防火、减少占地面积等方面都有所进步。例如，干式变压器在防火、防潮湿等方面的优势都使其更适合城市轨道交通的运行环境；SF6 气体绝缘开关柜占地面积要比传统的空气绝缘开关柜小，在地下变电站中采用可降低工程造价，尤其在 35 kV 电压等级下采用，优势更为突出。

接触网系统负责将牵引变电所馈出的电能输送到列车上，一般有架空接触网和接触轨两种形式。从电压等级来看，国内有 DC 1 500 V 和 DC 750 V 两种等级，DC 1 500 V 采用架空接触网形式，DC 750 V 采用接触轨形式。DC 1 500 V 接触网形式与 DC 750 V 接触轨形式相比，由于电压等级高，可以减少沿线牵引变电所的数量，并且由于接触网采用架空悬挂，其安全性较好。但采用接触网形式对城市景观影响较大，运营后的维护工作量也较大。在具体的工程中可从一次投资、城市景观、安全因素和维护工作量等方面进行综合比选来确定。习惯上，由于接触轨是沿线路敷设的与轨道平行的附加轨，故又称为第三轨；只有采用架空方式时，才称为接触网。在接触轨材料的选择上，国内已运行的城市轨道交通线路大多采用低碳钢轨；在国外，有些城市轨道交通线路采用钢铝复合轨。与低碳钢轨相比，钢铝复合轨载流量大，可以减少牵引变电所的数量，降低运营维修费用，减少运行损耗。现在，武汉轻轨和天津地铁均已采用该材料。

在城市轨道交通牵引供电系统中，电能从牵引变电所经馈电线、接触网输送给电动列车，再从电动列车经钢轨（也称轨道回路）、回流线流回牵引变电所。

城市轨道交通牵引供电系统的各部分功能简述如下：

牵引变电所：供给城市轨道交通一定区域内牵引电能的变电所。

接触网：经过电动列车的受电器向电动列车供给电能的导电网。

馈电线：从牵引变电所向接触网输送牵引电能的导线。

回流线：用以供牵引电流返回牵引变电所的导线。

电分段：为便于检修和缩小事故范围，将接触网分为的若干段。

轨道：列车行走时，利用轨道作为牵引电流的回路。在采用跨座式单轨电动车组时，须沿线路专门敷设单独的回流线。

（三）动力照明供电系统

动力照明供电系统为除城市轨道交通列车以外的其他所有城市轨道交通用电负荷提供电能，其中包括通信、信号、事故照明和计算机系统等许多一级负荷。这些一级负荷均与城市轨道交通正常运营密不可分，所以在设计、设备选型和施工过程中都应对动力照明供电系统给予足够的重视。城市轨道交通降压变电所与城市电网 10 kV 变电所一样，都是将中压电经变压器变为 380 V/220 V 电源供动力照明负荷用电。在引入电源方面，每座降压变电所均从中压环网引入两路电源，有条件时还应从相邻变电所或城市电网引一路备用电源，对于特别重要的负荷（如控制系统计算机设备等负荷），还应设蓄电池作为备用电源。

（四）电力监控系统

电力监控系统是贯穿整个供电系统的监视控制部分，是控制技术在电力系统中的应用。电力监控系统由控制中心、通信通道和被控站系统组成，对全线变电所及沿线供电设备实行集中监视、控制和测量。控制中心由数据服务器、通信前置机、工程师工作站及模拟盘显示器等组成，实现对所采集数据的分析、计算、存储，设备状态监视及控制命令的发送等功能。通信通道是控制中心与被控站系统实现数据传输的通道。被控站系统由变电所上位 PLC 或后台计算机、所内通信通道及下位 PLC 组成，实现对设备状态、信号等数据的采集、整理、简单分析计算及所内控制等功能。

二、轨道交通电力设备起火原因分析

从设备起火的原因分析，由短路故障引起的起火事件最多，其次是过载负荷，然后是设备质量和工艺缺陷问题，另外还有过热和老化、谐振过电压等。

（一）变压器（电压互感器、电流互感器、油浸式消弧线圈）

变压器（电压互感器、电流互感器、油浸式消弧线圈）的火灾危险源主要是可燃绝缘油（变压器油的闪点为 140 ℃，燃点为 165 ℃—180 ℃，自燃点为 332 ℃）。绝缘油受热蒸发后同空气混合能构成爆炸混合物，当变压器出现短路或设备故障时，会产生套管爆炸、压力释放阀喷油、变压器箱体开裂等现象，如有电火花，极易引起燃烧。

变压器起火的具体原因如下：

（1）铁心局部过热。铁心硅钢片的绝缘层如果在生产组装时受到损伤，在运行中就会产生较大的涡流，而有涡流的地方温度升高会导致局部过热，使绝缘层受损坏的面积扩大，甚至使铁心局部熔化，导致附近的绕组绝缘损坏，继而发生短路，引起燃烧。铁心的穿心螺栓绝缘损坏也会产生很大的涡流，导致局部过热。

（2）绕组短路。绕组绝缘损坏或失去绝缘，会发生匝间短路、层间短路、相间短路和接地短路。短路电弧会引燃可燃物，同时加速变压器的老化。变压器油受热分解出酸性物质，反过来又腐蚀绕组的绝缘，导致其多处短路，以致发生火灾。

（3）套管故障。对于普遍采用的尺寸较小、油质较好且装拆方便的全密封油浸纸电容式瓷套管，如果安装时不小心，套管受机械性撞击或在运行中受过高温度的作用会产生裂纹。尤其当套管制造不良，内部的电容芯子空气与水分未除尽或卷得太紧导热不良，在由套管裂纹导致击穿时，往往出现爆裂状况。

（4）分接开关故障。产品质量较差、分接开关接头接触不良，导致局部过热或产生电火花。分接开关附近的变压器受这种高温和电火花的作用发生劣化，绝缘性能下降，继而导致分接开关击穿绝缘体，引起油燃烧或分接开关箱爆裂燃烧。

（5）接头故障。引线与套管的接头、引线与分接开关的接头等接触不良，导致接头处局部过热，或者导致间歇性火花放电，引燃附近的可燃物。

（6）油箱故障。在变压器制造中，如果油箱缝的焊接稍有疏忽，焊缝不严密、不牢固或有假焊，在运输震动中和长期运行期间，油的热胀冷缩及油箱壁本身应力受温度影响会导致渗油；套管与油箱连接法兰盘不严密或像放油阀等需要拧紧螺纹的地方未拧紧，都会造成渗油；更为严重的是，当绕组或油箱同其他配件发生短路或接地故障时，产生的电弧会将油箱壁烧蚀出小孔洞，导致油箱漏油。渗油和漏油都会给变压器发生火灾埋下隐患。

（7）变压器油劣化。在变压器中起电气绝缘和循环散热双重作用的变压器油，会由于受过载引起的高温、铁芯过热或绕组短路电弧或其他故障导致的局部过热和电火花高温的影响发生氧化，生成多种溶于油的酸类和氧化物，还生成多种不稳定的产物。酸类物侵蚀浸在油内的绕组绝缘和裸铜条；多种氧化物中的一种为黑色淤泥样，俗称"油泥"的沉淀物积聚于绕组上，铁心的铁轭、夹件上和散热器的散热管（或冷却器的冷却管）中。油泥导热性很差，积聚得越多，绕组发热越厉害；多种不稳定物质进一步分解，分解出腐蚀力很强的氧，损坏绝缘材料。总之，变压器油受热氧化的生成物严重地腐蚀绕组的绝缘，导致绕组的各种短路。油泥聚集在散热管或冷却管中，阻碍油的循环和影响散热效果。

（8）保护装置失灵。当气体继电器、电接点温度计、吸湿器等保护装置失灵或选配不当不起保护作用时，会使故障扩大，形成火灾。

（9）变压器过热。变压器的温升反常升高，使变压器油加速老化、分解、析出可燃气体。同时，由于油的受热分解产生的酸性物质腐蚀绕组的绝缘，产生的油泥妨碍绕组的散热，致使绕组的绝缘强度下降，导致绕组绝缘击穿。油的受热膨胀和热解产生的气体导致油箱爆裂喷油燃烧。

（二）干式变压器

随着科学技术及国民经济的发展，轨道交通发展越来越迅速，干式变压器在轨道交通供电系统中起着日益重要的作用。干式变压器属无油、难燃性变压器，与油浸式变压器相比，干式变压器的防火性能更好，多用于防火要求较高的场所，但相对来说价格更高，对环境也有一定的要求。干式变压器在室内安装使用，存在一定的火灾风险：一方面，干式变压器表面若接触外部火源，可能被引燃；另一方面，带电运行中的干式变压器本身就是潜伏起火源，可能起燃。常见的起燃原因有：干式变压器温升异常造成局部或整体过热，外部或内部短路及绝缘击穿所产生的电火花和电弧。

目前，轨道交通变电站接地变压器、所用变压器、干式消弧线圈变压器大部分是树脂浇注型干式变压器，主要采用的是固体绝缘材料，主要成分有环氧树脂、固化剂、增塑剂，以及玻璃纤维布、带、毡填充的绝缘物等。变压器运行中出现异常现象，如电弧或外部着火，可能导致树脂燃烧。

绝缘老化是变压器燃烧着火的主要原因。干式变压器绝缘老化可分为电老化、热老化及局部放电老化。

（1）电老化。干式变压器绝缘长期在电场作用下，逐渐产生某些物理、化学变化，从而使介质性能发生劣化，并随运行时间增长而最终导致绝缘击穿，此过程称为电老化。

（2）热老化。干式变压器运行中产生的损耗转换为热的形式，使绝缘的温度升高，如果绝缘材料的质量或选择达不到绝缘等级的要求，就会使绝缘寿命缩短，即绝缘的机械、电气性能逐渐变差，此过程即为热老化。干式变压器的损坏，一般多由热老化开始，但绝缘中的温度分布是不同的，因此绝缘的热老化主要取决于最热点温度。干式变压器运行中的工作温度不应超过绝缘材料允许温度，以使绝缘具有经济合理的寿命。实际上，干式变压器不是处于恒温下运行的，其工作温度随昼夜、季节等环境温度而变化，其绝缘寿命与其工作温度之间的关系遵循6℃法则，即温度每增加6℃，干式变压器寿命减少一半，反之亦然。对于绝缘寿命主要由热老化决定的电气设备，其寿命与负载情况密切相关，若允许负载大，则温升高，绝缘老化快，寿命短；反之，如果想使其寿命长，须将使用温度限制较低，即允许负载小，则使用时间就较长。

（3）局部放电老化。在干式变压器树脂绝缘中总是或多或少、或大或小地存在气隙或气泡，从而导致绝缘局部放电，这是树脂绝缘干式变压器老化的主要因素。由于树脂绝缘介电系数比空气大得多，在交流电压下，气隙或气泡中电场强度按介电系数成反比分配，故其中的电场强度比树脂中的电场强度高得多，因而局部放电就较易发生。局部放电对绝缘结构起很大腐蚀作用，当局部放电发展到严重程度时，会导致绝缘结构击穿。

（三）电力电缆

电力电缆的工作环境较差，遇高温就会被引燃，发生分解燃烧。在良好通风条件下，被引燃的电线电缆的燃烧火焰很容易沿着电缆的铺设方向快速蔓延，从而扩大火势，增大危害。而且电线电缆在燃烧过程中会产生 HCl、CO 等大量有毒气体和腐蚀性气体，不仅会对人体造成危害，还会腐蚀电子仪器和通信控制系统，使其失去功能。电缆在火灾过程中还会产生高浓度的有毒烟雾，影响人的视野，妨碍人员逃生及灭火救援。因此，电缆发生火灾，不仅直接烧损大量价值昂贵的电缆及其他电气设备装置，而且恢复运行时间长、难度大。

电缆火灾的主要原因有以下几类：

（1）绝缘损坏引起短路故障。电力电缆的保护铅皮在敷设时被损坏或在运行中电缆绝缘受机械损伤，引起电缆相间或铅皮间的绝缘击穿，产生的电弧使绝缘材料及电缆外保护层材料燃烧起火。

（2）电缆长时间过载运行。长时间过载运行，电缆绝缘材料的运行温度会超过正常发热的最高允许温度，使电缆的绝缘老化干枯，这种绝缘老化干枯的现象，通常发生在整个电缆线路上。电缆绝缘老化干枯，使绝缘材料失去或降低绝缘性能和机械性能，因而容易发生击穿着火燃烧，甚至沿电缆整个长度多处同时发生燃烧。

（3）油浸电缆因高差发生淌油、漏油。当油浸电缆敷设高差较大时，可能发生电缆淌油现象。淌流的结果，使电缆上部由于油的流失而干枯，这部分电缆的热阻增加，使纸绝缘焦化而提前击穿。另外，由于上部的油向下淌，在上部电缆头处腾出空间并产生负压力，使电缆易于吸收潮气而使端部受潮。电缆下部由于油的积聚而产生很大的静压力，促使电缆头漏油。电缆受潮及漏油都增大了发生故障起火的概率。

（4）由于电缆本体或接头故障击穿导致火灾。电缆接头击穿时故障电流很大，达到 10 kA 以上，中间接头盒绝缘击穿；电缆接头盒的中间接头因压接不紧、焊接不牢或接头材料选择不当，在运行中接头氧化、发热、流胶；在做电缆中间接头过程中，灌注在中间接头盒内的绝缘剂质量不符合要求，当灌注绝缘剂时，盒内存有气孔及电缆盒密封不良、损坏而漏入潮气。以上因素均能引起绝缘击穿，形成短路，使电缆爆炸起火。

（5）电缆头燃烧。电缆头表面受潮积污、电缆头瓷套管破裂及引出线相间距离过小，导致闪络着火，引起电缆头表层绝缘和引出线绝缘燃烧。

（6）外界火源和热源导致电缆火灾。油断路器爆炸火灾的蔓延、酸碱的化学腐蚀、电焊火花及其他火种，都可导致电缆火灾。

（四）开关柜

开关柜在设计、制造、安装和运行维护方面存在着不同程度的问题，因而事故率比较高。在诸多性质的开关柜事故中，绝缘事故多发生于 10 kV、20 kV 电压等级。

开关柜的可燃物主要是特种塑料、环氧树脂等固体绝缘材料，若发生内部电弧故障，可能造成内部元件烧毁、柜体变形，严重时引起开关柜着火，甚至危及人身安全。

开关柜的具体起火原因如下：

（1）环境条件的影响。环境温度过高，导致柜内温度过高，开关绝缘受损，引起电气短路，发生起火；在有尘埃、腐蚀性气体和水蒸气的场所，灰尘引起静电，腐蚀性气体和水蒸气会腐蚀电气元件，导致绝缘击穿，造成起火。

（2）制造质量不高及工艺不良。开关柜内元件质量不稳定，开关机械联锁部分失灵，合、分闸不明显而造成误合、分闸，电线电缆接头不牢等也会因发热而引起起火。

（3）接点容量不足或接触不良。该处局部温度升高，严重时烧断处载流部分，引起对地或相间闪弧，造成绝缘闪络。

（4）雷电过电压。雷电过电压可能引起导线对地或相邻两相的绝缘发生闪络，使断路器绝缘击穿，产生放电现象。

(5) 柜体倾斜度过大、震动等，也可能发生起火。

（五）断路器

断路器起火主要集中在油断路器，油断路器由于采用绝缘油作为灭弧介质，增强了爆炸和火灾的危险性，正逐渐被 SF6 断路器和真空断路器取代。

SF6 断路器和真空断路器中的易燃物主要是植物纤维绝缘材料，以及由环氧树脂、固化剂、添加剂等混合而成的胶黏剂，当设备发生故障时，产生的局部高温或电弧可能会导致起火。

断路器起火的原因主要有以下几点：

（1）断路器容量不足。比如，断路器的制造质量差，不能达到产品铭牌标志的容量参数；检修时改变了断路器的燃弧距离，导致断路器的断流容量降低；系统容量增大而没有对断路器进行扩容，导致断路器容量不足。发生以上情况，会使断路器不能切断短路电流，导致断路器发生火灾爆炸事故。

（2）断路器故障。断路器失灵，操动机构卡涩，跳（合）闸线圈烧毁；断路器不能开断电流；在断路器手动机构的快速脱扣装置失灵情况下进行开关的分、合操作；断路器内部绝缘强度降低引起短路；等等。以上情况都可能导致断路器发生爆炸和火灾。

（3）运行操作及维护不当。断路器自动跳闸后，运行人员违反规程多次强送电，使断路器多次受到短路电流冲击；断路器多次切断短路电流后不能按规定及时检修；断路器检修工艺不正确，操作机构调整不当、部件失灵，合闸接触不良；违章操作或误操作，发生带地线合断路器等事件；操作技能差，在异常情况下仍强合闸送电；等等。以上情况都可能导致断路器发生火灾爆炸事故。

（4）绝缘、灭弧介质不纯。当 SF6 气体中有水或氧存在时，绝缘灭火能力降低，在高温电弧作用下，SF6 气体与水或氧发生化学反应的产物有强烈的腐蚀性，对灭弧室、触头、喷头产生腐蚀，由此而引发断路器爆炸。

（5）气压太低。当 SF6 气体介质压力太低时，断路器的灭弧能力降低，甚至不能熄灭电弧，从而引起断路器爆炸。

（6）其他原因。操作电源故障，操作电源电压降低，熔断器熔断，辅助接点接触不良，引起断路器故障时拒动；小动物、杂物导体发生跨接或单相接地，引起闪弧、过电压、相间短路；绝缘套管积满灰尘和污垢，产生放电，套管炸裂；断路器绝缘瓷表面放电；连接点过热；支持瓷瓶断裂；等等。以上情况都可能引起断路器爆炸。

（六）电容器

电容器中的易燃材料主要是绝缘纸、绝缘油等可燃物。电容器的起火原因具体如下：

（1）操作过于频繁。电容器频繁投切容易产生过电压，而电压过高容易击穿电容器绝缘，形成相间或对地短路而着火。《标准电压 1 kV 及以下交流电力系统用自愈式并联电容器第 1 部分：总则——性能、试验和定额——安全要求——安装和运行导则》（GB/T

12747.1—2004）中规定，电容器操作每年应不超过 5 000 次，原因是投入电容器所产生的过电压虽然是瞬间的，但过电压对绝缘介质的影响是能够积累的。在安装自动补偿装置后，电容器组频繁操作，加速了电容器绝缘介质的老化，逐步发展到电击穿，最后导致电容器爆炸而引起火灾。

（2）维护不到位。电容器温度过高时不采取降温措施，致使绝缘油产生大量的气体，使得箱壁变形鼓肚；设备没有进行定期清洁，瓷瓶表面污秽较多，在电网出现内、外过电压和系统谐振的情况下容易导致绝缘击穿，表面放电，造成瓷瓶套管闪络破损；设备定检不到位，使得设备由于长期运行而出现的潜在缺陷没被及时发现并消除。以上情况都可能引起电容器起火爆炸。

（3）温度过高。电力电容器内部介质温度超过规定，可导致介质耐压强度降低和介质损耗迅速增加，从而起火。另外，室温过高也会导致电力电容器发热起火。

（4）保护不当。选用专门保护电容器以防止电容器油箱爆炸的熔断器时，采用的熔断器熔丝的额定电流偏大；电容器组采用的不平衡或差动继电保护及延时过流保护等整定值偏大，整定时间过长等。一旦电容器发生故障时不能起到保护作用，就会造成火灾和爆炸事故的发生。

（5）巡视不及。由于对设备的巡视不到位、不及时，使得存在的问题无法及时被发现，为火灾事故埋下隐患。如未能及时发现并处理电容器瓷套管及外壳渗漏油问题，导致套管内部受潮、绝缘电阻降低，造成击穿放电；无先进的监测技术不能发现内部发生局部放电等。

（6）质量问题。产品本身存在质量问题，如在制造中卷绕及压叠时受到损伤；制造厂在封盖时由于转角处焊接不好，烧焊时间太长，将内部绝缘烧伤；真空度不够；密封不良，引起渗漏油、油位下降、散热条件恶化，同时潮气和水汽进入，使得内部绝缘受损；对地绝缘不良等，同样会引起火灾事故。

（7）高次谐波的危害。谐波能导致系统运行电流、电压正弦波形畸变，从而加速绝缘介质老化，降低设备使用寿命，特别是当高次谐波发生谐振时，最易使电容器过负荷、过热、振动甚至损坏。

（8）其他设备着火。受其他电气设备运行故障或火灾事故扩大影响，电容器着火，如电容器组内电抗器着火、断路器拒动产生过电流等引起电容器着火。

（七）电抗器

电抗器一般分为油浸式电抗器和干式空心电抗器，油浸式电抗器为三相一体，类似于变压器，易燃材料主要是绝缘纸、绝缘油等可燃物；干式空心电抗器为空芯片，易燃材料主要是绝缘纸等可燃物。干式空心电抗器由于具有结构简单、损耗小、成本低等优点，目前已取代油浸式电抗器，普遍应用于低压补偿设备中。由于受绝缘老化、电压波动、谐波及外界环境等因素的影响，干式空心电抗器会在运行中遇到各种问题，严重时会引起火灾甚至爆炸等事故。其起火原因具体如下：

（1）受温升影响。电抗器长时间运行后，受涡流损耗和电阻损耗影响产生的局部温度升高，会导致绝缘材料性能下降，造成匝间短路，引发火灾。

（2）受外部环境影响。电抗器外绝缘材料受周边环境温度、湿度、污秽物、化学腐蚀等因素影响，造成沿面放电和匝间短路。

（3）受漏磁影响。电抗器安装位置不合理，和周边设备过近，在电抗器内部产生磁场涡流，使得材料局部发热，产生高温。

（4）设备投切过于频繁。在天气剧烈变化的时候，过度投切也可能导致电抗器被烧坏。电抗器投入时，过大的电流烧断绝缘本身脆弱的进线，使其他进线电流变大，最终热量累积导致电抗器被烧坏。

（5）保护不当。电抗器出现匝间绝缘劣化或短路后，保护没能快速及时切除故障，导致故障扩大。

（6）运行维护不及时。对设备的巡视不到位、不及时，使得局部过热、绝缘老化、表面污秽等问题无法被及时发现并消除，为火灾事故埋下隐患。

（7）质量问题。产品本身存在质量问题，如制造原材料质量较差，尤其是绝缘材料存在薄弱点；制造工艺把控不严，无法保证线圈的绕制精度，以及制造过程中绝缘层的无损伤。

（八）SF6 类设备

SF6 类设备，利用 SF6 气体的惰性，进行电气绝缘和灭弧，是当前在轨道交通电力系统中应用最为广泛的一种绝缘介质。SF6 气体绝缘设备产生火灾的风险较低，但仍存在因 SF6 气体泄漏导致绝缘击穿而引发一、二次电缆火灾次生事故的风险。

SF6 类设备中的可燃物主要是绝缘纸等绝缘材料，绝缘材料的老化分解的最主要因素还是电力设备在长期运行时自身产生的热量不断累积，最后导致绝缘内部温度过高。这些热量来自局部放电、电能损耗等引起的较高温度。绝缘纸在受热过程中会产生氢气、一氧化碳、甲烷、乙烷、乙烯等易燃物，其中在温度接近 100 ℃时会有氢气、一氧化碳生成；当温度升高至 150 ℃时，氢气、一氧化碳的含量剧增，随之甲烷、乙烷、乙烯的含量也明显增大。由于绝缘纸等绝缘材料会产生易燃气体，如遇到明火或电火花，就会导致设备起火事件。

SF6 气体绝缘的设备发生火灾基本上是由于设备绝缘遭到破坏，产生放电。电气设备绝缘能力降低的原因一般有如下几点：

（1）设备外绝缘表面污秽较多，导致绝缘击穿，引发事故。

（2）设备长期过载运行，引起载流元件发热，进而导致 SF6 气体膨胀，压力升高，SF6 气体泄漏，同时内部绝缘支撑件因长期过热而绝缘劣化，导致绝缘击穿，引起事故。

（3）SF6 气体微水含量过高，在系统有扰动时，导致绝缘击穿事故。

(4) GIS 组合电器的盆式绝缘子和支撑绝缘子存在无裂缝、气孔、夹杂等缺陷。

(5) SF6 断路器操动机构绝缘拉杆存在裂缝、气孔、夹杂等缺陷。

(6) SF6 气体绝缘设备二次电缆未考虑防火措施。

(7) SF6 气体绝缘设备区接地网接地电阻过高。

(九) 蓄电池组

轨道交通车辆使用蓄电池作为车载辅助电源。蓄电池组在地铁车辆上是直流电源的辅助电源,在弓升起前或蓄电池充电机发生故障时,提供直流电源,供司机台激活或紧急用电用;在弓升起后,兼作稳压电源的滤波元件,此时蓄电池处于浮充电的工作状态。蓄电池是一种电能与化学能互相转换的可逆装置,也就是说:充电是将电能储存起来,而放电是将化学能变为电能释放出去。蓄电池组是轨道交通系统中最重要的部分,它为控制、信号、继电保护、自动装置及事故照明等提供可靠的直流电源。蓄电池的种类和型号有很多,当前变电站基本选用阀控式铅酸蓄电池,也有少数选用镉镍蓄电池。阀控式铅酸蓄电池因其全密封,以及具有无须添加酸液、不漏液、无酸雾、自放电流小、内阻小、寿命长、安装方便、少维护、无须加水维护等诸多优点而被广泛采用,而镉镍蓄电池多用于小容量变电站。

蓄电池基于电解原理而工作,内部有氢气、氧气的循环,在出现故障和偶发因素作用下可能爆发火灾,从而给变电站造成巨大安全问题。蓄电池出现故障的原因有以下几点:

(1) 蓄电池内压过高引起蓄电池壳起火爆炸。在铅酸蓄电池充电过程中,尤其是充电末期,由于过充电,水分解为氢气和氧气,短路、严重硫化及充电时电解液温度急剧上升都会使水分大量蒸发,这时若加液孔盖的通气孔堵塞,由于气体太多来不及溢出,蓄电池内部的压力将升得很高,引起蓄电池槽变形,当蓄电池内部压力高于 0.25 MPa 时,蓄电池发生爆裂,爆裂位置为槽盖热风结合处或应力集中的边角处。

(2) 氢气遇明火形成的蓄电池起火爆炸。氢气和氧气混合气体的起火爆炸极限范围为氢气占混合气体体积的 4%~96%,氢气和空气的混合气体的起火爆炸极限范围为氢气占混合气体体积的 4%~74%。如果过充电量的 80% 用于电解水,当蓄电池中或空气中的含氢量累积至起火爆炸极限范围时,遇到明火就会起火爆炸,这是一种化学反应。研究发现,蓄电池的起火爆炸属于支链起火爆炸反应,此类起火爆炸大多发生在蓄电池过充电的情况下。

三、轨道交通变电站消防设施运维管理

(一) 运行规定

(1) 变电站及电气设施设备运维人员应熟知消防器具的使用方法,熟知火警电话及报警方法。消防器材和设施应建立台账,并有管理制度。现场运行规程中应有变压器类

设备灭火装置的操作规定。

(2) 有切合变电站实际的灭火和应急救援预案，预案内应有本站变压器类设备灭火装置、烟感报警装置和消防器材的使用说明，并定期开展演练。

(3) 轨道交通变电站应绘制消防器材布置图，标明消防器材存放地点、数量和类型，消防器材按图分布；变电运维人员应会正确使用、维护和保管消防器材。

(4) 消防设施、器材配置应合理、充足，满足消防需要。消防设施不得随意移动或挪作他用。消防砂池（箱）里的砂子应充足、干燥。消防铲、消防桶、消防斧等应配备齐全，并涂红漆，以起警示提醒作用，并不得露天存放。变电站内部火灾应急照明应完好，疏散指示标志应明显；变电站运维人员要掌握自救、逃生知识和技能。

(5) 电缆沟、洞、竖井应采用耐火泥、防火隔墙等严密封堵。防火墙两侧、电缆夹层内、电缆沟通往室内的非阻燃电缆应包绕防火包带或涂防火涂料，涂刷至防火墙两端各 1 米，新敷设电缆也应及时补做相应的防火措施。

(6) 设备区、开关室、主控室、休息室严禁存放易燃易爆及有毒物品。对于因施工需要放在设备区的易燃、易爆物品，应加强管理，并按规定使用及存放，施工后立即运走。

(7) 在变电站内进行动火作业，需要到主管部门办理动火（票）手续，并采取安全可靠的措施。当电气设备起火时，禁止用水进行灭火。

(二) 巡视检查

对轨道交通变电站的消防设施（器材）巡视检查，分为例行巡视和全面巡视。

1. 例行巡视

例行巡视是指对站内消防设施（器材）的配置、外观、标识及系统完好性等方面的常规性巡查。

例行巡视要求：一类变电站每 2 天不少于 1 次；二类变电站每 3 天不少于 1 次；三类变电站每周不少于 1 次；四类变电站每 2 周不少于 1 次。

例行巡视的具体内容如下：

(1) 防火重点部位变电箱、带电设备、小型变电装置等处的禁止烟火标志清晰，无破损、脱落；安全疏散指示标志清晰，无破损、脱落；安全疏散通道照明完好、充足；消防通道畅通、无阻挡。

(2) 消防设施周围无遮挡，无杂物堆放；灭火器外观完好、清洁，罐体无损伤、变形，配件无破损、松动、变形；消防箱、消防桶、消防铲、消防斧完好、清洁，无锈蚀、破损；消防砂池完好，无开裂、漏砂。室内外消火栓完好，无渗水、漏水；消防水带完好、无变色；消防控制室清洁，无渗雨、漏雨；门窗完好，关闭严密。

(3) 火灾自动报警系统触发装置安装牢固，外观完好；工作指示灯正常；火灾报警控制器各指示灯显示正常，无异常报警；火灾探测器、法兰、管道、支架和紧固件无变形、损伤，防腐层完好；断流阀、充氮阀、排油阀、排气塞等位置标识清晰、位置正确、无渗漏；雨淋阀、喷雾头、管件、管网及阀门无损伤、腐蚀、渗漏；各阀门标识清晰、位置正确，工作状态正确；各管路畅通，接口、排水管口无水流。

（4）消防控制柜标记醒目，设备编号、标识齐全、清晰，无锈迹、污物、损坏；灭火剂贮存容器、选择阀、液体单向阀、高压软管、集流管、阀驱动装置、管网、喷嘴等外观正常，无变形、损坏。

2. 全面巡视

全面巡视是指在例行巡视项目的基础上，对站内消防器材、火灾自动报警系统、固定灭火装置等方面的详细巡查。全面巡视和例行巡视可一并进行。

全面巡视要求：一类变电站每周不少于1次；二类变电站每15天不少于1次；三类变电站每月不少于1次；四类变电站每2月不少于1次。

除例行巡视项目外，全面巡视增加如下巡视项目：

（1）灭火器检验不超期，生产日期、试验日期符合规范要求，合格证齐全；灭火器压力正常。

（2）电缆沟内防火隔墙完好，墙体无破损，封堵严密。

（3）火灾报警控制器装置打印纸数量充足；火灾自动报警系统备用电源正常，能可靠切换；火灾自动报警系统自动、手动报警正常；火灾报警联动正常。

（4）水（泡沫）喷淋系统水泵工作正常；泵房内电源正常，各压力表完好，指示正常；气体灭火装置贮存容器内的气体压力和气动驱动装置的气动源压力符合要求。

（5）排油充氮灭火装置氮气瓶压力、氮气输出压力合格；排油充氮灭火装置、水（泡沫）喷淋系统控制柜完好无锈蚀、接地良好，封堵严密，柜内无异物；排油充氮灭火装置、水（泡沫）喷淋系统基础无倾斜、下沉、破损开裂；排油充氮灭火装置、水（泡沫）喷淋系统控制屏压板的投退、启动控制方式符合变电站现场运行专用规程要求。

案例分析

【案例1】 某年7月25日，某市地铁2号线环控电控室BAS系统UPS柜内蓄电池起火，引发火情。当日19时28分，2号线环控电控室多个烟感报火警，FAS联动；19时29分，2号线小系统执行负2层北端环控电控室执行火灾模式，大系统执行全停模式，1号线小系统执行火灾模式，大系统执行全停模式，OCC发布抢修令；19时33分，经现场确认，有明火和浓烟，现场员工无法灭火后报"119"火警；19时39分，消防人员到达现场组织灭火，封锁火场；19时43分，车站关闭；19时56分，现场明火扑灭，抢修人员组织1号线排烟；20时36分，抢修人员进入现场将故障设备隔离，并操作2号线设备进行排烟；21时27分，现场烟雾排尽，车站恢复正常运营。

【案例分析】

1. 原因分析

本次起火的部件为车站2号线环控电控室BAS系统UPS柜内蓄电池。在充电的情况下，该蓄电池内部化学反应产生大量氢气和较大热量，触发自燃，氢气在遇到明火后发生爆炸直接导致事件发生。供电机电中心在蓄电池设备的管理和维护方面存在技术水平不高、排查经验不足的情况，这是本次事件发生的重要原因。

2. 整改防范措施

（1）供电机电中心对照国家规范及相关行业标准和现场环境的实际情况立即开展对蓄电池检修规程的细化完善工作。

（2）供电机电中心、工务通号中心开展全线网蓄电池的加密巡查和全面检测工作，确保经测试合格后再投入运营；物资部牵头做好废旧蓄电池的回收工作；供电机电中心牵头对各类蓄电池配置和存放进行研究，对照国家规范及相关行业标准，研究既有线路蓄电池核减容量和集中存放改造的可能性，同时在新线设计时明确提出蓄电池配置和集中存放的要求，且充分考虑换乘站在环控设备配置方面的特殊要求。

（3）工务通号中心、供电机电中心对全线所属设备房防烟封堵不严的情况进行全面排查，对排查出的孔洞问题立即落实整改。

（4）供电机电中心牵头明确在电环调无法远程隔离故障设备的情况下现场隔离故障设备的操作主体和流程，客运营销中心对二三级火灾预案进行相应的补充和完善。

（5）安保部牵头组织各部门深入开展安全生产风险辨识工作，针对本次蓄电池设备风险辨识和管控的盲区问题，举一反三，全面辨识设施设备、人员作业等方面的风险，制定并落实风险管控措施。

（6）安保部与消防救援机构进行沟通，牵头组织应急预案的修编工作，完善应急指挥、处置流程、开关站程序等内容；各部门加强培训和演练，提高火灾扑救和应急处置能力。

（7）安保部会同客运营销中心完善微型消防站人员配置和岗位职责，确保微型消防站建设起到应有的作用。

（8）安保部会同物资部现场增配或调配推车式干粉灭火器、简易型灭火器和呼吸面罩等灭火设备和防护装备，提升现场处置初期火灾隐患的能力。

（9）安保部要充分认识目前全线车站、段场的消防压力，结合当前消防管理工作的严峻形势，适当调配或增配消防管理力量。

（10）针对近期安全事件频发的情况，安保部拟定切实可行的专项行动实施方案，深入开展隐患排查，扭转事故事件多发的局面。

（11）各部门（中心）在管辖范围内深入开展事件的教育培训，深刻吸取事件教训，按照要求落实属地管理和专业管理职能，防范各类安全事故事件的再次发生。

【案例2】 某年6月13日，在A安装工程有限公司与B装饰工程有限公司联合体承建的3号线SRT3-12-10标项目中，施工作业人员在进入车站施工作业前，私自从工地门卫房引出电源线给自己的电瓶车充电，当时周边还停放了5辆电瓶车。下午1时20分左右，该电瓶车自燃，并引燃了周边的5辆电瓶车。经调查认定，该起事故为火灾责任事故。

【案例分析】

1. 原因分析

直接原因：

（1）A安装工程有限公司与B装饰工程有限公司联合体施工作业人员违反安全管理规定，私拉乱接电源线，违规对电瓶车进行充电。

（2）电瓶车电池疑似老化，充电发热加之高温暴晒导致自燃，并引燃周边存放的5辆电瓶车。

间接原因：

（1）A安装工程有限公司与B装饰工程有限公司联合体项目经理部对电瓶车消防安全管理内容学习掌握不到位，消防安全隐患排查流于形式；项目经理部对施工作业人员的消防安全教育不到位，导致施工作业人员对电瓶车违规充电的危险性认识不足；施工现场未设置电瓶车集中停放充电点，间接导致电瓶车违规充电；现场有作业人员作业时段，专职安全员未监督现场安全状况，未对现场的电瓶车违规充电行为进行及时制止。

（2）属地管理办法落实不到位，现场未按要求配置门卫等安保人员，工地进出场位置安保处于失控状态。

（3）项目监理部未及时发现、制止，现场存在的违规行为并督促施工单位整改，安全监管不到位。

2. 整改防范措施

（1）加强安全管理文件宣传、贯彻、落实。各施工、监理单位要及时深入宣传、贯彻、落实上级及轨道公司安全管理文件要求，切实履行企业安全生产主体责任，加强施工现场消防管理等安全管理工作。

（2）加强消防安全检查。各施工、监理单位要按照项目检查制度要求，细化消防安全检查条目，明确消防安全检查责任人，检查要做到有重点、无死角、无盲区，确保不再发生类似的生产安全责任事故。

（3）加强安全教育培训和交底。要认真梳理排查施工现场的安全风险，结合实际深入开展有针对性的安全教育培训和交底工作，切实提高全体管理人员和施工作业人员的安全意识，杜绝违章指挥、违章作业、违反劳动纪律等行为。

【训练内容】 对轨道交通内 35 kV 中压柜及周围电力线路进行检查。

【训练目的】 通过检查，了解和掌握进行轨道交通电力系统维护保养时应做好哪些个人防护措施，以及现场应该采取哪些消防安全管理制度。

【训练步骤】

1. 分成 3—5 人一组，明确检查重点，分析检查部位火灾的风险性；
2. 制定预案；
3. 到达现场后做好现场消防安全管理的各项工作，做好个人防护，根据检查部位确定检查重点；
4. 形成检查后的问题反馈。

1. 简述 SF6 断路器的工作原理及火灾风险。
2. 简述变、配电设备火灾扑救方法。
3. 简述电力电缆起火的原因。

项目二　消防法律法规和技术标准

习目标

1. 了解《中华人民共和国消防法》的有关内容；
2. 了解消防相关法律法规及规章的主要内容；
3. 了解城市轨道交通设计消防技术标准。

能力目标

1. 掌握我国消防工作贯彻的方针、原则和实行的基本制度；
2. 能够认知单位消防安全管理涉及的法律法规及规章；
3. 能够运用消防设计标准知识查找和整改实际消防安全隐患。

任务一　中华人民共和国消防法

广义上的消防法，是专门调整政府、部门、单位、公民消防安全关系，以及和消防关系密切相关的其他社会关系的法律规范的总称。狭义上的消防法，是一部综合调整社会各方面消防关系的基本法律。

一、《中华人民共和国消防法》的立法情况

《中华人民共和国消防法》（以下简称《消防法》）于1998年4月29日第九届全国人民代表大会常务委员会第二次会议通过，自1998年9月1日起施行，并于2008年10月28日第十一届全国人民代表大会常务委员会第五次会议、2019年4月23日第十三届全国人民代表大会常务委员会第十次会议、2021年4月29日第十三届全国人民代表大会常务委员会第二十八次会议进行了三次修正。《消防法》的立法宗旨是预防火灾和减少

火灾危害，加强应急救援工作，保护人身、财产安全，维护公共安全。《消防法》是人民群众长期同火灾做斗争的经验总结，而且也正确地反映了消防工作的客观规律，对做好我国的消防工作发挥了重要的指导作用，同时也体现了我国消防工作的特色。2021年修正后的《消防法》全文分为总则、火灾预防、消防组织、灭火救援、监督检查、法律责任和附则，共7章74条。

二、《消防法》的主要内容

（一）总则部分

《消防法》总则部分规定了立法宗旨，以及我国消防工作贯彻的方针、原则和实行的基本制度，明确了国务院领导全国的消防工作，地方各级人民政府负责本行政区域内的消防工作。各级人民政府应当将消防工作纳入国民经济和社会发展计划，保障消防工作与经济社会发展相适应；国务院应急管理部门对全国的消防工作实施监督管理。县级以上地方人民政府应急管理部门对本行政区域内的消防工作实施监督管理，并由本级人民政府消防救援机构负责实施；军事设施的消防工作，由其主管单位监督管理，消防救援机构协助；矿井地下部分、核电厂、海上石油天然气设施的消防工作，由其主管单位监督管理；县级以上人民政府其他有关部门在各自的职责范围内，依法做好消防工作。除此之外，还规定了单位和公民基本的消防安全义务等。

（二）火灾预防

1. 建设工程消防设计、施工质量要求和建设工程消防监督管理制度

（1）消防技术标准要求。建设工程的消防设计、施工必须符合国家工程建设消防技术标准。

（2）消防质量责任要求。建设、设计、施工、工程监理等单位依法对建设工程的消防设计、施工质量负责。

（3）建设工程消防监督管理制度。对按照国家工程建设消防技术标准需要进行消防设计的建设工程，实行建设工程消防设计审查验收制度。依法须进行消防设计的建设工程，应将消防设计文件报住房和城乡建设主管部门进行审查或将消防设计图纸及技术资料报备案；工程竣工后应向住房和城乡建设主管部门申请消防验收或报备案。经审查、验收不合格的，不得施工、投入使用；备案项目经抽查不合格的，应当停止施工、使用。

2. 机关、团体、企业、事业等单位应当履行的消防安全职责

《消防法》对单位消防安全主体责任的规定包括以下三个层次。

（1）一般单位应当履行的消防安全职责。一是落实消防安全责任制，制定本单位的消防安全制度、消防安全操作规程，制定灭火和应急疏散预案；二是按照国家标准行业标准配置消防设施、器材，设置消防安全标志，并定期组织检验、维修，确保完好有效；三是对建筑消防设施每年至少进行一次全面检测，确保完好有效，检测记录应当完整准

确，存档备查；四是保障疏散通道、安全出口、消防车通道畅通，保证防火防烟分区、防火间距符合消防技术标准；五是组织防火检查，及时消除火灾隐患；六是组织进行有针对性的消防演练；七是法律、法规规定的其他消防安全职责。此外，规定单位的主要负责人是本单位的消防安全责任人。

（2）消防安全重点单位应当履行的消防安全职责。消防安全重点单位除应当履行一般单位的消防安全职责外，还应履行以下职责：一是确定消防安全管理人，组织实施本单位的消防安全管理工作；二是建立消防档案，确定消防安全重点部位，设置防火标志，实行严格管理；三是实行每日防火巡查，并建立巡查记录；四是对职工进行岗前消防安全培训。定期组织消防安全培训和消防演练。

（3）多家共用单位的消防安全职责。同一建筑物由两个以上单位管理或者使用的，应当明确各方的消防安全责任，并确定责任人对共用的疏散通道、安全出口、建筑消防设施和消防车通道进行统一管理。

3. 涉及消防安全的行为要求

涉及消防安全的行为要求主要包括以下内容。

（1）"三合一"场所的禁止或限制性规定。生产、储存、经营易燃易爆危险品的场所不得与居住场所设置在同一建筑物内，并应当与居住场所保持安全距离。生产、储存、经营其他物品的场所与居住场所设置在同一建筑物内的，应当符合国家工程建设消防技术标准。

（2）用火、用气消防安全管理。禁止在具有火灾、爆炸危险的场所吸烟、使用明火。因施工等特殊情况需要使用明火作业的，应当按照规定事先办理审批手续，采取相应的消防安全措施。作业人员应当遵守消防安全规定。

（3）生产、储存、运输、销售、使用、销毁易燃易爆危险品管理。生产、储存、运输、销售、使用、销毁易燃易爆危险品，必须符合消防技术标准和管理规定。进入生产、储存易燃易爆危险品的场所，必须符合消防安全规定。禁止非法携带易燃易爆危险品进入公共场所或者乘坐公共交通工具。储存可燃物资仓库的管理，必须符合消防技术标准和管理规定。

（4）单位和个人的消防安全行为。任何单位、个人不得损坏、挪用，或者擅自拆除、停用消防设施、器材，不得埋压、圈占、遮挡消火栓或者占用防火间距，不得占用、堵塞、封闭疏散通道、安全出口、消防车通道。人员密集场所的门窗不得设置影响逃生和灭火救援的障碍物。

4. 建筑构件和有关材料的防火性能及电器产品、燃气用具的消防安全要求

建筑构件和有关材料的防火性能及电器产品、燃气用具的消防安全要求主要包括以下内容。

（1）建筑构件、建筑材料和室内装修、装饰材料的防火性能必须符合国家标准；没

有国家标准的，必须符合行业标准。人员密集场所的室内装修、装饰，应当符合消防技术标准的要求，使用不燃、难燃材料。

（2）电器产品、燃气用具的产品标准，应当符合消防安全的要求。电器产品、燃气用具的安装、使用及其线路、管路的设计、敷设、维护保养、检测，必须符合消防技术标准和管理规定。

5. 消防产品的质量要求和监督管理制度

消防产品的质量要求和监督管理制度主要包括以下内容。

（1）消防产品的质量要求。消防产品必须符合国家标准；没有国家标准的，必须符合行业标准。禁止生产、销售或者使用不合格的消防产品以及国家明令淘汰的消防产品。依法实行强制性产品认证的消防产品，由具有法定资质的认证机构按照国家标准、行业标准的强制性要求认证合格后，方可生产、销售、使用。新研制的尚未制定国家标准、行业标准的消防产品，应当按照国务院产品质量监督部门会同国务院应急管理部门规定的办法，经技术鉴定符合消防安全要求的，方可生产、销售、使用。

（2）消防产品监督管理制度。实行强制性产品认证的消防产品目录，由国务院产品质量监督部门会同国务院应急管理部门制定并公布；经强制性产品认证合格或者技术鉴定合格的消防产品，国务院应急管理部门消防机构应当予以公布；产品质量监督部门、工商行政管理部门、消防救援机构应当按照各自职责加强对消防产品质量的监督检查。

6. 实行公众责任保险制度

国家鼓励、引导公众聚集场所和生产、储存、运输、销售易燃易爆危险品的企业投保火灾公众责任保险，鼓励保险公司承保火灾公众责任保险。

7. 消防行业从业人员的资格资质规定

消防行业从业人员的资格资质规定主要包括以下内容。

（1）消防安全持证上岗。进行电焊、气焊等具有火灾危险作业的人员和自动消防系统的操作人员，必须持证上岗，并遵守消防安全操作规程。

（2）消防技术服务机构和执业人员应依法获得相应的资质、资格。消防产品质量认证、消防设施检测、消防安全监测等消防技术服务机构和执业人员，应当依法获得相应的资质、资格，依照法律、行政法规、国家标准、行业标准和执业标准，接受委托，提供消防技术服务，并对服务质量负责。

（三）消防组织

机关、团体、企业、事业等单位，以及村民委员会、居民委员会根据需要，建立志愿消防队等多种形式的消防组织，开展群众性自防自救工作。

（四）灭火救援

灭火救援不只是国家综合性消防救援队伍的职责，也是专职消防队、志愿消防队的职责，并且火灾现场的有关单位和个人都有参与的职责与义务。

1. 灭火救援的保障措施

县级以上地方人民政府应当组织有关部门针对本行政区域内的火灾特点制定应急预案，建立应急反应和处置机制，为火灾扑救和应急救援工作提供人员、装备等保障。

2. 公民及时报火警及为报火警提供便利的义务，单位组织扑救火灾的职责、火灾发生后的参与义务

任何人发现火灾都应当立即报火警。任何单位、个人都应当无偿为报火警提供便利，不得阻拦报火警，严禁谎报火警。人员密集场所发生火灾，该场所的现场工作人员应当立即组织、引导在场人员疏散。任何单位发生火灾，必须立即组织力量扑救，邻近单位应当给予支援。消防队接到火警，必须立即赶赴火灾现场，救助遇险人员，排除险情，扑灭火灾。

（五）法律责任

对违反《消防法》规定行为的处罚规定包括以下几个方面。

（1）规定了违反《消防法》规定的具体消防违法行为及处罚的种类、幅度、对象，处罚的决定机关；设定了警告、罚款、责令停止施工（停止使用、停产停业、停止执业）、没收违法所得、拘留、吊销相应资质资格六类行政处罚。

（2）规定了消防救援机构以及住房和城乡建设、产品质量监督、工商行政管理等其他有关行政主管部门的工作人员在消防工作中滥用职权、玩忽职守、徇私舞弊的法律责任。

（3）规定了消防违法行为构成犯罪的，应依法追究刑事责任。

任务二 消防相关法律法规及规章

我国的消防法规体系由消防法律、行政法规、地方性法规、国务院部门规章、地方政府规章及消防技术标准组成。除《消防法》外，《中华人民共和国安全生产法》（以下简称《安全生产法》）、《消防安全责任制实施办法》、《机关、团体、企业、事业单位消防安全管理规定》是其中有代表性的法律法规及规章。

一、《安全生产法》的主要内容

2002年6月29日，《安全生产法》由第九届全国人民代表大会常务委员会第二十八次会议通过，2009年8月27日第十一届全国人民代表大会常务委员会第十次会议、2014年8月31日第十二届全国人民代表大会常务委员会第十次会议、2021年6月10日第十三届全国人民代表大会常务委员会第二十九次会议对其进行了三次修正。

（一）总则

（1）生产经营单位必须遵守本法和其他有关安全生产的法律、法规，加强安全生产管理，建立健全全员安全生产责任制和安全生产规章制度，加大对安全生产资金、物资、技术、人员的投入保障力度，改善安全生产条件，加强安全生产标准化、信息化建设，构建安全风险分级管控和隐患排查治理双重预防机制，健全风险防范化解机制，提高安全生产水平，确保安全生产。

平台经济等新兴行业、领域的生产经营单位应当根据本行业、领域的特点，建立健全并落实全员安全生产责任制，加强从业人员安全生产教育和培训，履行本法和其他法律、法规规定的有关安全生产义务。

（2）生产经营单位的主要负责人是本单位安全生产第一责任人，对本单位的安全生产工作全面负责。其他负责人对职责范围内的安全生产工作负责。

（3）生产经营单位的从业人员有依法获得安全生产保障的权利，并应当依法履行安全生产方面的义务。

（二）生产经营单位的安全生产保障

（1）生产经营单位的主要负责人对本单位安全生产工作负有下列职责：

① 建立健全并落实本单位全员安全生产责任制，加强安全生产标准化建设；

② 组织制定并实施本单位安全生产规章制度和操作规程；

③ 组织制定并实施本单位安全生产教育和培训计划；

④ 保证本单位安全生产投入的有效实施；

⑤ 组织建立并落实安全风险分级管控和隐患排查治理双重预防工作机制，督促、检查本单位的安全生产工作，及时消除生产安全事故隐患；

⑥ 组织制定并实施本单位的生产安全事故应急救援预案；

⑦ 及时、如实报告生产安全事故。

（2）生产经营单位的安全生产管理机构以及安全生产管理人员履行下列职责：

① 组织或者参与拟订本单位安全生产规章制度、操作规程和生产安全事故应急救援预案；

② 组织或者参与本单位安全生产教育和培训，如实记录安全生产教育和培训情况；

③ 组织开展危险源辨识和评估，督促落实本单位重大危险源的安全管理措施；

④ 组织或者参与本单位应急救援演练；

⑤ 检查本单位的安全生产状况，及时排查生产安全事故隐患，提出改进安全生产管理的建议；

⑥ 制止和纠正违章指挥、强令冒险作业、违反操作规程的行为；

⑦ 督促落实本单位安全生产整改措施。

生产经营单位可以设置专职安全生产分管负责人，协助本单位主要负责人履行安全生产管理职责。

（3）生产经营单位的安全生产管理机构以及安全生产管理人员应当恪尽职守，依法履行职责。

生产经营单位做出涉及安全生产的经营决策，应当听取安全生产管理机构以及安全生产管理人员的意见。

生产经营单位不得因安全生产管理人员依法履行职责而降低其工资、福利等待遇或者解除与其订立的劳动合同。

危险物品的生产、储存单位以及矿山、金属冶炼单位的安全生产管理人员的任免，应当告知主管的负有安全生产监督管理职责的部门。

（4）生产经营单位的主要负责人和安全生产管理人员必须具备与本单位所从事的生产经营活动相应的安全生产知识和管理能力。

（5）生产经营单位应当对从业人员进行安全生产教育和培训，保证从业人员具备必要的安全生产知识，熟悉有关的安全生产规章制度和安全操作规程，掌握本岗位的安全操作技能，了解事故应急处理措施，知悉自身在安全生产方面的权利和义务。未经安全生产教育和培训合格的从业人员，不得上岗作业。

生产经营单位使用被派遣劳动者的，应当将被派遣劳动者纳入本单位从业人员统一管理，对被派遣劳动者进行岗位安全操作规程和安全操作技能的教育与培训。劳务派遣单位应当对被派遣劳动者进行必要的安全生产教育和培训。

生产经营单位接收中等职业学校、高等学校学生实习的，应当对实习学生进行相应的安全生产教育和培训，提供必要的劳动防护用品。学校应当协助生产经营单位对实习学生进行安全生产教育和培训。

生产经营单位应当建立安全生产教育和培训档案，如实记录安全生产教育和培训的时间、内容、参加人员以及考核结果等情况。

（6）生产经营单位的特种作业人员必须按照国家有关规定经专门的安全作业培训，取得相应资格，方可上岗作业。

特种作业人员的范围由国务院应急管理部门会同国务院有关部门确定。

（7）生产经营单位应当建立安全风险分级管控制度，按照安全风险分级采取相应的管控措施。

生产经营单位应当建立健全并落实生产安全事故隐患排查治理制度，采取技术、管理措施，及时发现并消除事故隐患。应当如实记录事故隐患排查治理情况，并通过职工大会或者职工代表大会、信息公示栏等方式向从业人员通报。其中，重大事故隐患排查治理情况应当及时向负有安全生产监督管理职责的部门和职工大会或者职工代表大会报告。

县级以上地方各级人民政府负有安全生产监督管理职责的部门应当将重大事故隐患

纳入相关信息系统，建立健全重大事故隐患治理督办制度，督促生产经营单位消除重大事故隐患。

（8）生产经营单位应当教育和督促从业人员严格遵守本单位的安全生产规章制度和安全操作规程，并向从业人员如实告知作业场所和工作岗位存在的危险因素、防范措施以及事故应急措施。

生产经营单位应当关注从业人员的身体、心理状况和行为习惯，加强对从业人员的心理疏导、精神慰藉，严格落实岗位安全生产责任，防范从业人员行为异常导致事故发生。

（9）生产经营单位的安全生产管理人员应当根据本单位的生产经营特点，对安全生产状况进行经常性检查，对检查中发现的安全问题，应当立即处理；不能处理的，应当及时报告本单位有关负责人，有关负责人应当及时处理。检查及处理情况应当如实记录在案。

生产经营单位的安全生产管理人员在检查中发现重大事故隐患，依照规定向本单位有关负责人报告，有关负责人不及时处理的，安全生产管理人员可以向主管的负有安全生产监督管理职责的部门报告，接到报告的部门应当依法及时处理。

（10）生产经营单位发生生产安全事故时，单位的主要负责人应当立即组织抢救，并不得在事故调查处理期间擅离职守。

（三）生产安全事故的应急救援与调查处理

（1）生产经营单位应当制定本单位生产安全事故应急救援预案，与所在地县级以上地方人民政府组织制定的生产安全事故应急救援预案相衔接，并定期组织演练。

（2）危险物品的生产、经营、储存单位以及矿山、金属冶炼、城市轨道交通运营、建筑施工单位应当建立应急救援组织；生产经营规模较小的，可以不建立应急救援组织，但应当指定兼职的应急救援人员。

（3）生产经营单位发生生产安全事故后，事故现场有关人员应当立即报告本单位负责人。单位负责人接到事故报告后，应当迅速采取有效措施，组织抢救，防止事故扩大，减少人员伤亡和财产损失，并按照国家有关规定立即如实报告当地负有安全生产监督管理职责的部门，不得隐瞒不报、谎报或者迟报，不得故意破坏事故现场、毁灭有关证据。

二、《消防安全责任制实施办法》的主要内容

《消防安全责任制实施办法》由国务院办公厅于 2017 年 10 月 29 日发布。该办法首次对消防安全责任制的实施做出全面、具体规定，进一步明确消防安全责任，要求建立、完善消防安全责任体系，坚决预防和遏制重特大火灾事故的发生。

（一）总则

（1）坚持安全自查、隐患自除、责任自负。机关、团体、企业、事业等单位是消防

安全的责任主体，法定代表人、主要负责人或实际控制人是本单位、本场所消防安全责任人，对本单位、本场所消防安全全面负责。

消防安全重点单位应当确定消防安全管理人，组织实施本单位的消防安全管理工作。

（2）坚持权责一致、依法履职、失职追责。对不履行或不按规定履行消防安全职责的单位和个人，依法依规追究责任。

（二）单位消防安全职责

对容易造成群死群伤火灾的人员密集场所、易燃易爆单位和高层、地下公共建筑等火灾高危单位，除履行《消防安全责任制实施办法》第十五条、第十六条规定的职责外，还应当履行下列职责：

（1）定期召开消防安全工作例会，研究本单位消防工作，处理涉及消防经费投入、消防设施设备购置、火灾隐患整改等重大问题。

（2）鼓励消防安全管理人取得注册消防工程师执业资格，消防安全责任人和特有工种人员须经消防安全培训；自动消防设施操作人员应取得建（构）筑物消防员资格证书。

（3）专职消防队或微型消防站应当根据本单位火灾危险特性配备相应的消防装备器材，储备足够的灭火救援药剂和物资，定期组织消防业务学习和灭火技能训练。

（4）按照国家标准配备应急逃生设施设备和疏散引导器材。

（5）建立消防安全评估制度，由具有资质的机构定期开展评估，评估结果向社会公开。

（6）参加火灾公众责任保险。

三、《机关、团体、企业、事业单位消防安全管理规定》的主要内容

《机关、团体、企业、事业单位消防安全管理规定》（公安部第61号令），于2001年10月19日在公安部部长办公会议通过，自2002年5月1日起施行。该规定对于深入推进单位落实消防安全责任，规范消防安全管理，加快消防工作法治化、社会化进程具有里程碑意义。其主要内容有以下几个方面。

（一）消防安全责任

（1）单位的消防安全责任人应当履行下列消防安全职责：

① 贯彻执行消防法规，保障单位消防安全符合规定，掌握本单位的消防安全情况；

② 将消防工作与本单位的生产、科研、经营、管理等活动统筹安排，批准实施年度消防工作计划；

③ 为本单位的消防安全提供必要的经费和组织保障；

④ 确定逐级消防安全责任，批准实施消防安全制度和保障消防安全的操作规程；

⑤ 组织防火检查，督促落实火灾隐患整改，及时处理涉及消防安全的重大问题；

⑥ 根据消防法规的规定建立专职消防队、义务消防队；

⑦ 组织制定符合本单位实际的灭火和应急疏散预案，并实施演练。

（2）单位可以根据需要确定本单位的消防安全管理人。消防安全管理人对单位的消防安全责任人负责，实施和组织落实下列消防安全管理工作：

① 拟订年度消防工作计划，组织实施日常消防安全管理工作；

② 组织制订消防安全制度和保障消防安全的操作规程并检查督促其落实；

③ 拟订消防安全工作的资金投入和组织保障方案；

④ 组织实施防火检查和火灾隐患整改工作；

⑤ 组织实施对本单位消防设施、灭火器材和消防安全标志的维护保养，确保其完好有效，确保疏散通道和安全出口畅通；

⑥ 组织管理专职消防队和义务消防队；

⑦ 在员工中组织开展消防知识、技能的宣传教育和培训，组织灭火和应急疏散预案的实施和演练；

⑧ 单位消防安全责任人委托的其他消防安全管理工作。

消防安全管理人应当定期向消防安全责任人报告消防安全情况，及时报告涉及消防安全的重大问题。未确定消防安全管理人的单位，消防安全管理工作由单位消防安全责任人负责实施。

（二）消防安全管理

（1）下列范围的单位是消防安全重点单位，应当按照本规定的要求，实行严格管理：

① 商场（市场）、宾馆（饭店）、体育场（馆）、会堂、公共娱乐场所等公众聚集场所（以下统称公众聚集场所）；

② 医院、养老院和寄宿制的学校、托儿所、幼儿园；

③ 国家机关；

④ 广播电台、电视台和邮政、通信枢纽；

⑤ 客运车站、码头、民用机场；

⑥ 公共图书馆、展览馆、博物馆、档案馆以及具有火灾危险性的文物保护单位；

⑦ 发电厂（站）和电网经营企业；

⑧ 易燃易爆化学物品的生产、充装、储存、供应、销售单位；

⑨ 服装、制鞋等劳动密集型生产、加工企业；

⑩ 重要的科研单位；

⑪ 其他发生火灾可能性较大以及一旦发生火灾可能造成重大人身伤亡或者财产损失的单位。

高层办公楼（写字楼）、高层公寓楼等高层公共建筑，城市地下铁道、地下观光隧道等地下公共建筑和城市重要的交通隧道，粮、棉、木材、百货等物资集中的大型仓库和堆场，国家和省级等重点工程的施工现场，应当按照本规定对消防安全重点单位的要求，实行严格管理。

（2）消防安全重点单位应当设置或者确定消防工作的归口管理职能部门，并确定专职或者兼职的消防管理人员；其他单位应当确定专职或者兼职消防管理人员，可以确定消防工作的归口管理职能部门。归口管理职能部门和专兼职消防管理人员在消防安全责任人或者消防安全管理人的领导下开展消防安全管理工作。

（三）防火检查

消防安全重点单位应当进行每日防火巡查，并确定巡查的人员、内容、部位和频次。其他单位可以根据需要组织防火巡查。巡查的内容应当包括下列内容：

① 用火、用电有无违章情况；

② 安全出口、疏散通道是否畅通，安全疏散指示标志、应急照明是否完好；

③ 消防设施、器材和消防安全标志是否在位、完整；

④ 常闭式防火门是否处于关闭状态，防火卷帘下是否堆放物品影响使用；

⑤ 消防安全重点部位的人员在岗情况；

⑥ 其他消防安全情况。

（四）消防安全宣传教育和培训

（1）单位应当通过多种形式开展经常性的消防安全宣传教育。消防安全重点单位对每名员工应当至少每年进行一次消防安全培训。宣传教育和培训内容应当包括下列内容：

① 有关消防法规、消防安全制度和保障消防安全的操作规程；

② 本单位、本岗位的火灾危险性和防火措施；

③ 有关消防设施的性能、灭火器材的使用方法；

④ 报火警、扑救初起火灾以及自救逃生的知识和技能。

单位应当组织新上岗和进入新岗位的员工进行上岗前的消防安全培训。

（2）消防安全重点单位制定的灭火和应急疏散预案应当包括下列内容：

① 组织机构，包括灭火行动组、通信联络组、疏散引导组、安全防护救护组；

② 报警和接警处置程序；

③ 应急疏散的组织程序和措施；

④ 扑救初起火灾的程序和措施；

⑤ 通信联络、安全防护救护的程序和措施。

（3）消防安全重点单位应当按照灭火和应急疏散预案，至少每半年进行一次演练，并结合实际，不断完善预案。其他单位应当结合本单位实际，参照制订相应的应急方案，至少每年组织一次演练。

消防演练时，应当设置明显标识并事先告知演练范围内的人员。

任务三 城市轨道交通设计消防技术标准

消防法律、消防行政法规、消防行政规章、地方性消防法规、地方性政府规章、消防技术标准和规范性文件等是开展消防工作的法律依据。虽然消防技术标准本身并不是法律，但国家法律法规将遵守消防技术标准确定为法律义务，从而使得消防标准与法律法规一样具有法律效力。

一、消防技术标准概述

我国消防技术标准可划分为国家标准、行业标准和地方标准。国家标准、行业标准和地方标准根据其强制约束力，分为强制性标准和推荐性标准。保障人身、财产安全的标准和法律、行政法规规定强制执行的标准是强制性标准；其他标准是推荐性标准。强制性标准必须执行，推荐性标准国家鼓励自愿采用。消防技术标准一般都是强制性标准。

消防技术标准根据其性质可分为规范（工程建设消防技术标准）和标准两大类。国家工程建设消防技术标准根据其性能又可分为建筑类规范（又称综合性规范）和设备类规范（又称专业性规范）。常用的建筑类规范主要有《建筑设计防火规范》《地铁设计规范》《人民防空工程设计防火规范》等；常用的设备类规范有《自动喷水灭火系统设计规范》《火灾自动报警系统设计规范》《建筑灭火器设置设计规范》等。

2015年3月11日，国务院印发了《深化标准化工作改革方案》，针对我国现行标准体系和标准管理体制存在的问题，提出了"将强制性国家标准严格限定在保障人身健康和生命财产安全、国家安全、生态环境安全和满足社会经济管理基本要求的范围内"的总体要求。消防安全作为公共安全的重要组成部分，其标准化工作已形成了基本满足消防技术领域技术协调与统一所要求的消防标准体系。截至2021年年底，我国已发布、修订的现行国家强制性消防技术规范有49个，其中设计防火类26个，消防规划类4个，消防设施类23个。除《建筑设计防火规范》《城市消防规划规范》为通用规范外，其余均为专用规范。

《建筑设计防火规范》是我国目前综合性最强的消防技术标准，涉及面广，体系庞大，适用于包括厂房、仓库在内的工业建筑和以各类公共建筑及住宅建筑为主的民用建筑，以及储罐区、堆场和城市交通隧道等建筑的新建、扩建及改建。

现行《城市消防规划规范》（GB 51080—2015）于2015年1月发布，同年9月开始实施，主要提出了城市消防安全布局和包括消防站、消防通信、消防供水、消防车道等在内的公共消防设施方面的基本要求。

专用消防技术规范主要包括专用设计防火、消防设施和专用消防规划等类型的规范。专用设计防火类规范主要涉及汽车库、修车库、停车场、人民防空工程、石油化工企业、地铁、民用机场航站楼、煤化工工程、精细化工企业、火力发电厂等场所的防火设计规范；消防设施类规范涉及消防给水与消火栓、火灾探测报警与联动、各类自动灭火系统、灭火器、防火卷帘与防火门窗等消防设施的系统设计和施工验收等方面；专用消防规划类规范主要涉及城市消防站及消防通信指挥系统的设计和施工验收。

城市轨道交通的相关消防技术标准主要涉及《地铁设计防火标准》（GB 51298—2018）《建筑设计防火规范》《地铁设计规范》《城市轨道交通技术规范》《人民防空工程设计防火规范》《建筑内部装修设计防火规范》等。

二、《地铁设计规范》中的消防要求

我国在制定1993年实施的第一部《地下铁道设计规范》时，就十分重视对地铁系统可能发生的灾害（特别是火灾）的防范与救援，专门制定了"防灾"章节，对防灾设计做了比较系统的规定，但限于当时的客观认识和技术发展水平，就今天的角度来看是不够的。

2003年，我国重新制定了《地铁设计规范》（GB 50157—2003）。在制定期间，正逢韩国大邱地铁发生火灾惨案，引起国家主管部门和全体规范编制人员的高度重视。编制人员在深入分析当时发生的各种地铁灾害（特别是火灾）的因果情况的基础上，积极吸取了国际上关于防范消除各类突发灾害的新技术、新措施，以及国内各类建筑物最新的防灾与报警、消防与救援等技术要求，重新制定了"防灾与报警"章节，对防灾、报警、设备监控、消防、救援与疏散逃生，以及工程材料和平面布局等方面的技术要求和技术措施，进行了大幅度的充实与深化。

《地铁设计规范》（GB 50157—2013）是在征集10家设计、建设单位使用规范的意见和建议的基础上，结合2003版规范颁布后规范管理组接收来函提出的问题和处理意见，以及吸纳了近年轨道交通建设、运营新的经验和教训，对2003版规范进行了全面修订。3个版本规范的文本对比见表2.3.1。

表 2.3.1　3个版本规范的文本对比

版本	1992 版	2003 版	2013 版
章	13	23	29
节	54	121	181
条款	529	1 178	1 650
附录	1	4	5
册	条文1册，说明1册	合订1册	

《地铁设计规范》（GB 50157—2013）中的消防要求，简单罗列为以下几个方面。

(一) 严格规定采用不燃或阻燃材料和装备

规范规定，地铁的主要工程结构应采用不燃、耐久、可靠的材料，如钢筋混凝土，对于金属材料也只是必要时允许使用。车站内部的装修材料以及广告、座椅等器材，均规定采用不燃或阻燃材料，并规定不得采用石棉、玻璃纤维及塑料类制品，防止有害气体损害人体健康。对于设在地下隧道内的各种缆线，均规定采用低烟、无卤、阻燃材料。在通风、空调系统中使用的管材、保温及消声材料也规定采用不燃材料，只在局部有困难时采用阻燃材料。这些都是从用材上防止引发火灾和可能散发出有害气体。

(二) 要求有完善的消防设施

规范规定，地铁系统内须有完善的消防设施，在各公共场所及区间隧道内须按规定的地点或距离设置灭火器和消火栓，并且消火栓要有可靠的消防水源，同时规定在一些重要设备用房内要设置自动灭火装置。车站等场所按平面布局和构造等特点，划分成若干防火分区，彼此间用防火墙或防火门隔断。这些措施可以及时扑灭火源及防止火害扩散。

现行规范还严格规定，在地下车站的站台、站厅的疏散区和疏散通道内，不得设置商业场所，与地铁地下结构相连开发的地下商业街等公共场所与地铁之间要有防火隔断设施，发生火情时能实施隔断，保证安全。目前，我国各城市新建的地铁都在认真执行这些规定。

(三) 必须具备先进的报警与监控系统

规范规定，地铁系统内必须设置火灾自动报警系统，能对发生的火灾进行及时报警和监控，并可直接操作联动控制消防设施和防烟、排烟系统设备，防止灾情扩延，为救援及疏散人员创造便利条件。规范同时规定，地铁内应配备在发生灾害时供救援人员进行地上、地下联络的无线通信设施。

(四) 配备安全救援和疏散设施

地下车站和区间隧道内救援和逃生条件都比较差，必须最大限度地创造安全通行条件，规范就此做了许多强制性规定，例如车站站台和站厅防火分区的安全出口不应少于两个，并应直通外部空间，其他防火分区安全出口也不应少于两个，并至少有一个出口直通外部空间。同时，车站应有供救援人员进入地下的专用通道。当火灾发生在区间隧道内时，由于地铁站间距离一般为 1 km 左右，列车行驶时间只需 1~2 min，此时列车应尽量驶入邻近车站，因为车站具有较好的消防、救援及疏散条件。现行规范还规定，两条单线区间隧道之间，当隧道连贯长度大于 600 m 时，应设置联络通道，并应在通道内设置防火门隔断，以便万一区间发生火灾、车辆失去动力时，人员可就近由联络通道逃离至相邻非事故隧道内，然后再步行或乘救援车辆疏散至安全地带。

为使地下隧道内人员能够安全疏散，规范还规定在地下车站和区间隧道内必须设置防烟、排烟与事故通风系统，应急照明和广播系统，以及醒目的疏散标志。此外，还要考虑断电情况下的需要，在车站、站台、通道等人员密集部位的地面上，设置保持视觉连续的发光疏散指示标志，最大限度地创造安全撤离条件。地铁规范的各种安全规定，在客观上构成了保障地铁系统安全的基础。

三、城市轨道交通设计防火标准

随着我国经济的发展，最近几年，在"一带一路"倡议指引下，我国城市轨道交通建设进入了高速发展期，城市轨道交通建设已在全国一、二线城市及主要的旅游城市全面展开。为了体现城市轨道交通高效、舒适、安全以及能有效缓解城市交通压力的特点，城市轨道交通设计成为地铁工程建设的重中之重。由于地铁站客流密集、车站内部组成复杂，对地铁站的防火设计进行研究探讨，减少、杜绝造成火灾的安全隐患很有必要。消防问题一直是地下建筑工程设计的一大核心问题。2018年12月1日《地铁设计防火标准》（GB 51298—2018）开始实施，该标准颁布实施之前，城市轨道交通设计人员一直根据《建筑设计防火规范》（GB 50016—2014，2018）、《地铁设计规范》（GB 50157—2013）、《城市轨道交通技术规范》（GB 50490—2009）、《人民防空工程设计防火规范》（GB 50098—2009）、《建筑内部装修设计防火规范》（GB 50222—95）（2017年修编）等规范进行城市轨道交通工程的防火设计。《地铁设计防火标准》（GB 51298—2018）的颁布实施，弥补了我国城市轨道交通防火设计专业规范的空白，与前述系列规范形成一套更加完整、严谨的城市轨道交通车站建筑防火设计的法规，使得地铁车站建筑更加安全、舒适、可靠。

《地铁设计防火标准》（GB 51298—2018）由上海市隧道工程轨道交通设计研究院、公安部天津消防研究所会同国内地铁设计、科研、建设、运营以及市消防监督等10家单位共同编制。此标准的编制，遵照国家有关基本建设方针和"预防为主、防消结合"的消防工作方针，在总结国内已建成通车地铁线的消防实践经验和教训的基础上，广泛征求了有关地铁设计、建设、运营、消防监督等方面的意见，借鉴国外有关规范标准，最后经有关部门组织审查定稿。标准主要内容有总平面布局、耐火等级、防火分隔与防烟分区、安全疏散、建筑构造、消防给水与灭火设施、防烟与排烟、火灾自动报警、消防通信、消防配电和应急照明等。

实施城市轨道交通国家标准是保障轨道交通安全的基础，但要确保轨道交通安全运营，还必须按照《轨道交通消防安全管理》《人员密集场所消防安全管理》等管理规范建立严格的管理制度和保证管理人员有合格的工作素质，只有这样才能保证一切安全装备和设施正常地、有效地发挥作用。韩国大邱地铁火灾造成严重后果，除防火装备和设施方面存在问题外，管理人员的失职也是重要原因之一。

案例分析

【案例】 2018年5月9日上午7时45分某地铁车站人员发现站内有较大的烧焦味道并立即报告，经巡视确认为高架附属用房三楼一商铺内传出，并伴有白烟冒出。由于店门紧锁无法入内查看情况，车站人员在电话联系商户未果后联系资源开发分公司相关人员，同时拨打"119"火警电话并报告给轨道公安（过程中确认无火情后"119"未出警）。资源开发分公司接报后立即联系管理公司相关负责人，要求商户人员尽快到场开门，同时赶往车站；8时06分，店铺人员到达现场并开门，发现一处燃气整晚未关，铁锅烧焦导致浓烟散出，且店内一整夜无人看管燃气灶，店铺人员进店后立即将燃气关闭并把铁锅移至安全地带冷却，现场紧急通风。

【案例分析】

1. 原因分析

（1）商铺人员安全意识及责任心不强，闭店检查不细致，燃气整夜未关，致使铁锅一直干烧。

（2）管理公司对小商户的安全管理不到位。

（3）管理公司消防委外单位人员未能24 h值守消控室，致使未能在烟感报警的第一时间联系到责任人。

2. 整改防范措施

（1）要强化安全意识，加强全员岗位培训，切实将安全责任传导至每位项目组成员。

（2）要落实安全管理制度，加强现场安全管理，严格按照消防相关法律法规要求，遵守消控室值守等管理制度，明确现场管理责任。

（3）应当充分认识到安全生产管理工作的重要性，切实加强对商户的管理，加强文件的宣传落实，积极开展隐患排查及问题整改工作，全力保障轨道交通安全形势平稳受控。

项目训练

1. 陪同地铁站安全专（兼）职消防安全管理人员对轨道交通站台实施现场防火检

查，了解防火分隔、安全疏散、防火构造、消防供水、防烟和排烟等要求，结合实地检查结果和规范要求，落实火灾隐患整改工作。

2. 协同设计院对拟新建的轨道交通站点进行方案、施工图设计，将《地铁设计防火标准》（GB 51298—2018）运用到具体实践中，深化对规范内容的理解。

1. 机关、团体、企业、事业单位应履行哪些消防安全职责？
2. 消防安全重点单位每日防火巡查的内容有哪些？
3. 我国消防工作的方针和原则是什么？
4. 简述《地铁设计防火标准》（GB 51298—2018）的主要内容。
5. 地铁车站总平面布置和车站内部平面布置的消防设计要点的主要内容有哪些？

项目三　城市轨道交通消防设施

 习目标

1. 理解消防设施的概念；
2. 了解常见消防设施的设置要求；
3. 了解消防设施的检查内容；
4. 了解城市轨道交通智慧消防系统的相关知识。

能力目标

1. 能够认知城市轨道交通中车站、隧道、车辆应设置的消防设施；
2. 能够熟练运用所学知识对消防设施进行检查，发现和消除相关隐患；
3. 能够运用城市轨道交通智慧消防的建设架构知识去分析轨道交通系统智慧消防系统的功能结构。

任务一　城市轨道交通车站消防设施

城市轨道交通车站消防设施是指城市轨道交通车站中设置的用于火灾报警、灭火、人员疏散、灭火救援行动等设施的总称，主要包括消防给水与灭火设施、防烟与排烟系统、火灾自动报警系统、消防通信设施、消防配电与应急照明设施等。消防设施是抗御火灾的重要保障，关系到能否及时预报火灾，能否及时控制、消灭火灾，能否为人员疏散和灭火救援行动提供帮助。

一、消防给水与灭火设施

在进行城市交通的规划和设计时，应根据城市轨道交通建筑的用途及其重要性、火灾危险性、火灾特性和环境条件等因素综合设计消防给水与灭火设施，主要考虑室外消火栓系统、室内消火栓系统、自动灭火系统与其他灭火设施、消防水泵与消防水池等方面。

（一）室外消火栓系统

室外消火栓系统是指由供水设施、室外消火栓、配水管网和阀门等组成的系统。不同压力的室外消火栓的作用各不相同。低压室外消火栓的作用是为消防车等消防设备提供消防用水，或通过消防车和水泵接合器为室内灭火设施提供消防用水；高压室外消火栓经常保持足够的压力和消防用水量，当发生火灾时，现场的火灾扑救人员可直接连接水带与水枪出水灭火。

城市轨道交通车站及其附属建筑、车辆基地应设置室外消火栓系统，其设计流量应根据建筑物的用途、功能、体积、火灾危险性等因素综合确定。

室外消火栓是消防车的取水点，除提供其保护范围内灭火用的消防水源外，还应承担为消防车补水的功能，为消防车载水扑救消火栓保护范围外的火灾提供水源支持。地下车站的室外消火栓设置数量应满足灭火救援要求且不应少于2个，设计流量不应小于20 L/s。而地上车站、控制中心等地上建筑和地上、地下车辆基地的室外消火栓设计流量应符合表3.1.1的规定。

表3.1.1 城市轨道交通车站的室外消火栓设计流量

单位：L/s

建筑类别		建筑体积 V/m^3			
		$3\ 000 < V \leq 5\ 000$	$5\ 000 < V \leq 20\ 000$	$20\ 000 < V \leq 50\ 000$	$V > 50\ 000$
公共建筑	单层及多层	15	25	30	40
	高层	—	25	30	40
地下建筑（包括地铁）		15	20	25	30

车站消防给水系统的进水管不应少于2条。宜从两条市政给水管道引入，当其中一条进水管道发生故障时，另一条进水管道应仍能保证全部消防用水量；当车站周边仅有一条市政枝状给水管道时，应设置消防水池。

室外消火栓宜采用地上式。地上式消火栓应有1个DN150或DN100和2个DN65的栓口，地下式消火栓应有DN100和DN65的栓口各1个。在寒冷和严寒地区，室外消火栓应采取防冻措施。此外，室外消火栓应设置相应的永久性固定标识。

室外消火栓的布置间距不应大于120 m，每个消火栓的保护半径不应大于150 m。检修阀之间的消火栓数量不应大于5个。

（二）室内消火栓系统

室内消火栓系统是指由供水设施、室内消火栓、配水管网和阀门等组成的系统。室内消火栓系统是建筑物应用最广泛的一种消防设施，当建筑发生火灾时，该系统既可供火灾现场人员就近利用水喉、水枪扑救初期火灾，又可供消防救援人员扑救建筑大火。室内消火栓如图 3.1.1 所示。

车站的站厅层、站台层、设备层、地下区间及长度大于 30 m 的人行通道等处均应设置室内消火栓。而室内消火栓设计流量应根据建筑物的用途、功能、体积、高度、耐火等级、火灾危险性等因素综合确定。

城市轨道交通车站的室内消火栓布置应保证每个防火分区同层有两支水枪的充实水柱同时到达任何部位，且充实水柱长度不应小于 10 m。

室内消火栓间距应经计算确定，单口单阀消火栓的间距不应大于 30 m，两个单口单阀为一组的消火栓间距不应大于 50 m。其中，站厅层、侧式站台层和车站设备管理区宜设置单口单阀消火栓，岛式站台层宜设置两个单阀为一组的消火栓。消火栓箱内应配备水带、水枪和消防软管卷盘。

图 3.1.1　室内消火栓

地下车站的室内消火栓设计流量不应小于 20 L/s。地下车站出入口通道、地下折返线及地下区间的室内消火栓设计流量不应小于 10 L/s。而地上车站、控制中心等地上建筑和地上、地下车辆基地的室内消火栓用水量应符合表 3.1.2 的规定。

表 3.1.2　地上车站室内消火栓设计用水量

体积 V/m^3	设计流量/(L/s)	同时使用消防水枪数/支	每根竖管最小流量/(L/s)
$5\,000 < V \leqslant 25\,000$	10	2	10
$25\,000 < V \leqslant 50\,000$	15	3	10
$V > 50\,000$	20	4	15

室内消火栓应设置在位置明显且易于操作的部位。栓口离地面或操作基面高度宜为 1.1 m，其出水方向宜向下或与设置消火栓的墙面成 90°；栓口与消火栓箱内边缘的距离不应影响消防水带的连接。

城市轨道交通车站的消火栓给水管道应连成环状，其管道应采用阀门分成若干独立管段，阀门的布置应保证检修管道时关闭停用消火栓的数量不大于 5 个。消防给水管道上的阀门应保持常开状态，且应有明显的启闭标志。而在寒冷和严寒地区，站厅与室外连通部分的明露消防给水管道应采取防冻措施或采用干式系统。此外，当车站、区间采用临时高压给水系统时，车站控制室及消火栓处应设置消火栓的水泵启动按钮。

(三) 自动灭火系统与其他灭火设施

地铁是公共交通系统，发生火灾后须快速恢复交通，为防止次生灾害的发生，采用的灭火剂不应对设备产生损害。当发生电气设备火灾时，不能使用导电性能良好的灭火介质进行灭火。自动灭火系统一般采用喷水灭火系统，绿色环保的气体灭火系统和技术可靠、经济合理且消防救援机构认可的其他自动灭火系统。

地下车站的环控电控室、通信设备室（含电源室）、信号设备室、公网机房、降压变电所、站台门控室、蓄电池室、自动售检票设备室应设置自动灭火系统。

1. 自动喷水灭火系统

自动喷水灭火系统是最常见的自动灭火系统，是由洒水喷头、报警阀组、水流报警装置（水流指示器或压力开关）等组件以及管道、供水设施等组成，能在发生火灾时喷水的自动灭火系统。该系统主要用于扑救建筑物初期火灾，平时处于准工作状态，当设置场所发生火灾时，喷头或报警装置探测到火灾信号后立即自动启动并喷水灭火，具有安全可靠、经济适用、灭火成功率高等优点。该系统中的喷淋泵及管网如图 3.1.2 所示。

图 3.1.2　喷淋泵及管网

（1）自动喷水灭火系统的分类。

自动喷水灭火系统，根据被保护建筑物的性质和火灾发生、发展特性的不同，有许多不同的系统形式，通常根据系统中所使用的喷头形式，分为闭式自动喷水灭火系统和开式自动喷水灭火系统两大类。

① 闭式自动喷水灭火系统包括湿式自动喷水灭火系统、干式自动喷水灭火系统、预作用自动喷水灭火系统。闭式自动喷水灭火系统采用闭式喷头，其公称动作温度宜高于

环境最高温度30 ℃。喷头的感温、闭锁装置只有在预定的温度环境下才会脱落，开启喷头。因此，在发生火灾时，这种喷水灭火系统只有处于火焰之中或邻近火源的喷头才会开启。设置闭式自动喷水灭火系统的场所，洒水喷头类型和场所的最大净空高度应符合表3.1.3的要求。

表3.1.3 洒水喷头类型和场所的最大净空高度

设置场所		喷头类型			净空高度 h/m
		一只喷头的保护面积	响应时间性能	流量系数 K	
民用建筑	普通场所	标准覆盖面积洒水喷头	快速响应喷头 特殊响应喷头 标准响应喷头	$K \geq 80$	$h \leq 8$
		扩大覆盖面积洒水喷头	快速响应喷头	$K \geq 80$	
	高大空间场所	标准覆盖面积洒水喷头	快速响应喷头	$K \geq 115$	$8 < h \leq 12$
		非仓库性特殊应用喷头			
		非仓库性特殊应用喷头			$12 < h \leq 18$

② 开式自动喷水灭火系统包括雨淋灭火系统、水幕灭火系统等。开式自动喷水灭火系统采用的是开式喷头，开式喷头不带感温、闭锁装置，处于常开状态。发生火灾时，火灾所处的系统保护区域内的所有开式喷头一起出水灭火。

（2）自动喷水灭火系统的工作原理。

① 湿式系统。湿式系统是应用最广泛，控火、灭火中使用频率最高的一种闭式自动喷水灭火系统，在环境温度不低于4 ℃且不高于70 ℃的建筑物和场所（不能用水扑救的建筑物和场所除外）都可采用。目前世界上已安装的自动喷水灭火系统中有70%以上采用了湿式自动喷水灭火系统。

湿式系统主要由闭式喷头、湿式报警阀组、水流指示器、末端试水装置、管道和供水设施等组成，如图3.1.3所示。

湿式系统在准工作状态时，由消防水箱或稳压泵、气压给水设备等稳压设施维持管道内充水的压力；发生火灾时，火源周围温度上升，闭式喷头受热后开启喷水，水流指示器动作并反馈信号至消防控制中心报警控制器，指示起火区域，湿式报警阀系统侧（沿供水方向，报警阀后为系统侧，下同）压力下降，造成湿式报警阀水源侧（沿供水方向，报警阀前为水源侧，下同）压力大于系统侧压力，湿式报警阀自动打开，消防水箱出水管上的流量开关、消防水泵出水管上的压力开关或报警阀组的压力开关动作并输出启动消防水泵信号，完成系统的启动；系统启动后，由消防水泵向开放的喷头供水，开放的喷头将供水按不低于设计规定的喷水强度均匀喷洒，实施灭火。

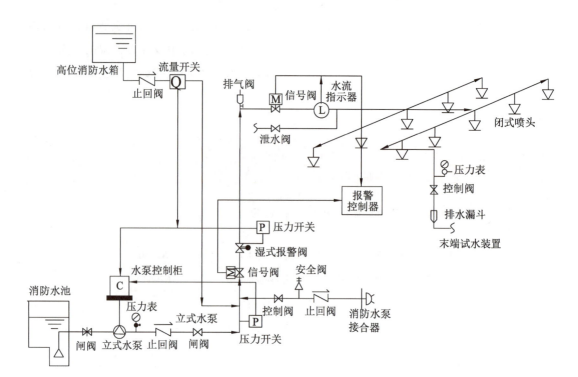

图 3.1.3　湿式系统组成示意图

② 干式系统。干式自动喷水灭火系统主要是用于某些不适宜采用湿式系统的场所。虽然干式系统的灭火效率不如湿式系统，其造价也高于湿式系统，但由于它的特殊用途，至今仍受到人们的重视。干式自动喷水灭火系统适用于环境温度低于 4 ℃ 或高于 70 ℃ 的建筑物和场所，如不采暖的地下停车场、冷库等。喷头应向上安装，或采用干式下垂型喷头。

干式系统主要由闭式喷头、干式报警阀组、充气设备、末端试水装置、管道及供水设施等组成，如图 3.1.4 所示。

干式系统在准工作状态时，由消防水箱或稳压泵、气压给水设备等稳压设施维持管道内充水的压力，系统侧管道内充满有压气体（通常采用压缩空气），报警阀处于关闭状态；发生火灾时，闭式喷头受热开启，管道中的有压气体从喷头喷出，干式报警阀系统侧压力下降，造成干式报警阀水源侧压力大于系统侧压力，干式报警阀自动打开，压力水进入供水管道，将剩余压缩空气从系统立管顶端或横干管最高处的排气阀或已打开的喷头处喷出，然后喷水灭火；消防水箱出水管上的流量开关、消防水泵出水管上的压力开关或报警阀组的压力开关动作并输出启动消防水泵信号，完成系统的启动；系统启动后，由消防水泵向开放的喷头供水，开放的喷头将供水按不低于设计规定的喷水强度均匀喷洒，实施灭火。

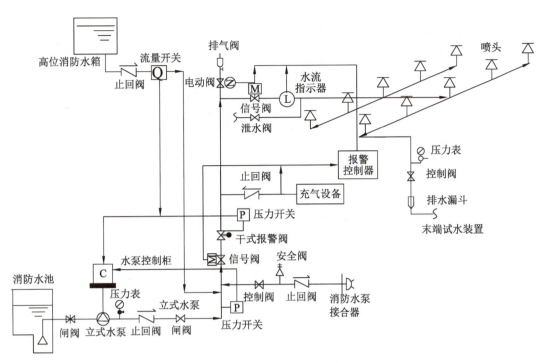

图 3.1.4 干式系统组成示意图

③ 预作用系统。预作用系统主要由闭式喷头、预作用报警阀组或雨淋阀组、充气设备、管道、供水设施和火灾探测报警控制装置组成,如图 3.1.5 所示。预作用系统同时具备了干式喷水灭火系统和湿式喷水灭火系统的特点,而且还克服了干式喷水灭火系统控火灭火率低、湿式系统易产生水渍的缺陷。因此,预作用系统可以用于干式喷水灭火系统、湿式喷水灭火系统和干湿式喷水灭火系统所能使用的任何场所,而且还能用于这三个系统都不适宜的场所。

预作用系统处于准工作状态时,由消防水泵或稳压泵、气压给水设备等稳压设备维持水源侧管道内充水的压力,系统侧管道内平时无水或充有压气体。发生火灾时,当触发同一报警区域内两个及以上独立的感烟探测器或一个感烟探测器与一个手动报警按钮时,预作用系统会联动开启预作用阀组,使系统在闭式喷头动作前转换成湿式系统,并在闭式喷头开启后立即喷水。

发生火灾时,若火灾探测系统不能发出报警信号启动预作用阀使配水管道充水,预作用系统也能够在高温作用下自动开启喷头,使配水管道内气压迅速下降,其压力开关报警并启动预作用阀组供水灭火。预作用系统的配水管道应设快速排气阀,以便发生火灾时配水管快速排气后充水。在排气阀入口前应设电动阀,该阀平时常闭,系统充水时开启,其动作信号应反馈至消防联动控制器。

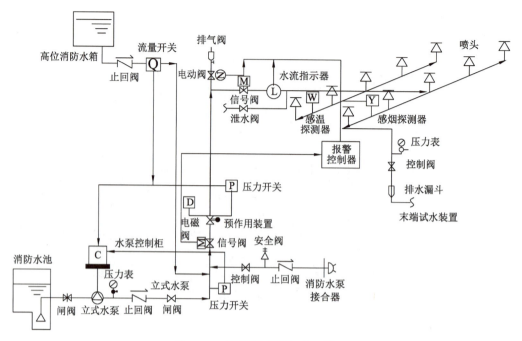

图 3.1.5 预作用系统组成示意图

④ 雨淋系统。雨淋系统主要由开式喷头、雨淋阀启动装置、雨淋阀组、管道及供水设施等组成，如图 3.1.6 所示。

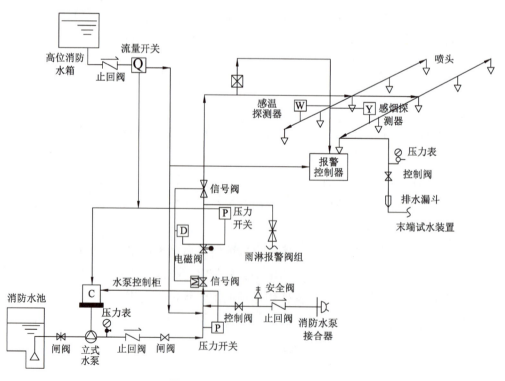

图 3.1.6 雨淋系统组成示意图

雨淋系统处于准工作状态时，由消防水泵或稳压泵、气压给水设备等稳压设备维持水源侧管道内充水的压力。当保护区域内发生火灾时，火灾自动报警系统联动开启电磁阀泄压或传动管上的洒水动作泄压，使控制腔内压力迅速降低，供水侧与控制腔内压力形成压差，阀瓣组件瞬间开启，供水侧的水流入系统侧管网上的洒水喷头灭火，其中少部分的水流向水力警铃及压力开关，水力警铃发出连续的报警声，压力开关动作并将信号反馈至消防控制中心，同时开启供水泵持续给水，消防控制中心联动控制声、光报警，以达到自动喷水灭火和报警的目的。

⑤水幕系统。水幕系统是自动喷水灭火系统中唯一不以灭火为主要目的的系统。水幕系统由开式喷头或水幕喷头、雨淋报警阀组或感温雨淋报警阀等组成，分为防火分隔水幕和防护冷却水幕两种，其工作原理与雨淋系统基本相同。

2. 气体灭火系统

气体灭火系统是以气体为主要灭火介质的灭火系统，通过这些气体在整个防护区域内或保护对象周围的局部区域建立起灭火浓度实现灭火。由于其特有的性能特点，气体灭火系统主要用于保护某些特定场合。目前，在民用建筑的灭火系统中，气体灭火系统的使用范围仅次于自动喷水灭火系统，在通信机房、变配电室、电子信息机房、档案室、资料室、博物馆、图书馆等不宜用水扑救的场所得到了广泛应用。气体灭火系统喷头如图3.1.7所示。

按照使用的灭火剂，气体灭火系统分为二氧化碳灭火系统、七氟丙烷灭火系统、惰性气体灭火系统等。

图3.1.7 气体灭火系统喷头

（1）二氧化碳灭火系统。

二氧化碳灭火系统是指在发生火灾时向保护对象释放二氧化碳灭火剂，用以减少空间内氧含量，使燃烧达不到所必要的氧浓度的灭火系统。二氧化碳灭火剂对燃烧具有良好的窒息作用，喷射出的液态和固态二氧化碳在汽化过程中要吸热，具有一定的冷却作用。二氧化碳灭火系统有高压系统（灭火剂在常温下储存的系统）和低压系统（灭火剂在-20 ℃~-18 ℃的低温下储存的系统）两种应用形式。

二氧化碳灭火系统适用于扑救灭火前可切断气源的气体火灾，液体火灾或石蜡、沥青等可融化的固体火灾，固体表面火灾及棉毛、织物、纸张等部分固体深位火灾，电气火灾。二氧化碳灭火系统不适用于扑救硝化纤维、火药等含氧化剂的化学制品火灾，钾、钠、镁、钛、锆等活泼金属火灾，氰化钾、氰化钠等金属氰化物火灾。

（2）七氟丙烷灭火系统。

七氟丙烷灭火系统是以七氟丙烷作为灭火介质的灭火系统。七氟丙烷灭火剂具有灭火能力强、全球温室效应潜能值小、臭氧层损耗能力为零、不会破坏大气环境、灭火后无残留物等特点。

七氟丙烷灭火系统可用于扑救电气火灾、液体火灾或可融化的固体火灾、固体表面火灾、灭火前应切断气源的气体火灾。七氟丙烷灭火系统不得用于扑救硝化纤维、硝酸钠等含氧化剂的化学制品及混合物火灾,钾、钠、镁、钛、锆、铀等活泼金属火灾,氢化钾、氢化钠等金属氢化物火灾,过氧化氢、联胺等能自行分解的化学物质火灾。

(3) 惰性气体灭火系统。

惰性气体灭火系统是指以惰性气体为灭火介质的灭火系统。惰性灭火剂主要包括 IG01、IG100、IG55 和 IG541。其中,IG01 由 100% 的氩气（Ar）组成,IG100 由 100% 的氮气 N_2 组成,IG55 是一种由氮气、氩气组成的混合气体（50% 的 N_2、50% 的 Ar）,IG541 是一种由氮气、氩气和二氧化碳气体组成的混合气体（52% 的 N_2、40% 的 Ar 和 8% 的 CO_2）。由于惰性气体纯粹来自自然界,是一种无毒、无色、无味、惰性及不导电的纯"绿色"压缩气体,因此惰性气体灭火系统又称为洁净气体灭火系统。

惰性气体灭火系统适用于扑救 A 类（表面火）、B 类、C 类及电气火灾,可用于保护经常有人的场所。

3. 其他自动灭火系统

(1) 泡沫灭火系统。

泡沫灭火系统是指将泡沫灭火剂与水按一定比例混合,经泡沫发生装置产生灭火泡沫的灭火系统。该系统主要通过隔氧窒息作用、辐射热阻隔作用和吸热冷却作用实现灭火,具有安全可靠、经济实用、灭火效率高、无毒性的特点。目前,泡沫灭火系统已在石油化工企业、油库、地下工程、汽车库、各类仓库、煤矿、大型飞机库、船舶等场所得到广泛应用,是扑灭甲、乙、丙类液体火灾和某些固体火灾的一种主要灭火系统。

(2) 水喷雾灭火系统。

水喷雾灭火系统是由水源、供水设备、管道、雨淋报警阀（或电动控制阀、气动控制阀）、过滤器和水雾喷头组成,向保护对象喷射水雾进行灭火或防护冷却的系统。系统中的水雾喷头在较高的水压作用下,将水流分离成直径为 0.2~2 mm 甚至更小的水雾滴,通过表面冷却、窒息、稀释、冲击乳化和覆盖等作用实现灭火。与自动喷水灭火系统相比,其用水量为后者的 70%~90%,具有良好的节水性。

水喷雾灭火系统可用于扑救固体物质火灾、丙类液体火灾、饮料酒火灾和电气火灾,可用于可燃气体和甲、乙、丙类液体的生产、储存装置或装卸设施的防护冷却。水喷雾灭火系统不得用于扑救遇水能发生化学反应造成燃烧、爆炸的火灾,以及水雾会对保护对象造成明显损害的火灾。

(3) 细水雾灭火系统。

细水雾灭火系统是由水源（储水池、储水箱、储水瓶）、供水装置（泵组推动或瓶组推动）、系统管网、控水阀组、细水雾喷头、火灾自动报警及联动控制系统等组成,能自动和人工启动并喷放细水雾进行灭火或控火的固定灭火系统。与水喷雾灭火系统相比，其雾滴直径更小，通过细水雾的冷却、窒息、稀释、隔离、浸润等作用，使燃烧不能维持而实现灭火，其中冷却和窒息起决定性作用。此类系统具有节能环保、电气绝缘和有效消除火场烟雾等特性，其灭火用水量为水喷雾灭火系统的20%以下。在档案库、图书库、计算机房、通信机房、变压器、发电机等电气设备及加工制造、燃油燃气锅炉等机械设备间可使用细水雾灭火系统替代气体灭火系统。

细水雾灭火系统适用于可燃固体火灾、可燃液体火灾及电气火灾，不适用于可燃固体深位火灾。同时，该系统不能直接用于能与水发生剧烈反应或产生大量有害物质的活泼金属及其化合物火灾，包括：活泼金属，如锂、钾、钠、镁、钛、锆、铀、钚等；金属醇盐，如甲醇钠等；金属氨基化合物，如氨基钠等；碳化物，如碳化钙；卤化物、氢化物、硫化物等。此外，该系统也不能直接应用于可燃气体火灾，包括有液化天然气等低温液化气体的场合。

（4）干粉灭火系统。

干粉灭火系统是指由干粉供应源通过输送管道连接到固定的喷嘴上，通过喷嘴喷放干粉的灭火系统。该系统借助于惰性气体压力驱动，并由这些气体携带干粉灭火剂形成气粉两相混合流，经管道输送至喷嘴喷出，通过化学抑制和物理灭火共同作用来实施灭火，具有灭火速度快、不导电、对环境条件要求不严格等特点，能自动探测火灾、自动启动系统和自动灭火，适用于港口、列车栈桥输油管线、甲类可燃液体生产线、石化生产线、天然气储罐、储油罐、汽轮机组及淬火油槽和大型变压器等场合。

干粉灭火系统适用于扑救灭火前可切断气源的气体火灾，易燃、可燃液体和可融化固体火灾，可燃固体表面火灾，带电设备等火灾。干粉灭火系统不得用于扑救硝化纤维、炸药等无空气仍能迅速氧化的化学物质与强化剂物质火灾，钾、钠、镁、钛、锆等活泼金属及其氢化物火灾。

4. 灭火器

现行国家标准《建筑灭火器配置设计规范》（GB 50140—2005）中民用建筑灭火器配置场所的危险等级，根据使用性质、人员密集程度、用电用火情况、可燃物数量、火灾蔓延速度、扑救难易程度等因素，划分为以下三级：

严重危险级：使用性质重要，人员密集，用电用火多，可燃物多，起火后蔓延迅速，扑救困难，容易造成重大财产损失或人员群死群伤的场所。

中危险级：使用性质较重要，人员较密集，用电用火较多，可燃物较多，起火后蔓延较迅速，扑救较难的场所。

轻危险级：使用性质一般，人员不密集，用电用火较少，可燃物较少，起火后蔓延较缓慢，扑救较容易的场所。

除区间外，地铁工程内应配置建筑灭火器。车站内的公共区、设备管理区、主变电所和其他有人值守的设备用房设置的灭火器,应按现行国家标准《建筑灭火器配置设计规范》的严重危险级配置。

(1) 灭火器的选择。

根据灭火器配置场所的火灾种类,可判断出应选哪一种类型的灭火器。如果选择不合适的灭火器不仅有可能灭不了火,而且还有可能引起灭火剂对燃烧的逆化学反应,甚至会发生爆炸伤人事故。

在同一灭火器配置场所,宜选用类型和操作方法相同的灭火器。当同一灭火器配置场所存在不同火灾种类时,应选用通用型灭火器。在同一灭火器配置场所,当选用两种或两种以上类型灭火器时,应采用灭火剂相容的灭火器。

灭火器的正确选型是建筑灭火器配置设计的关键之一。根据灭火机理,不同类型的灭火器可灭不同种类的火灾。

A 类火灾场所应选择水型灭火器、磷酸铵盐干粉灭火器、泡沫灭火器或卤代烷灭火器。

B 类火灾场所应选择泡沫灭火器、碳酸氢钠干粉灭火器、磷酸铵盐干粉灭火器、二氧化碳灭火器、灭 B 类火灾的水型灭火器或卤代烷灭火器。极性溶剂的 B 类火灾场所应选择灭 B 类火灾的抗溶性灭火器。

C 类火灾场所应选择磷酸铵盐干粉灭火器、碳酸氢钠干粉灭火器、二氧化碳灭火器或卤代烷灭火器。

D 类火灾场所应选择扑灭金属火灾的专用灭火器。目前国外灭 D 类火灾的灭火器主要有粉状石墨灭火器和灭金属火灾的专用干粉灭火器。在国内尚未生产这类灭火器和灭火剂的情况下,可采用干砂或铸铁屑末替代。

E 类火灾场所应选择磷酸铵盐干粉灭火器、碳酸氢钠干粉灭火器、卤代烷灭火器或二氧化碳灭火器,但不得选用装有金属喇叭喷筒的二氧化碳灭火器。

为了保护大气臭氧层和人类生态环境,在非必要场所应当停止配置卤代烷灭火器。其中,车站就属于非必要场所。

(2) 灭火器设置。

灭火器应设置在位置明显和便于取用的地点,且不得影响安全疏散。对有视线障碍的灭火器设置点,应设置指示其位置的发光标志。

灭火器的摆放应稳固,其铭牌应朝外。手提式灭火器宜设置在灭火器箱内或挂钩、托架上,其顶部离地面高度不应大于 1.5 m,底部离地面高度不宜小于 0.08 m。灭火器箱不得上锁。

灭火器不宜设置在潮湿或有强腐蚀性的地点。当必须设置时,应有相应的保护措施。当灭火器设置在室外时,应有相应的保护措施。

灭火器不得设置在超出其使用温度范围的地点。

在发生火灾后，能否及时、有效地用灭火器扑灭初起火灾取决于多种因素，而灭火器保护距离的远近是其中的一个重要因素。设置在 A 类火灾场所的灭火器，其最大保护距离见表 3.1.4；设置在 B、C 类火灾场所的灭火器，其最大保护距离见表 3.1.5。

表 3.1.4 A 类火灾场所的灭火器最大保护距离

单位：m

危险等级	灭火器型式	
	手提式灭火器	推车式灭火器
严重危险级	15	30
中危险级	20	40
轻危险级	25	50

表 3.1.5 B、C 类火灾场所的灭火器最大保护距离

单位：m

危险等级	灭火器型式	
	手提式灭火器	推车式灭火器
严重危险级	9	18
中危险级	12	24
轻危险级	15	30

D 类火灾场所的灭火器，其最大保护距离应根据具体情况研究确定。E 类火灾场所的灭火器，其最大保护距离不应低于该场所内 A 类或 B 类火灾的规定。

（3）灭火器配置。

在发生火灾时，若能同时使用 2 具灭火器共同灭火，则对迅速、有效地扑灭初起火灾非常有利。同时，两具灭火器还可起到相互备用的作用，即使其中一具失效，另一具仍可正常使用。因此，一个计算单元内配置的灭火器数量不得少于 2 具。

每个灭火器设置点的灭火器配置数量不宜多于 5 具。这主要是从消防实战方面考虑的。一方面，如果同时到同一个灭火器设置点取灭火器的人员太多，且许多人都手提 1 具灭火器到同一个着火点去灭火，则会互相干扰，使得现场非常杂乱，影响灭火。另一方面，一个设置点中的灭火器数量太多，亦有灭火器展览之嫌。此外，为放置数量过多的灭火器而设计的灭火器箱、挂钩、托架的尺寸则会过大，所占用的空间亦相对较大，对正常办公、生产、生活均不利。

表 3.1.6 和表 3.1.7 分别给出了 A 类和 B、C 类火灾场所灭火器的最低配置基准。

表 3.1.6　A 类火灾场所灭火器的最低配置基准

危险等级	严重危险级	中危险级	轻危险级
单具灭火器最小配置灭火级别	3A	2A	1A
单位灭火级别最大保护面积/m²	50	75	100

表 3.1.7　B、C 类火灾场所灭火器的最低配置基准

危险等级	严重危险级	中危险级	轻危险级
单具灭火器最小配置灭火级别	89B	55B	21B
单位灭火级别最大保护面积/m²	0.5	1.0	1.5

D 类火灾场所的灭火器最低配置基准应根据金属的种类、物态及其特性等研究确定。E 类火灾场所的灭火器最低配置基准不应低于该场所内 A 类（或 B 类）火灾的规定。

（4）灭火器配置设计计算。

灭火器配置的设计与计算应按计算单元进行。灭火器最小需配灭火级别和最少需配数量的计算值应进位取整。每个灭火器设置点实配灭火器的灭火级别和数量不得小于最小需配灭火级别和数量的计算值。灭火器设置点的位置和数量应根据灭火器的最大保护距离确定，并应保证最不利点至少在 1 具灭火器的保护范围内。

灭火器配置设计的计算单元应按下列规定划分：

① 当一个楼层或一个水平防火分区内各场所的危险等级和火灾种类相同时，可将其作为一个计算单元。

② 当一个楼层或一个水平防火分区内各场所的危险等级和火灾种类不相同时，应将其分别作为不同的计算单元。

③ 同一计算单元不得跨越防火分区和楼层。

> **小贴士**
>
> **城市轨道交通车站计算单元灭火器配置设计**
>
> 城市轨道交通车站计算单元保护面积应按其建筑面积确定。
>
> 计算单元的最小需配灭火级别应按下式（公式 3.1.1）计算：
>
> $$Q = K \frac{S}{U} \qquad (公式\ 3.1.1)$$
>
> 式中：Q——计算单元的最小需配灭火级别（A 或 B）；
>
> S——计算单元的保护面积（m²）；
>
> U——A 类或 B 类火灾场所单位灭火级别最大保护面积（m²）；
>
> K——修正系数，见表 3.1.8。

表 3.1.8　修正系数

计算单元	K
未设室内消火栓和灭火系统	1.0
设有室内消火栓系统	0.9
设有室内灭火系统	0.7
设有室内消火栓系统和灭火系统	0.5

地下场所的计算单元的最小需配灭火级别应按下式（公式 3.1.2）计算：

$$Q = 1.3 \frac{S}{U}　（公式 3.1.2）$$

计算单元中每个灭火器设置点的最小需配灭火级别应按下式（公式 3.1.3）计算：

$$Q_e = \frac{Q}{N}　（公式 3.1.3）$$

式中：Q_e——计算单元中每个灭火器设置点的最小需配灭火级别（A 或 B）；

N——计算单元中的灭火器设置点数（个）。

（四）消防水池与消防水泵

消防水源是指向灭火设施、车载或手抬等移动消防水泵、固定消防水泵等提供消防用水的水源，是灭火成功的基本保证。消防水源有市政给水、消防水池、天然水源三类。当市政给水管网的供水量不能满足设计消防用水量要求时，应设置消防水池、消防水泵及增压装置。

1. 消防水池

消防水池（图 3.1.8）是人工建造的供固定或移动消防水泵吸水的储水设施，是建筑消防中十分重要的水源。

2. 消防水泵

消防水泵（图 3.1.9）是在消防给水系统（包括消火栓系统、自动喷水灭火系统等）中用于保证系统供水压力和水量的给水泵，如消火栓泵、喷淋泵、消防传输泵等。

图 3.1.8　消防水池

消防水泵是消防给水系统的心脏,其工作状况的好坏直接影响灭火的成效。

消防水泵宜从市政给水管网取水加压,并应在消防进水管的起端设置倒流防止器或其他能防止倒流污染的装置。

地面车站、高架车站采用消防水泵加压供水的消火栓给水系统,应设置稳压装置及气压设备,可不设置高位水箱。

从给水管网直接吸水的消防水泵,其扬程计算应按市政给水管网的最低压力计,并以室外给水管网的最高水压校核管网压力。

当市政供水压力不能保证自动喷水灭火系统最不利点的工作压力或不能满足消火栓系统最不利点的静水压力时,车站及地铁附属建筑的消防给水系统应设置增压装置。对于无法利用市政给水管网的压力进行稳压的临时高压系统,应设置稳压泵和稳压罐(图3.1.10)。室内消火栓给水系统和自动喷水灭火系统的稳压罐的有效容积均不应小于150 L。

图 3.1.9　消防水泵

图 3.1.10　稳压泵和稳压罐

消火栓系统和自动喷水灭火系统的消防水泵均应设置备用泵,其工作能力不应小于其中最大一台消防水泵的要求。

二、防烟与排烟系统

防烟系统是指通过采用自然通风方式防止火灾烟气在楼梯间、前室、避难层(间)等空间内积聚,或通过机械加压送风方式阻止火灾烟气侵入楼梯间、前室、避难层(间)等空间的系统。该系统可以阻止烟气侵入,控制烟气蔓延,为安全疏散创造有利条件,保证人员安全疏散。

地下车站设置机械加压送风系统的封闭楼梯间、防烟楼梯间宜在其顶部设置固定窗,公共区供乘客疏散、设置机械加压送风系统的封闭楼梯间、防烟楼梯间顶部也应设置固定窗。站厅公共区和设备管理区应采用挡烟垂壁或建筑结构划分防烟分区进行固体壁面防烟,防烟分区不应跨越防火分区。站厅公共区内每个防烟分区的最大允许建筑面积不应大于2 000 m²，设备管理区内每个防烟分区的最大允许建筑面积不应大于750 m²。

排烟系统是指采用自然排烟或机械排烟方式将房间、走道等空间的火灾烟气排至建筑物外的系统。该系统可在建筑中某部位起火时排除大量烟气和热量，起到控制烟气和火势蔓延的作用。地下或封闭车站的站厅、站台公共区，车站设备管理区内长度大于20 m的内走道，长度大于60 m的地下换乘通道、连接通道和出入口通道等应设置排烟系统。

此外，防烟、排烟系统的设计应符合下列规定：

① 当对站厅公共区进行排烟时，应能防止烟气进入出入口通道、换乘通道、站台、连接通道等邻近区域。

② 当对站台公共区进行排烟时，应能防止烟气进入站厅、地下区间、换乘通道等邻近区域。

③ 当对地下区间进行纵向控烟时，应能控制烟流方向与乘客疏散方向相反，并应能防止烟气逆流和进入相邻车站、相邻区间。

④ 对于设置自动灭火系统的设备用房，其防烟或排烟系统的控制应能满足自动灭火系统有效灭火的需要。

需要注意的是，控烟的主要目标是将烟气尽量限制在着火区域，保证疏散空间、疏散通道的清洁，以及避免烟气扩散至更大范围。车站须考虑列车行车影响，尽量利用车站设施将行车对烟气扩散的影响减至最低。

机械防烟系统和机械排烟系统可与正常通风系统合用，合用的通风系统应符合防烟、排烟系统的要求，且该系统由正常运转模式转为防烟或排烟运转模式的时间不应大于180 s。

（一）自然排烟

一般情况下，地上车站的站厅具有面积较大的外窗，站台为敞开式，具备自然通风和排烟条件。对于不具备开设外窗条件的场所，或建筑造型需要等原因导致在建筑外墙上设置开口的位置与大小不符合自然排烟要求的场所，则需要采用机械排烟方式，以在发生火灾时有效排除热烟。地上车站宜采用自然排烟方式，其中不符合自然排烟要求的场所应设置机械排烟设施。采用自然排烟的车站或路堑式车站，外墙上方或顶盖上可开启排烟口的有效面积不应小于所在场所地面面积的2%，且区域内任一点至最近自然排烟口的水平距离不应大于30 m。常闭的自然排烟口（窗）应设置自动和手动开启的装置。

（二）机械排烟

1. 地下车站公共区的排烟规定

① 当站厅发生火灾时，应对着防烟分区排烟，可由出入口自然补风，补风通路的空气总阻力应符合补风的相关规定；当不符合自然补风条件时，应设置机械补风系统。

② 当站台发生火灾时，应对站台区域排烟，并宜由出入口、站厅补风。

③ 当车站公共区发生火灾、驶向该站的列车需要越站时，应联动关闭全封闭站台门。

2. 排烟风机及风管的风量规定

① 排烟量应按各防烟分区的建筑面积标准不小于 60 $m^3/(m^2 \cdot h)$ 分别计算。

② 当防烟分区中包含轨道区时，应按列车设计火灾规模计算排烟量。

③ 地下站台的排烟量除应符合本条第 1 款、第 2 款的要求外，还应保证站厅到站台的楼梯或扶梯口处具有不小于 1.5 m/s 的向下气流。

④ 排烟风机的风量应按所负担的防烟分区中最大一个防烟分区的排烟量、风管（道）的漏风量及其他防烟分区的排烟口或排烟阀的漏风量之和计算。

⑤ 排烟风机的风量不应低于 7 200 m^3/h。

3. 机械排烟系统中的排烟口和排烟阀的设置规定

① 排烟口和排烟阀应按防烟分区设置。

② 防烟分区内任一点至最近排烟口的水平距离不应大于 30 m，当室内净高大于 6 m 时，该距离可增加至 37.5 m。

③ 排烟口底边距挡烟垂壁下沿的垂直距离不应小于 0.5 m，距安全出口水平距离不应小于 3 m。

④ 排烟口的风速不宜大于 7 m/s。

⑤ 正常为关闭状态的排烟口和排烟阀，应能在火灾时联动自动开启。

⑥ 建筑面积小于或等于 50 m^2 且需要机械排烟的房间，其排烟口可设置在相邻走道内。

4. 排烟区采取补风措施规定

① 当补风通路的空气总阻力不大于 50 Pa 时，可采用自然补风方式，但应保证发生火灾时补风通道畅通。

② 当补风通路的空气总阻力大于 50 Pa 时，应采用机械补风方式，且机械补风的风量不应小于排烟风量的 50%。

③ 补风口宜设置在与排烟空间相通的相邻防烟分区内；当补风口与排烟口设置在同一防烟分区内时，补风口应设置在室内净高 1/2 以下，距排烟口水平距离应不小于 10 m。

排烟风机应与排烟口（阀）联动，当任何一个排烟口（阀）开启或排风口转为排烟口时，系统应能自动转为排烟状态；当烟气温度大于 280 ℃ 时，排烟风机应与风机入口处或干管上的防火阀关闭联动关闭。

5. 设置自动灭火系统的设备房规定

① 在穿越该房间开设风口的通风管上，应设置动作温度为 70 ℃ 的防火阀。

② 防火阀应能与自动灭火系统的启动联动关闭。

③ 当灭火介质的相对密度大于 1 时，排风口应设置在该房间的下部。

（三）排烟设备与管道

排烟风机宜设置在排烟区的同层或上层，并宜与补风机、加压送风机分别设置在不同的机房内，排烟管道宜顺气流方向向上坡或水平敷设。地下车站的排烟风机确需与补风机、加压送风机共用机房时，设置在机房内的排烟管道及其连接件的耐火极限不应低于1.5 h。

排烟系统中烟气流经的风阀、消声器和软接头等辅助设备，其耐高温性能不应低于风机的耐高温性能。地下车站的排烟风机在280 ℃时应能连续工作不少于1 h，地上车站和控制中心及其他附属建筑的排烟风机在280 ℃时应能连续工作不少于0.5 h。

发生火灾时需要运行的风机，从静态转换为事故状态所需时间不应大于30 s，从运转状态转换为事故状态所需时间不应大于60 s。发生火灾时，风机的保护装置应不影响风机的排烟功能。

用于防烟与排烟的管道、风口与阀门应符合下列规定：
① 管道、风口与阀门应用不燃材料制作。
② 排烟管道不应穿越前室或楼梯间，必须穿越时，管道的耐火极限不应低于2 h。

除承担轨行区域的防排烟系统外，其他区域的防排烟系统管道应采用金属或其他非土建井道。金属防烟或排烟管道内的风速不应大于20 m/s，非金属防烟或排烟管道内的风速不应大于15 m/s。

除隧道通风系统外，下列部位应设置防火阀，防火阀的动作温度应根据风管的用途确定：
① 垂直风管与每层水平风管相接处的水平管段上。
② 排烟风机的入口处。
③ 风管穿越防火分区的防火墙和楼板处。
④ 风管穿越有隔墙的变形缝处。

三、火灾自动报警系统

火灾自动报警系统是指探测火灾早期特征，发出火灾报警信号，为人员疏散、防止火灾蔓延和启动灭火设备提供控制与指示的消防系统。它是一种能够在早期发现和通报火情，并能够向各类消防联动设施发出控制信号，实现预设消防功能而设置在建（构）筑物中的自动消防设施。该系统一般设置在工业与民用建筑内部和其他可对生命和财产造成危害的火灾危险场所，与自动灭火系统、防排烟系统以及消火栓系统等消防设施一起构成完整的建筑消防设施。

火灾自动报警系统包括火灾探测报警系统和消防联动控制系统。火灾探测报警系统的作用是通过探测现场的火焰、热量和烟雾等相关参数发出报警信号，显示火灾发生的部位，发出声、光报警信号以通知相关人员进行疏散和实施火灾扑救。消防联动控制系统的作用是控制及监视消防水泵、排烟风机、消防电梯以及防火卷帘等相关消防设备在发生火灾时执行预设的消防功能。

车站、地下区间、区间变电所及系统设备用房、主变电所、控制中心、车辆基地应设置火灾自动报警系统。正常运行工况须控制的设备,应由环境与设备监控系统直接监控;火灾工况专用的设备,应由火灾自动报警系统直接监控。正常运行与火灾工况均须控制的设备,平时可由环境与设备监控系统直接监控,发生火灾时应能接收火灾自动报警系统指令,并应优先执行火灾自动报警系统确定的火灾工况。

换乘车站的火灾自动报警系统宜集中设置,按线路设置的火灾自动报警系统之间应能相互传输并显示状态信息。地铁工程的火灾自动报警系统应由中央级、车站级或车辆基地级、现场级火灾自动报警系统及相关通信网络组成。

(一) 监控管理

中央级火灾自动报警系统,应具备显示全线火灾报警信息和对全线消防设备实行集中控制、故障报警、信息显示、查询打印等功能,并应靠近行车调度设置在控制中心的中央控制室内。中央控制室内的综合显示屏上应能显示全线的火灾信息。

车站级火灾自动报警系统,应具备对其所管辖范围内车站和相邻区间的消防设备实行监控管理、故障报警、信息显示、查询打印及信息上传控制中心等功能,并应设置在车站控制室内。主变电所宜设置区域报警控制盘,并应纳入邻近车站统一管理。

控制中心建筑内的火灾自动报警系统应设置消防控制室。消防控制室宜与控制中心建筑的监控室合设,且应能对其所辖范围独立执行消防监控管理。

现场级火灾自动报警系统网络应独立设置,并应在总线回路中设置短路隔离器,回路中每只总线短路隔离器隔离的火灾探测器、手动火灾报警按钮和模块等消防设备的总数不宜大于32个。

设置在控制中心、车站、车辆基地的火灾报警控制器,应通过骨干信息传输网络连通。骨干信息传输网络宜采用独立的光纤网络或公共传输网络专用通道。

(二) 火灾探测器

下列场所应设置火灾探测器,并宜选用感烟火灾探测器(图3.1.11):

① 车站公共区。

② 车站的设备管理区内的房间、电梯井道上部。

③ 地下车站设备管理区内长度大于20 m的走道、长度大于60 m的地下连通道和出入口通道。

④ 主变电所的设备间。

⑤ 车辆基地的综合楼、信号楼、变电所和其他设备间、办公室。

图3.1.11 感烟火灾探测器

需要指出的是,除个别火灾危险性小的场所(如卫生间、水泵房）外，需要在该建筑物的其他场所全部设置火灾报警系统。站厅、站台公共区的装修风格各不相同。设计时应根据公共区的装修形式及有关条件合理设置感烟火灾探测器。投资条件允许时，可考虑采用吸气式空气采样探测器。

此外，防火卷帘两侧应设置感烟火灾探测器。茶水间水雾较重，设置感烟探测器容易产生误报，因此在茶水间应设置火灾探测器，并宜采用感温火灾探测器。站台下的电缆通道、变电所电缆夹层的电缆桥架上应设置火灾探测器，并宜采用线型感温火灾探测器。

（三）报警及警报装置

城市轨道交通车站是人员集中场所，除设置自动报警的火灾探测器外，还应设置能人工报警的手动报警按钮，使场所内人员发现火灾时能直接按下手动报警按钮及时报警。手动报警按钮应设置在位置明显且便于操作的部位。

下列部位应设置带地址的手动报警器（图 3.1.12）：

① 车站公共区、设备管理区、车辆基地内的设备区和办公区、主变电所；
② 地下区间纵向疏散平台的侧壁上；
③ 其他长度大于 30 m 的封闭疏散通道；
④ 车站内的消火栓箱旁。

图 3.1.12　手动报警器

图 3.1.13　火灾报警警铃

城市轨道交通车站人员密度较大，发生火灾时高频率的声响能引起人们的警觉，使其关注场所动态，因此设置火灾报警警铃（图 3.1.13）是必要的。同时，为避免警报音响引起人员的恐慌，在确认火灾后应先联动广播，后启动火灾报警警铃，交替循环执行。火灾报警警铃应设置在车站公共区和设备管理区内走道靠近楼梯出口处和经常有人工作的部位。

（四）消防联动控制

城市轨道交通为大型综合性工程，涉及专业多，在运营中相互关联，消防联动控制集中设置有利于开展救灾工作。消防水泵、专用防排烟风机应能在消防控制室通过手动控制方式直接控制其启停。对于正常工况与火灾工况兼用的防烟、排烟风机，因火灾工况涉及多个防烟、排烟设备，应由设备监控系统实现其手动模式控制。手动直接控制装置可以设置在车站综合紧急控制盘上，以便于操作。

防烟和排烟系统通常由防烟或排烟风机、送风或排烟管道、排烟阀或（和）防火阀等构成。联动控制装置上应能显示风机、相关阀门的状态信息，以确保系统中各相关设备处于正确工作状态，保证其实现设计功能。与正常通风设备合用的防烟或排烟系统，则要能在环境与设备监控系统中接收相应的信息和指令，使相应的设备能在火灾发生时及时自动转入消防应急工作状态，并能反馈和显示相应的状态信息，以便实施控制和掌握情况。因此，防烟和排烟系统的控制应能在火灾确认后实现下列功能：

① 控制防烟和排烟风机、排烟阀、防火阀，并接收其状态反馈信息。

② 直接向环境与设备监控系统发出报警信息及模式指令，由环境与设备监控系统自动启动防烟和排烟与正常通风合用的设备转入火灾控制模式，并接收模式控制反馈信息。

③ 根据控制中心确定的地下区间乘客疏散方向，直接向环境与设备监控系统发出报警信息及模式指令，由环境与设备监控系统自动控制区间两端的事故风机及其风阀转入火灾控制模式，并接收模式控制反馈信息。

车站站台门开启涉及站台人员的安全，因此要通过车站值班人员根据排烟工况来确定是否需要开启车站的站台门。当需要开启车站站台门时，要由车站值班人员在广播提示、确认安全后再人工打开，不能通过联动控制系统直接自动联动开启。

自动检票机平时始终处于受限的启闭状态，但发生火灾时往往会影响人员的快速疏散。因此在发生火灾时，所有进、出站的自动检票闸机应能通过火灾信号联动自动打开，并且在车站的消防控制中心或车站值班室能通过闸机的状态信息监控其是否处于正确的启闭状态，确保人员安全。

车站内设置门禁系统的地方，往往是人员不常经过，或者平时只允许工作人员授权通过的地方，但发生火灾时又是人员逃生和救援人员需要使用的通道。确保这些通道和出入口在发生火灾时可以自由使用，对于保证人身安全、方便救援行动十分重要。因此，门禁的联动控制应符合下列规定：

① 火灾自动报警系统应能将火灾信息发送至门禁系统，由门禁系统控制门解禁。

② 门禁系统应能在车站控制室或消防控制室内手动控制。

③ 当供电中断时，门禁系统应能自动解禁。

一般情况下，地下车站站厅可视为站台至站厅电梯的疏散层，地面可视为站厅至地面电梯的疏散层，地面建筑的疏散层主要是建筑的首层。电梯应能在发生火灾时通过火灾自动报警系统或环境与设备监控系统联动控制返至疏散层，火灾自动报警系统或环境与设备监控系统应能接收电梯的状态反馈信息，不应直接控制站厅内自动扶梯的启停。这是因为自动扶梯上还有人员，直接联动控制自动扶梯启停，扶梯的惯性作用容易造成人员摔倒事故，采用现场人工启停扶梯的方式比较安全。

四、消防通信系统

消防通信系统包括消防专用电话、防灾调度电话、消防无线通信、视频监视及消防应急广播。在地铁勘察设计行业内，消防专用电话的设计一般由火灾自动报警专业人员实施，防灾调度电话、消防无线通信、视频监视及消防应急广播的设计一般由通信专业人员实施。因此，各专业设计应协调统一形成系统，保证地铁工程内出现火灾等情况时的应急通信顺畅，不会遗漏信息或者相互沟通不存在障碍。

控制中心防灾调度应设置 119 专用直拨电话、广播系统操作终端和视频监视系统独立的监视器及操作终端，车站和车辆基地的消防控制室或值班室等处应设置可直接报警的直拨电话。控制中心防灾调度是全线防灾的指挥中心，要求其设置 119 专用直拨电话或 119 专线电话，确保全线某处发生火灾时，控制中心能够安全便捷地向辖区消防救援机构报警。此外，发生火灾的车站或区间的消防控制室或值班室除要立即向控制中心防灾调度报警外，还要同时向辖区消防救援机构报警。因此，车站消防控制室或值班室也要设置能够直接报警的直拨电话。

控制中心应具有全线消防救援、调度指挥和与上一级防灾指挥中心联网的功能。火灾报警系统的中央级集中监控中心应设置于控制中心。当设有线网级的控制中心（COCC）时，线网级的控制中心是轨道交通线网层面的救援、调度指挥中心，因此线路控制中心（OCC）应与线网级控制中心联网。

（一）消防专用电话

消防专用电话是专供专业消防队救火时使用的，其可靠性关系到发生火灾时消防通信指挥系统是否畅通。因此，消防专用电话网络应为独立的消防通信系统，就是说不能利用一般电话线路或综合布线网络（PDS 系统）代替消防专用电话线路，消防专用电话网络应独立布线。消防控制室应设置消防专用电话总机，消防控制室、消防值班室或企业消防站等处应设置可直接报警的外线电话，多线制消防专用电话系统中的每个电话分机应与总机单独连接。电话分机或电话插孔的设置，应符合下列规定：

① 消防水泵房、发电机房、配变电室、计算机网络机房、主要通风和空调机房、防排烟机房、灭火控制系统操作装置处或控制室、企业消防站、消防值班室、总调度室、消防电梯机房及其他与消防联动控制有关的且经常有人值班的机房应设置消防专用电话分机。消防专用电话分机，应固定安装在位置明显且便于使用的部位，并应有区别于普通电话的标识。

② 设有手动火灾报警按钮或消火栓按钮等处，宜设置电话插孔，并宜选择带有电话插孔的手动火灾报警按钮。

③ 各避难层应每隔 20 m 设置一个消防专用电话分机或电话插孔。

④ 电话插孔在墙上安装时，其底边距地面高度宜为 1.3~1.5 m。

地铁全线应设置独立的消防专用电话系统，其设置应符合下列规定：

① 控制中心的消防值班室、车站控制室、车辆基地的消防控制（值班）室应设置消防专用电话总机。

② 消防水泵房、变配电室、通风和排烟机房及其他与消防联动控制有关的机房、自动灭火系统手动操作装置及区域报警控制器或显示器处，应设置消防专用电话分机。

③ 手动火灾报警按钮和消火栓按钮等的设置部位应设置电话插孔，电话插孔应按区域采用共线方式接入消防专用电话总机。

（二）防灾调度电话和防灾无线通信系统

防灾调度电话系统和防灾无线通信系统是地铁内部全线防灾通信工具，地铁全线应设置防灾调度电话系统和防灾无线通信系统，其设置应符合下列规定：

① 防灾调度电话、无线通信总机（台）应设置在控制中心防灾调度。

② 各车站、主变电所、车辆基地防灾值班室应设置防灾调度分机和无线手持台。

③ 防灾无线通信系统应满足消防救援需要，且其无线信号应覆盖地铁全线范围。

为便于消防救灾时专业消防人员之间及与地面消防救援机构的通信联络，有必要将地区消防无线通信网延伸至地铁全线，实现地面、站厅层、站台层和地下区间内等处消防人员之间及与地面消防救援机构的无线通信联络。地下线应设置消防无线引入系统，其设置应符合下列规定：

① 消防无线引入信号应覆盖地铁全线范围。

② 消防无线引入系统的制式应与地面消防无线通信系统保持一致，并应符合当地消防救援机构的要求。

③ 消防无线引入系统应至少提供 3 个信道，并应提供集中网管界面。其中，一个信道供消防指挥员用，2 个信道供消防队员用。

（三）消防应急广播

车站、主变电所、车辆基地应设置消防应急广播系统，并宜与运营广播合用。站厅、站台、通道等公共区和设备管理区用房应设置消防应急广播扬声器。地铁防灾广播与正线运营广播系统、车辆基地广播系统统一设置，发生火灾时防灾广播优先播放，以利于指挥和引导人员有序疏散。与运营广播合用的消防应急广播系统应符合下列规定：

① 广播系统应具有处理优先级，且消防应急广播应具有最高优先级。

② 控制中心防灾调度台可对全线各车站进行遥控开关机、选站、选区广播或全线统一广播，并应具有接收各车站工作状态的反馈信息和同步录音功能。

③ 车站防灾值班员可同时对本车站或分区、分路进行广播，并应设置自动、手动和紧急三种广播模式。

④ 广播系统的功率放大器应每台对应一路负载，并应进行 n+1 配置，备机可自动或

手动切换。

地铁工程中一般不单独设置防灾应急广播，而与运营广播合用。但在车辆基地的某些建筑内，根据消防要求应设置消防广播，而运营广播未覆盖时，由火灾报警系统专业设置消防广播。

五、消防配电与应急照明设施

（一）消防配电

鉴于地铁消防安全的重要性，地铁的消防用电负荷应为一级负荷。其中，火灾自动报警系统、环境与设备监控系统、变电所操作电源和地下车站及区间的应急照明用电负荷应为特别重要负荷。

火灾自动报警系统，环境与设备监控系统，消防泵及消防水管电保温设备，通信、信号、变电所操作电源，站台门、防火卷帘、活动挡烟垂壁、自动灭火系统、事故疏散兼用的自动扶梯，地下车站及区间的废水泵等应采用双重电源供电，并应在最末一级配电箱处进行自动切换。其中，火灾自动报警系统、环境与设备监控系统、变电所操作电源和地下车站及区间的应急照明电源应增设应急电源。双重电源是指一个负荷的电源是由两个电路提供的，这两个电路就安全供电而言，被认为是相互独立的。由于地铁两路进线电源运行时相对独立，且当一路电源发生故障时，另一路电源仍能保证供电不中断，因此这样的电源满足一级负荷应由双重电源供电的要求。

地铁车站通风、排烟等设备数量较多，且负荷布置相对集中，为提高这些设备供电的可靠性，车站内设置在同一侧（端）的火灾事故风机、防排烟风机及相关风阀等一级负荷，其供电电源应由该侧（端）双重电源自切柜单回路放射式供电；当供电距离较长（一般大于 100 m）时，宜采用由变电所双重电源直接供电，并应在最末一级配电箱处自动切换。

对于自动灭火系统等用电负荷较小的消防用电设备，比如防火卷帘、活动挡烟垂壁、自动灭火系统等，在满足消防设备供电可靠性的前提下，可就近共用服务于同一防火分区的双电源自切箱，以减少变电所的出线回路，减少投资金额。

地铁车站的应急照明主要为火灾发生时的疏散照明和备用照明，由应急电源提供专用回路供电，并应按公共区与设备管理区分回路供电。备用照明和疏散照明不应由同一分支回路供电。

消防用电设备作用于火灾时的控制回路，不得设置作用于跳闸的过载保护或采用变频调速器作为控制装置。其中，消防用电设备是指无备用机组及正常运行工况与消防工况兼用的消防设备。

（二）应急照明

当地铁车站发生火灾时，为保证人员安全疏散及灭火救援，要求在不能中断运行和工作的场所设置备用照明，在人员疏散过程必须经过的路线和空间设置疏散照明。具体如下：

① 变电所、配电室、环控电控室、通信机房、信号机房、消防水泵房、事故风机房、防排烟机房、车站控制室、站长室以及发生火灾时仍须坚持工作的其他房间，应设置备用照明；

② 车站公共区、楼梯或扶梯处、疏散通道、避难走道（含前室）、安全出口、长度大于 20 m 的内走道、消防楼梯间、防烟楼梯间（含前室）、地下区间、联络通道应设置疏散照明。

应急照明灯具宜设置在墙面或顶棚处，其照度应符合下列规定：

① 疏散楼梯间、疏散楼梯间的前室、消防专用通道地面最低水平照度不应低于 10 lx，疏散走道不应低于 3.0 lx。

② 地下区间道床面疏散照明的最低水平照度不应小于 3.0 lx。

③ 消防控制室、消防水泵房、自备发电机房、配电室、防排烟机房以及发生火灾时仍需正常工作的消防设备房应设置备用照明，其作业面的最低照度不应低于正常照明的照度。

④ 其他场所的备用照明，其照度不应低于正常照明照度的 10%。

地上车站、车辆基地消防应急照明和灯光疏散指示标志的备用电源的连续时间不应小于 30 min，地下车站及区间应急照明的持续供电时间不应小于 60 min，由正常照明转换为应急照明的切换时间不应大于 5 s。

任务二　城市轨道交通隧道消防设施

国内外发生的众多城市轨道交通隧道火灾事故表明，隧道特殊的火灾环境对人员逃生和灭火救援是极大的挑战，而且火灾在短时间内就能对隧道设施造成很大的破坏。由于隧道设置逃生出口困难，救援条件恶劣，因此要对隧道采取与地面建筑不同的防火措施。

一、交通隧道消防设施的总体要求

隧道的用途及交通组成、通风情况决定了隧道可燃物数量与种类、火灾的可能规模及其增长过程和火灾延续时间，影响隧道发生火灾时可能逃生的人员数量及其疏散设施的布置；隧道的环境条件和隧道长度等决定了消防救援和人员逃生的难易程度及隧道的防烟、排烟和通风方案；隧道的通风与排烟等因素又对隧道中的人员逃生和灭火救援影响很大。因此，隧道设计应在综合考虑各种因素和条件后，合理确定防火要求。

交通隧道的火灾危险性主要在于：

① 现代隧道的长度日益增加，导致排烟和逃生、救援困难。

② 不仅车载量更大，而且须通行运输危险材料的车辆，有时受条件限制还须采用单孔双向行车道，导致火灾规模扩大，对隧道结构的破坏作用大。

③ 车流量日益增大，导致发生火灾的可能性增加。

依据日本《道路隧道紧急情况用设施设置基准及说明》和我国行业标准《公路隧道交通工程设计规范》（JTG/T D71—2014）等标准，同时考虑隧道长度和通行车辆类型，单孔和双孔隧道应按其封闭段长度和交通情况分为一、二、三、四类，详见表3.2.1。

表 3.2.1　单孔和双孔隧道分类

用途	一类	二类	三类	四类
	隧道封闭段长度 L/m			
可通行危险化学品机动车	$L>1\ 500$	$500<L\leqslant 1500$	$L\leqslant 500$	—
仅限通行非危险化学品机动车	$L>3\ 000$	$1\ 500<L\leqslant 3\ 000$	$500<L\leqslant 1\ 500$	$L\leqslant 500$
仅限人行或通行非机动车	—	—	$L>1\ 500$	$L\leqslant 1\ 500$

在进行城市交通的规划和设计时，应同时设计消防给水系统。四类隧道和通行人员或非机动车辆的三类隧道，通常隧道长度较短或火灾危险性较小，可以利用城市公共消防系统或者灭火器进行灭火、控火，而不须单独设置消防给水系统。

二、消防给水与灭火设施

（一）消防给水

（1）在隧道出入口处应设置消防水泵接合器和室外消火栓。在洞口附近设置的水泵接合器，对于城市隧道的灭火救援而言，十分重要。水泵接合器的设置位置，不仅要便于消防车向隧道内的管网供水，还要不影响附近的其他救援行动。

（2）隧道内应在隧道单侧设置室内消火栓箱，消火栓箱内应配置1支喷嘴口径为19 mm的水枪，1盘长25 m、直径为65 mm的水带，并宜配置消防软管卷盘。设置消防水泵供水设施的隧道，应在消火栓箱内设置消防水泵启动按钮。隧道内消火栓的间距不应大于50 m，消火栓的栓口距地面高度宜为1.1 m。

（3）隧道内的消防用水量应按隧道的火灾延续时间和隧道全线同一时间发生一次火灾计算确定。隧道的火灾延续时间，与隧道内的通风情况和实际的交通状况关系密切，有时延续较长时间。一、二类隧道的火灾延续时间不应少于3 h；三类隧道，不应少于2 h。但如果有条件，还是要根据隧道通行车辆及其长度，特别是一类隧道，尽量采用更长的火灾延续时间设计，以保证有较充分的灭火用水储备量。此外，隧道内的消防用水量应按开启所有灭火设施的用水量之和计算。

隧道内的消火栓用水量不应小于20 L/s，隧道外的消火栓用水量不应小于30 L/s。

对于长度小于 1 000 m 的三类隧道，隧道内、外的消火栓用水量可分别为 10 L/s 和 20 L/s。管道内的消防供水压力应保证用水量达到最大时，最不利点处的水枪充实水柱长度不小于 10 m。消火栓栓口处的出水压力大于 0.5 MPa 时，应设置减压设施。

严寒和寒冷地区的消防给水管道及室外消火栓应采取防冻措施；当采用干式给水系统时，应在管网的最高部位设置自动排气阀，管道的充水时间不宜大于 90 s。

（4）消防水源和供水管网的要求见本项目任务一中"消防水泵与消防水池"板块。

（5）隧道内应设置排水设施。排水设施应考虑排除渗水、雨水、隧道清洗等水量和灭火时的消防用水量，并应采取防止事故中可燃液体或有害液体沿隧道漫流的措施。否则，它们可能因缺乏有组织的排水措施而漫流进入其他设备沟、疏散通道、重要设备房等区域，引发火灾。

（二）灭火设施

引发隧道内火灾的主要部位有行驶车辆的油箱、驾驶室、行李或货物和客车的旅客座位等，火灾类型一般为 A、B 类混合，部分火灾可能因隧道内的电气设备、配电线路引起。因此，在隧道内要合理配置能扑灭 A、B、C 类火灾的灭火器，并应符合下列规定：

（1）通行机动车的一、二类隧道和通行机动车并设置 3 条及以上车道的三类隧道，在隧道两侧均应设置灭火器，每个设置点不应少于 4 具；

（2）其他隧道，可在隧道一侧设置灭火器，每个设置点不应少于 2 具；

（3）灭火器设置点的间距不应大于 100 m。

三、防烟与排烟

隧道的火灾事故分析表明，由一氧化碳导致的人员死亡和直接烧伤、爆炸及其他有毒气体引起的人员死亡约各占伤亡总人数的一半。隧道的空间特性，导致其一旦发生火灾，热烟排除非常困难，往往会因高温而使结构发生破坏，烟气积聚而导致灭火、疏散困难且火灾持续时间很长。因此，隧道内发生火灾时的排烟是隧道防火设计的重要内容。通行机动车的一、二、三类隧道应设置排烟设施。

（一）隧道通风排烟方式

采用通风、防排烟措施控制烟气产物及烟气运动可以改善火灾环境，并降低火场温度以及热烟气和热分解产物的浓度，改善视线。但是，机械通风会通过不同途径对不同类型和规模的火灾产生影响，在某些情况下反而会加剧火势发展和蔓延。实验表明：在低速通风时，对小轿车的火灾影响不大；可以降低小型油池（约 10 m^2）火的热释放速率，但会加强通风控制型的大型油池（约 100 m^2）火的热释放速率；在纵向机械通风条件下，载重货车火的热释放速率可以达到自然通风条件下的数倍。因此，隧道内的通风排烟系统设计，要针对不同隧道环境确定合适的通风排烟方式和排烟量。

隧道排烟方式分为自然排烟和机械排烟。自然排烟是利用短隧道的洞口或在隧道沿途顶部开设的通风口（例如，隧道敷设在路中绿化带下的情形）以及烟气自身浮力进行排烟的方式。采用自然排烟时，应注意错位布置上、下行隧道开设的自然排烟口或上、下行隧道的洞口，防止非着火隧道汽车行驶形成的活塞风将邻近隧道排出的烟气"倒吸"入非着火隧道，造成烟气蔓延。

隧道的机械排烟模式分为纵向排烟和横向排烟方式以及由这两种基本排烟模式派生出的各种组合排烟模式。排烟模式应根据隧道种类、疏散方式，并结合隧道正常工况的通风方式确定，将烟气控制在较小范围之内，以保证人员疏散路径满足逃生环境要求，同时为灭火救援创造条件。隧道内机械排烟系统的设置应符合下列规定：

① 长度大于 3 000 m 的隧道，宜采用纵向分段排烟方式或重点排烟方式；
② 长度不大于 3 000 m 的单洞单向交通隧道，宜采用纵向排烟方式；
③ 单洞双向交通隧道，宜采用重点排烟方式。

发生火灾时，迫使隧道内的烟气沿隧道纵深方向流动的排烟形式为纵向排烟模式，是适用于单向交通隧道的一种最常用的烟气控制方式。该模式可通过悬挂在隧道内的射流风机或其他射流装置、风井送排风设施等及其组合方式实现。纵向通风排烟，且气流方向与行车方向一致时，以火源点为界，火源点下游为烟气区、上游为非烟气区，人员往气流上游方向疏散。由于高温，烟气沿坡度向上扩散速度很快，当在坡道上发生火灾，并采用纵向排烟控制烟流，排烟气流逆坡向时，必须使纵向气流的流速高于临界风速。试验证明，纵向排烟控制烟气的效果较好。世界道路协会（PIARC）的相关报告以及美国纪念隧道试验（1993—1995 年）均表明，对于火灾功率低于 100 MW 的火灾，当隧道坡度不高于 4% 时，3 m/s 的气流速度可以控制烟气回流。

近年来，大于 3 km 的长大城市隧道越来越多，若整个隧道长度不进行分段通风，会造成火灾及烟气在隧道中的影响范围非常大，不利于消防救援以及灾后的修复。因此，大于 3 km 的长大隧道宜采用纵向分段排烟或重点排烟方式，以控制烟气的影响范围。

纵向排烟方式不适用于双向交通的隧道，因在此情况下采用纵向排烟方式会使火源一侧不能驶离隧道的车辆处于烟气中。

重点排烟方式是横向排烟方式的一种特殊情况，即在隧道纵向设置专用排烟风道，并设置一定数量的排烟口，发生火灾时只开启火源附近或火源所在设计排烟区的排烟口，直接从火源附近将烟气快速有效地排出行车道空间，并从两端洞口自然补风，隧道内可形成一定的纵向风速。该排烟方式适用于双向交通隧道或经常发生交通阻塞的隧道。

隧道试验表明，全横向或半横向排烟系统对发生火灾的位置比较敏感，控烟效果不很理想。因此，对于双向通行的隧道，尽量采用重点排烟方式。重点排烟的排烟量应根据火灾规模、隧道空间形状等确定，排烟量不应小于火灾的产烟量。隧道中重点排烟的排烟量目前还没有公认的数值，表 3.2.2 是世界道路协会推荐的排烟量。

表 3.2.2　世界道路协会推荐排烟量

车辆类型	等同燃烧汽油盘面积/m²	火灾规模/MW	排烟量/(m³/s)
小客车	2	5	20
公交车/货车	8	20	60
油罐车	30~100	100	100~200

（二）隧道内机械排烟系统

机械排烟系统与隧道的通风系统宜分开设置。合用时，合用的通风系统应具备在发生火灾时快速转换的功能，并应符合机械排烟系统的要求。隧道内设置的机械排烟系统应符合下列规定：

① 采用全横向和半横向通风方式时，可通过排风管道排烟。

② 采用纵向排烟方式时，应能迅速组织气流、有效排烟，其排烟风速应根据隧道内的最不利火灾规模确定，且纵向气流的速度不应小于 2 m/s，并应大于临界风速。

③ 排烟风机和烟气流经的风阀、消声器、软接等辅助设备，应能承受设计的隧道火灾烟气排放温度，并应能在 250 ℃下连续正常运行不少于 1 h。排烟管道的耐火极限不应低于 1 h。

流经风机的烟气温度与隧道的火灾规模和风机距火源点的距离有关，火源小、距离远，隧道结构的冷却作用大，烟气温度也相应较低。通常位于排风道末端的排烟风机，排出的气体为位于火源附近的高温烟气与周围冷空气的混合气体，该气体在沿隧道和土建风道流动过程中得到了进一步冷却。澳大利亚某隧道、美国纪念隧道以及我国在上海进行的隧道试验均表明：即使火源距排烟风机较近，由于隧道的冷却作用，在排烟风机位置的烟气温度仍然低于 250 ℃。因此，规定排烟风机要能耐受 250 ℃的高温基本可以满足隧道排烟的要求。该温度规定值为最低要求。

排烟设备的有效工作时间，是保证隧道内人员逃生和灭火救援环境的基本时间。人员撤离时间与隧道内的实际人数、逃生路径及环境有关。目前，已经有多种计算机模拟软件可以对建筑物中的人员疏散时间进行预测，设备的耐高温时间可在此基础上确定。

隧道内用于通风和排烟的射流风机悬挂于隧道车行道的上部，发生火灾时可能直接暴露于高温下。此外，隧道内的排烟风机设置是要根据其有效作用范围来确定，风机间有一定的间隔。因此，采用射流风机进行排烟的隧道，设计须考虑到正好在火源附近的射流风机由于温度过高而失效的情况，应至少备用一组。

此外，隧道的避难设施内应设置独立的机械加压送风系统，其送风的余压值应为 30~50 Pa。

四、火灾自动报警系统

隧道内发生火灾时，隧道外行驶的车辆往往还按正常速度驶入隧道，驾驶人员对隧道内的情况多处于不知情的状态,因此,隧道入口外 100~150 m 处,应设置隧道内发生火灾时能提示车辆禁入隧道的警报信号装置。

为早期发现、及早通知隧道内的人员与车辆进行疏散和避让,向相关管理人员报警以采取救援行动,尽可能在初期将火扑灭,要求在隧道内设置合适的火灾报警系统。火灾报警装置的设置须根据隧道类别分别考虑,并至少要具备手动或自动报警功能。对于长大隧道,应设置火灾自动报警系统,并要求具备报警联络电话、声光显示报警功能。由于隧道内的环境特殊,较工业与民用建筑物内的条件恶劣,如风速大、空气污染程度高等,火灾探测与报警装置的选择要充分考虑这些不利因素。一、二类隧道应设置火灾自动报警系统,通行机动车的三类隧道宜设置火灾自动报警系统。火灾自动报警系统的设置应符合下列规定。

① 应设置火灾自动探测装置。
② 隧道出入口和隧道内每隔 100~150 m 处,应设置报警电话和报警按钮。
③ 应设置火灾应急广播或应每隔 100~150 m 处设置发光警报装置。

隧道内的主要设备用房和电缆通道,因平时无人值守,着火后人员很难及时发现,因此也须设置必要的探测与报警系统,并使其火警信号能传送到监控室。

隧道内一般均具有一定的电磁屏蔽效应,可能导致通信中断或无法进行无线联络。为保障灭火救援的通信联络畅通,在可能出现屏蔽的隧道内须采取措施,保证使无线通信信号,特别是城市公安消防机构的无线通信网络信号能进入隧道。

为了保证能及时处理火警,长大隧道(封闭段长度超过 1 000 m)均应设置消防控制室。消防水泵房和消防控制室应采取防水淹的技术措施。消防控制室的设置可以与其他监控室合用,应符合下列规定:

① 单独建造的消防控制室,其耐火等级不应低于二级;
② 附设在建筑内的消防控制室,宜设置在建筑内首层或地下一层,并宜布置在靠外墙部位;
③ 不应设置在电磁场干扰较强及其他可能影响消防控制设备正常工作的房间附近;
④ 疏散门应直通室外或安全出口。
⑤ 消防控制室内的设备构成及其对建筑消防设施的控制与显示功能以及向远程监控系统传输相关信息的功能,应符合现行国家标准《火灾自动报警系统设计规范》(GB 50116—2013)和《消防控制室通用技术要求》(GB 25506—2010)的规定。

隧道内的火灾自动报警系统及其控制设备组成、功能、设备布置以及火灾探测器、应急广播、消防专用电话等的设计要求,均须符合现行国家标准《火灾自动报警系统设计规范》(GB 50116—2013)的规定。

城市道路隧道、特长双向公路隧道和道路中的水底隧道,应同时采用线型光纤感温火灾探测器和点型红外火焰探测器(或图像型火灾探测器);其他公路隧道应采用线型光纤感温火灾探测器或点型红外火焰探测器。线型光纤感温火灾探测器应设置在车道顶部距顶棚 100~200 mm 处，线型光栅光纤感温火灾探测器的光栅间距不应大于 10 m；每根分布式线型光纤感温火灾探测器和线型光栅光纤感温火灾探测保护车道的数量不应超过 2 条；点型红外火焰探测器或图像型火灾探测器应设置在行车道侧面墙上距行车道地面高度 2.7~3.5 m，并应保证无探测盲区；在行车道两侧设置时，探测器应交错设置。

火灾自动报警系统应将火灾报警信号传输给隧道中央控制管理设备，宜联动隧道中设置的视频监视系统确认火灾。须联动消防设施时，其报警区域长度不宜大于 150 m。

隧道用电缆通道宜设置线型感温火灾探测器，主要设备用房内的配电线路应设置电气火灾监控探测器。

消防应急广播可与隧道内设置的有线广播合用，扬声器应设置在走道和大厅等公共场所，壁挂扬声器底边距地面高度应大于 2.2 m。每个扬声器的额定功率不应小于 3 W，其数量应能保证从一个防火分区内的任何部位到最近一个扬声器的直线距离不大于 25 m，走道末端距最近的扬声器距离不应大于 12.5 m。在环境噪声大于 60 dB 的场所设置的扬声器，在其播放范围内最远点的播放声压级应高于背景噪声 15 dB。

消防专用电话可与隧道内设置的紧急电话合用，具体要求见本项目任务一中"消防专用电话"板块。

五、供电及其他

消防用电的可靠性是保证消防设施可靠运行的基本保证。根据不同隧道火灾的扑救难度和发生火灾后可能的危害与损失、消防设施的用电情况，确定隧道中消防用电的供电负荷要求。一、二类隧道的消防用电应按一级负荷要求供电；三类隧道的消防用电应按二级负荷要求供电。隧道的消防电源及其供电、配电线路等的其他要求见本项目任务一中"消防配电与应急照明"板块。

隧道火灾的延续时间一般较长，火场环境条件恶劣、温度高，对消防用电设备、电源、供电、配电及其配电线路等的设计，要求较一般工业与民用建筑高。隧道的消防应急照明的延续供电时间，较一般工业与民用建筑的要求长，设计时要采取有效的防火保护措施，确保消防配电线路不受高温影响而中断供电。

隧道两侧、人行横通道和人行疏散通道上应设置疏散照明和疏散指示标志，其设置高度不宜大于 1.5 m。一、二类隧道和三类隧道内消防应急照明灯具和疏散指示标志的连续供电时间，分别为 1.5 h 和 1 h。这主要基于两方面的原因：一方面，根据隧道建设和运营经验，发生火灾时隧道内司乘人员的疏散时间多为 15~60 min，如应急照明灯具和疏散指示标志的时间过长，会造成 UPS 电源设备数量庞大、维护成本高；另一方面，欧洲一些国家对隧道防火的研究时间长，经验丰富，这些国家的隧道规范和地铁隧道技术文件对应急照明时间的相关要求多数在 1 h 之内。

隧道内严禁设置可燃气体管道，电缆线槽应与其他管道分开敷设。当设置10 kV及以上的高压电缆时，应采用耐火极限不低于2 h的防火分隔体与其他区域分隔。其目的在于控制隧道内的灾害源，降低火灾危险，防止隧道着火时因高压线路加剧火势的发展而影响安全疏散与抢险救援等行动。考虑到城市空间资源紧张，少数情况下不可避免地存在高压电缆敷设须搭载隧道穿越江、河、湖泊等的情况，要求采取一定防火措施后允许借道敷设，以保障输电线路和隧道的安全。

隧道内的环境较恶劣，风速高、空气污染程度高，隧道内所设置的相关消防设施要能耐受隧道内的恶劣环境影响，防止发生霉变、腐蚀、短路、变质等情况，确保设施有效。因此，隧道内设置的各类消防设施均应采取与隧道内环境条件相适应的保护措施，并应设置明显的发光指示标志。

任务三　城市轨道交通车辆消防设施

轨道车辆在运行过程中，为了有效应对突发情况下的初起火灾，保障广大乘客的消防安全，内应配有必要的消防设施，但受车辆空间特点限制，没有建筑消防设施完备，主要特点是便于乘客操作。

一、火灾自动报警系统

（一）车辆火灾自动报警系统

防火等级为2的车辆应设置火灾探测报警系统，该系统应至少包括火灾报警控制器和火灾探测器。

司机室应设置符合《火灾报警控制器》（GB 4717—2005）要求的火灾报警控制器。

司机室、客室应设置符合《火灾报警控制器》（GB 4717—2005）要求的感烟火灾探测器。司机室、客室内的探测器宜布置在车体纵向中心线。当检测到车厢发生火灾时，火灾探测器会向司机进行报警。

牵引变流器、辅助变流器等电气设备宜设置符合《线型感温火灾探测器》（GB 16280—2014）要求的感温火灾探测器。

探测器宜水平安装；当倾斜安装时，倾斜角不应大于45°。

火灾探测报警系统应与空调系统联动控制，火灾报警后，应停止有关部位的空调送风。

（二）车辆基地火灾自动报警系统

车辆基地火灾自动报警系统应具备对其所辖范围独立执行消防监控管理，显示整个车辆基地火灾报警信息和对本辖区进行消防控制、故障报警、信息显示、查询打印及信息上传控制中心等功能，并应设置消防控制室。

车辆基地的消防控制室宜设置在综合楼或停车列检库等的办公区域内。消防控制室内应设置火灾报警控制器、图形显示终端、打印机等设备，在重要库房或办公区域内应设置区域火灾报警控制器，其他建筑的火灾报警设备和消防联动设备均应纳入邻近的区域火灾报警控制器中。

控制中心建筑内的火灾自动报警系统应设置消防控制室。消防控制室宜与控制中心建筑的监控室合设，但应能对其所辖范围独立执行消防监控管理。

现场级火灾自动报警系统网络应独立设置，并应在总线回路中设置短路隔离器，回路中每只总线短路隔离器隔离的火灾探测器、手动火灾报警按钮和模块等消防设备的总数不宜大于32个。

设置在控制中心、车站、车辆基地的火灾报警控制器，应通过骨干信息传输网络连通。骨干信息传输网络宜采用独立的光纤网络或公共传输网络专用通道。

车辆基地的停车库、列检库、停车列检库、运用库、联合检修库及物资库等库房应设置火灾探测器，其中的大空间场所宜采用吸气式空气采样探测器、红外光束感烟火灾探测器及可视烟雾图像探测器等。

二、消防通信

车辆的通信设施应具备发生火灾时的应急广播和紧急通信功能。

车载乘客信息系统（PIS）主要包括广播系统、对讲系统、多媒体播放系统、视频监控系统等。当发生火灾时，车载PIS可以进行紧急广播和紧急信息显示，指挥乘客疏散、调度工作人员开展应急救援行动。

车辆客室应设置供乘客与司机或控制中心紧急对讲的装置，并应设置明显的告示牌。在车厢端部或车门边上设置有紧急对讲装置，当乘客发现车辆发生火灾时，打开盖子并按下按钮，就能通过紧急向讲装置与司机或控制中心值班人员间及时通报情况或报警，以便快速、正确地采取相应的处置措施。一般来说，有人驾驶列车的车辆客室须设置供乘客与司机紧急对讲的装置，无人驾驶列车的车辆客室须设置供乘客与控制中心紧急对讲的装置。

三、车载灭火器

每个司机室应至少配置1具手提式灭火器，每个车厢应至少配置2具手提式灭火器，其类型及规格见本项目任务一中"灭火器"板块。车载灭火器通常安置在每节车厢车门旁的座椅下方或嵌入两节车厢连接处电器柜表面，如图3.3.1所示。

a. 车门旁座椅下方　　　　b. 两节车厢连接处电器柜表面

图 3.3.1　车载灭火器位置

灭火器应设置在位置明显和便于取用的地点，且不应影响安全疏散，并在灭火器附近张贴灭火器操作标识。

四、消防配电与应急照明

司机室、客室等区域应设置应急照明。

车辆应设置蓄电池，其容量应满足紧急状态下车门控制、应急照明、外部照明、车载安全设备、广播、通信、信号、应急通风等系统的供电要求。用于地下运行的车辆，其蓄电池容量应保证供电时间不少于 45 min；用于地面或高架线路运行的车辆，蓄电池容量应保证供电时间不少于 30 min。

至于车辆配线，可能发生电弧或发热的器件邻近或连接的电线电缆，应采取包覆不燃材料等防火保护措施。火灾报警、应急照明、应急广播等系统的配线应满足火灾时连续供电的需要，应采取穿金属管、敷设在封闭的金属线槽等防火保护措施，或采用符合《阻燃和耐火电线电缆通则》（GB/T 19666—2005）要求的无卤低烟阻燃耐火电线电缆。配电线路不应穿越通风管道内腔或敷设在通风管道外壁上。

五、紧急解锁装置和应急锤

紧急解锁装置又称紧急开门装置，是在非正常情况下，比如无法开车门或遇到火灾等突发事件时，用于人为开启地铁车门的装置。在车辆系统的保护作用下，列车的紧急解锁装置一旦触发，会给行车安全造成极大的安全隐患，导致列车紧急停车，造成后续列车积压及晚点。因此，列车正常行驶情况下请勿随意触碰列车按钮，一旦造成事故将受到相关法规惩处。

应急锤是一种逃生装备。一旦列车发生火灾、水灾等，或车门扭曲打不开，乘客可使用紧急锤击碎车窗玻璃，辅助逃生。

任务四 城市轨道交通消防设施检查

一、消防给水及灭火系统检查

（一）室外消火栓

（1）核实室外消火栓的设置位置、数量、型号。

（2）检查室外消火栓组件的完整性、标识及防护措施。

（3）检查开启井盖的工具配备、栓井环境。

（4）使用消火栓测压接头，测量最不利点处室外消火栓的静压、动压。

（5）条件许可时，完全开启建筑物、构筑物自设的所有室外消火栓，使用消火栓测压接头检查其供水能力。

（6）设有消防泵组的室外消火栓系统，模拟产生联动触发信号，测试室外消火栓泵组的联动启动功能。

（7）设有雨淋阀组的干式室外消火栓系统，模拟产生联动触发信号，测试雨淋阀组的开启功能、最不利点处消火栓达到设计压力及流量的时间。

（二）室内消火栓

（1）核实室内消火栓的设置位置、数量、型号。

（2）检查室内消火栓组件的完整性、标识、箱门开启性能及防护措施。

（3）检查消防软管卷盘及旋转型消火栓的操作性能。

（4）使用消火栓测压接头测量最有利点处消火栓的静压、最不利点处消火栓的动压。

（5）任取一盘消防水带，连接最不利点处消火栓及压力测量工具，按下启泵按钮，测试远距离启泵功能、消防泵组供水能力、消防水带耐压性能、消防水箱止回阀防倒流功能、气压给水设备自动停止功能。

（6）任取一盘消防水带，连接最有利点处消火栓及压力测量工具，打开消火栓，查看消防泵组的联动启动功能、减压稳压装置的减压稳压功能、消防水带的耐压性能。

（7）打开最有利点处消防软管卷盘的供水阀门，测试软管卷盘的严密性及出水能力。

（8）设有雨淋阀组的干式室内消火栓系统，模拟产生联动触发信号，测试雨淋阀组的开启功能、最不利点处消火栓达到设计压力及流量的时间。

（三）自动喷水灭火系统

（1）核实报警阀组的设置位置、数量、型号。

（2）检查报警阀组组件的完整性、标识，确认供水总控制阀及控制泵组连锁启动管路控制阀处于完全开启状态。

（3）核实报警阀组系统侧、水源侧压力表读数达到设计要求。

（4）打开报警阀组测试阀门，检查其报警功能、连锁启泵功能。

（5）模拟管网泄漏，测试充气装置功能。

（6）检查每一个报警阀组所辖最不利点处末端试水装置组件完整性、排水措施，连接测量工具，打开测试阀，测试最不利点处工作压力、连锁启泵功能、水流指示器报警功能、管网及阀门通畅情况。

（7）喷淋泵组工作情况下，检查消防水箱止回阀防倒流功能，在泵房或屋顶检查气压给水设备自动停止功能；喷淋泵组工作情况下，在泵房检查减压稳压装置的减压稳压功能，在有关楼层检查节流管、减压阀等的减压性能。

（8）设有干式报警阀组的，模拟管网泄漏，测试充气装置的自动充气功能、报警功能。

（9）设有雨淋阀组的，模拟产生联动触发信号，测试雨淋阀组的开启功能、报警功能、连锁启泵功能、最不利点处喷头达到设计压力及流量的时间。

（10）设有预作用阀组的，模拟管网泄漏，测试充气装置的充气功能、低压报警功能；模拟产生触发信号，测试预作用阀的启动功能、报警功能、连锁启泵功能。

二、防排烟系统检查

（一）自然排烟设施检查

（1）根据消防设计文件，核实自然排烟方式、排烟面积、设置位置及标志。

（2）现场检查常开型排烟窗、竖井、阳台、凹廊开启情况，以及有无加装影响烟气排放的遮风挡雨措施。

（3）对于采用电动控制开启的排烟窗，检查其消防电源的工况、操作启动按钮，查看其开启功能，核实开启后排烟面积达标情况。

（4）对于采用手动开启的排烟窗，检查其手动开启功能，核实开启后排烟面积达标情况。

（5）对于采用自动控制方式的排烟窗，模拟产生触发信号，检查其开启功能、信号反馈功能，核实开启后排烟面积达标情况。

（二）机械排烟系统检查

（1）根据消防设计文件，确认排烟系统设置位置，以及排烟机、排烟口、排烟防火阀的型号及设置位置。

（2）现场确认格栅型排烟阀处于关闭状态，打开盖板，确认其手动执行机构拉索、复位手柄完好、有效，确认阀瓣运行方向无障碍，阀体无变形，消防联动控制模块处于正常工作状态，以及控制线路连接牢固。

（3）现场确认板式排烟口处于关闭状态，确认其远距离执行机构、复位手柄完好、有效，确认阀瓣运行方向无障碍，阀体无变形，消防联动控制模块处于正常工作状态，以及控制线路连接牢固。

（4）现场检查排烟管道隔热措施的完好性，确认管道无开口，管道连接严密、无脱落；现场确认排烟防火阀处于常开状态，标识清晰、完整。

（5）在排烟管道最末端，手动打开排烟阀，检查排烟阀连锁启动排烟机的功能，使用风速计测量排烟口断面风速。

（6）在排烟风机运行状态下，手动关闭其主电源，检查备用电源自动投运功能；恢复主电源，查看备用电源自动切换功能。

（7）模拟产生触发信号，检查挡烟垂壁、排烟阀、排烟风机联动控制启动功能，在消防控制室查看动作反馈信号。

（8）在排烟风机工作时，手动关闭排烟防火阀，检查排烟防火阀连锁排烟机停机功能。

（9）使用双速风机排烟的，模拟产生触发信号，检查风机由低速运转自动切换为高速运转的功能，在最末端排烟口处，使用风速计测量断面风速。

（10）设有补风装置的，测试其在排烟机工作时的自动投运功能；使用风速计测量补风口断面风速。

三、火灾自动报警系统检查

（1）确认控制器处于无故障运行状态。

（2）按下"自检"按钮，测试控制器声、光、显示屏等器件功能。

（3）确认联动控制模式处于手动。

（4）确认打印机处于开启状态。

（5）关闭控制器主电源，查看备用电源自动投运情况，用万用表量取电池电压。

（6）查看控制器故障报警功能，测试"消音"功能。

（7）选取每个报警回路最远点火灾探测器并触发报警；选取每个报警回路最远点手动报警按钮并触发报警；选取每个报警回路最远点信号输入模块并触发报警。

（8）摘下任一火灾探测器，使用导线连接探测器底座 S+、S−模拟短路。

（9）触发探测器、手动报警按钮等报警时，查看该楼层火灾显示盘显示、报警、消音功能；查看打印机是否完整打印报警信息；查看控制器报警功能、显示功能、历史信息记录功能；量取电池电压，判断电池容量大小。

（10）恢复主电源供电，确认备用电源进入充电状态，30 min 后使用万用表量取电池电压，判断充电功能是否正常。

（11）查看 CRT 辅助显示装置显示报警功能并核实准确性。

（12）拆下短接线并安装上探测器，按下"复位"按钮，查看控制器是否恢复到初始状态。

四、设备监控系统和火灾自动报警系统检查

（1）检验消防联动设备运行状态监测功能是否正常。

（2）检验综合后备盘（IBP 盘）是否能远程启动排烟风机、消防泵。

（3）检验感烟探测器测、感温探测器测、手动报警按钮等测试触发后，火灾报警主机是否报警显示。

（4）检验感烟探测器测、感温探测器测、手动报警按钮等是否被遮挡。

（5）检验消防专用电话是否正常与消防综控室联系，消防专用电话是否能正常使用。

（6）检验火灾报警主机显示屏是否正常工作、指示灯报警音是否正常。

（7）检验火灾报警主机是否存在故障点未修复，或存在屏蔽报警回路。

（8）检验消防广播扬声器是否正常。

五、消防应急照明及疏散指示标志检查

（1）现场检查应急照明灯具外观、工作状态指示灯显示情况、视线遮挡情况、保护措施情况。

（2）沿着应急照明灯具指示方向行走，检查指示方向的正确性。

（3）采用自带电源的应急照明灯具，按下灯具面板上的测试按钮，检查应急转换时间；切断主电源，使用秒表测试应急供电时间；使用照度计测试应急照度；采用子母型应急照明灯具的，对母应急灯具、子应急灯具分别按自带电源型应急照明灯具测试方式进行测试。

（4）采用集中电源的消防应急灯具，检查集中电源运行的工况，切断正常供电，检查其应急转换时间、应急供电时间；使用照度计，测量其供电灯具的照度值。

（5）设置应急照明配电箱的，现场检查配电箱标识、无故障运行工况；设置应急照明控制器的，检查应急照明控制器运行工况。

（6）模拟光源故障，检查其故障告警功能；模拟产生触发信号，检查其应急转换时间、应急供电时间，核实其疏散路线选择的正确性。

（7）配置疏散用手电筒的，检查其自动点亮功能，核实其应急供电时间。

（8）配置蓄光型标志牌的，检查其安装环境照度，核实其指示方向的正确性，切断设置场所正常照明，观察其显示清晰情况。

（9）配置有语音提示功能的诱导标志灯的，检查其语音提示功能。

（10）配置有顺序闪亮形成导向光流的标志灯的，检查其顺序闪亮功能。

六、重点部位检查

（一）消防控制室

（1）确认控制室位置未发生改变。

（2）确认控制室耐火等级未发生改变，防火分隔措施保持完好。

（3）确认控制室内无其他无关设备。

（4）查看值班记录、控制器每日检查记录、防火巡查记录等填写情况。

（5）查看值班人员配备及持证上岗情况。

（6）确认控制室内所有消防设备处于无故障运行状态及消防控制室的最末一级配电箱处设置双电源自动切换装置。

（7）检查各类资料、规程预案、台账、档案的完整性和真实性。

（8）模拟触发火灾报警信号，检查值班人员应急处置流程及操作技能。

（9）测试外线电话拨打"119"功能。

（10）检查处置初期火灾、组织疏散等设备、工具配备情况，测试其完好情况。

（二）消防水泵房

（1）根据设计文件要求检查消防水池的储水量。

（2）核实气压给水设备技术参数；检查气压给水设备外观及防护措施；核实气压罐压力表、管网电接点压力表读数；检查气压罐与消防给水管网连接管道上阀门启闭状态。

（3）检查配套泵组外观、电气控制柜工作模式、消防电源配电柜工作模式。

（4）模拟管网渗漏，检查气压给水设备自动增压、补水功能。

（5）检查泵组主泵、备泵互换，消防主电源、备用电源自动切换功能。

（6）核实消防控制室内气压给水设备工作状态显示情况。

（7）核实消防泵组技术参数；检查消防泵组外观及防护措施；核实泵组吸水管、出水管上压力表读数；检查消防泵组与消防给水管网连接管道上阀门启闭状态；检查泵组出水管上测试、保护装置；检查泵组电气控制柜工作模式、消防电源配电柜工作模式；检查泵组联轴器；检查泵组手动启动功能、信号反馈功能、状态显示功能。

（8）测试泵组供水压力和流量，测试泄压保护功能、防水锤功能。

（9）检查泵组自动启动功能；检查泵组主泵、备泵互换，消防主电源、备用电源自动切换功能。

（10）核实消防控制室内消防泵组工作状态显示情况。

（11）进行维护保养记录。

（三）自备发电机房、配电室

（1）在配电房核实消防负荷等级及电源形式；检查电源的工况，操作工具配备及完好情况。

（2）模拟一路电源故障，测试值班电工切换电源的操作流程及技能；检查双电源切换装置是否处于"自动"模式，以及保护措施、标识、手动操作工具配备情况。

（3）检查供电线路敷设及保护措施，电缆井（沟）、电缆桥架穿墙（楼板）处封堵措施完好情况。

（4）设置发电机组的，检查储油量、启动电瓶工况、机房工况；模拟主电故障，检查发电机自动启动、输出电源情况。

（5）设置消防应急电源的，检查蓄电池外观及充放电装置工况；模拟主电源故障，检查消防应急电源供电能力。

（6）恢复主电源供电，检查发电机组、消防应急电源自动停止供电功能。

（四）防排烟机房

（1）检查防排烟机房是否设置明显标志，附设在建筑内的防排烟机房开向建筑内的门是否采用甲级防火门，防排烟机房内是否设置消防专用电话分机和应急照明灯具。

（2）检查消防用电是否采用双电源供电，防排烟系统控制柜是否有注明系统名称和编号的标志，仪表、指示灯显示是否正常，是否有手动自动切换装置。防排烟风机系统组件、设备等应完好无损、无锈蚀。

（3）排烟风机应有注明系统名称和编号的标志；排烟风机的铭牌应清晰，型号、规格、技术性能应符合设计要求。

（4）防排烟风机现场、远程启停正常，启动运转平稳，无异常振动和声响，叶轮旋转方向正确。

（5）检查最末一级配电箱双电源自动切换功能是否正常。

（6）查看风机送风机和风道的软连接是否严密完整，非隐蔽风道是否存在破损、变形、锈蚀等情况。

（7）送风和排烟管道应采用不燃材料，并应完好无损。

（8）送风机的进风口应直通室外，且应采取防止烟气被吸入的措施。

（9）检查防排烟机房是否堆放杂物、可燃物等。

任务五　智慧消防在城市轨道交通中的应用

从《消防信息化"十三五"总体规划》到《"十四五"国家消防工作规划》，均对城市"智慧消防"建设提出了具体要求。城市轨道交通作为城市建设的重要方面，在推进"智慧城轨"建设的同时，也应加强"智慧消防"建设与应用。

一、智慧消防基础知识

（一）智慧消防概念

智慧消防是综合运用物联网、大数据等技术手段，将消防设施、社会化消防监督管理、灭火救援等各要素，通过物联网、大数据、云计算等新一代信息技术与消防安全工作融合，实现实时、动态、互动、融合的消防信息采集、传递和处理，提高消防监督与管理水平，实现消防智慧防控、智慧作战、智慧执法、智慧管理。智慧消防依托物联网和大数据技术，借助GPS（全球卫星定位系统）、GIS（地理信息系统）、GSM（无线移动通信系统），在防火方面实现单位自我管理、政府执法监督、社会共同参与的有机融合，在火灾应急处置方面实现专业消防力量的合理化布局、专兼职及义务消防力量的联勤联动、指挥层级的上下贯通，在城市整体火灾防控方面做到"感知泛在、研判多维、指挥扁平、处置高效"。

（二）智慧消防建设的意义

对于传统的消防，消防设施的管理主要依赖人工，常见的形式就是由相关人员对设备进行检查，然后登记相关情况。但是由于人员的专业性参差不齐，若没有良好的监管机制，消防设施的信息登记容易出现不准确的情况，一旦发生火灾，可能会误导现场消防。智慧消防利用物联网技术、红外感知技术，很好地记录设备的位置、状态，如果有损坏，系统会及时报修，能够更好地管理消防设施，为消防作战提供精准的设备信息。智慧消防打破了原有各类消防系统和消防安全管理的"信息孤岛"，提升了预知预警、消防管理和应急指挥能力，能够提高日常监管效率，更早发现火灾隐患，并实现更快处理，将火灾风险和火灾带来的影响降到最低。

传统消防与智慧消防的对比见表3.5.1。

表3.5.1　传统消防与智慧消防的对比

项目对比	传统消防	智慧消防
消防设施的完好性	现场检查、地点分散、非实时	远程、集中、实时监测
防火监督	日常检查、专项检查	远程实时监控
数据记录	人工收集，为纸质资料，完善度与真实性偏差较大	系统自动生成报表，且具备信息的真实性，数据存储标准化、规范化

（三）智慧消防在城市轨道交通中的应用

城市轨道交通具有地下空间密闭、人员密集、用电设备繁杂、火灾荷载大、疏散难度大等特殊火灾危险性，一旦发生火灾，很可能直接或间接地引发重大伤亡事故。因此，做好轨道交通的消防设计，对于确保地下轨道交通工程安全、防止和减少火灾危害、保护人身安全有重要意义。

城市轨道综合监控系统集成消防各系统形成智慧消防，能够实现消防安全管理工作的自动化，提升消防监管能力，大幅降低消防监管工作压力，为用户提供一站式消防监管服务，实现火灾火情的实时监控，在初发时期控制火灾，同时为灭火救援和事故调查提供数据支持，增强应急处置能力。在打造轨道交通智慧消防监控系统时，利用RFID（射频识别技术）、无线网络、有线网络、大数据技术等，依托有线、无线等现代网络通信技术，整合已有大数据，扩大监控系统的监视范围，完善系统联动报警、设备巡检、设备管理、报警管理等功能。在传统地铁综合监控、火灾自动报警系统的基础上扩大范围,将火灾自动报警系统拓展至火灾自动报警系统、极早期烟雾探测系统、图像火灾预警系统、热点探测感温电缆系统、气体灭火压力监测系统、智能疏散系统、电气火灾系统、消防电源监控系统等系统相结合的消防电系统,形成智慧消防监控系统。

二、智慧消防的建设架构

(一) 智慧消防建设逻辑

智慧消防系统建设从顶层设计到基层数据采集的基本逻辑关系如图 3.5.1 所示。根据不同用户的实际需求,平台可以分为监管平台、服务平台、值班平台,无论是哪类平台,其基础均是建立平台数据与传统消防设施之间的联系。

(二) 智慧消防建设逻辑

智慧消防体系以物联网为基础,其总体技术构架符合物联网的经典结构,自下而上包括感知层、传输层、数据支撑层和平台服务层四个层面,如图 3.5.2 所示。

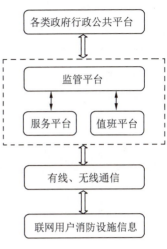

图 3.5.1 智慧消防系统建设逻辑图

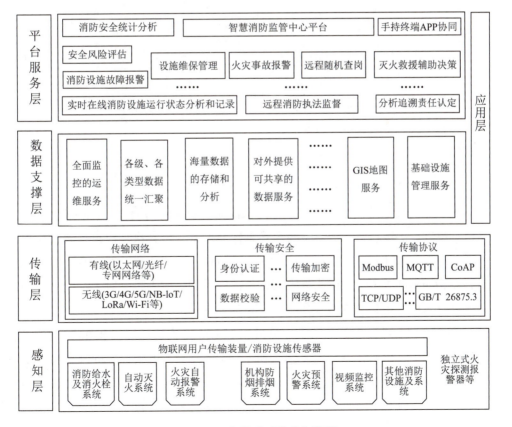

图 3.5.2 智慧消防技术架构图

1. 感知层

感知层即传感器层面,相当于智慧消防系统的"五觉",即视觉、听觉、嗅觉、味觉、触觉,这是整个智慧消防系统的基础,它对感知对象的温度、湿度、浓度、压力、位置、数量、形态等动态或静态的信息进行广泛获取和辨识,主要依靠传感器技术、射频识别技术和无线定位技术等。感知层的设备主要包括烟雾传感器、压力传感器、温度传感器、流量传感器、视频摄像头、GIS 系统、无线网络等。根据不同感知对象进行信息采集时,应符合表 3.5.2 的要求。

表 3.5.2 感知对象信息采集的类型选择

	服务对象	A 类	B 类	C 类
信息采集	消防给水系统	必选	必选	必选
	消火栓系统	必选	必选	必选
	自动喷水灭火系统 (含简易自动喷水灭火系统)	必选	必选	必选
	自动跟踪定位射流灭火系统 或固定消防水炮灭火系统	可选	可选	—
	气体灭火系统	可选	可选	—
	火灾自动报警系统	必选	必选	—
	机械防烟排烟系统	必选	可选	可选
	火灾预警系统	必选	必选	可选
	视频监控系统	必选	必选	可选
	独立火灾探测报警器	—	—	必选
	其他相关消防设施及系统	可选	可选	可选

感知层搭建还须注意以下几点。

(1)消防设施传感器的选型:首先,传感器应符合联网监测位置、环境、压力、流量、水位、温度、湿度、状态、视频图像等感知信息要求;其次,应根据感知对象的类型来设置传感器的采样频率,一般不应大于 1 次/min,信息上传频率不应大于 1 次/h。对于传感器感知到的故障、预警、报警信息,都应做到实时上传。对于一个良好的智慧消防系统运行来讲,还宜将传感器设置为支持远程参数。

(2)消防设施的电子标签:电子标签可根据消防设施所在位置和环境,采用 RFID 标签、NFC 标签、二维码标签、蓝牙标签和 Wi-Fi 标签等。电子标签的基本功能是实现消防设施的定位,根据设置可以对相对应的消防设施进行身份识别,除了平台数据的采集外,还可服务于日常的消防巡查。电子标签应包括消防设施的唯一 ID、业主信息、建筑物信息、生产厂家及生命周期相关基础信息。

（3）消防设施传感器的其他规定：除了基本信息外，还需要综合考虑传感器的安装环境、性能及电源等。

2. 传输层

传输层是智慧消防的神经系统，用于将感知层感知到的数据通过各种网络进行可靠传递，把数据传输到数据中心，并把数据中心的指令等传输到终端智能化控制设备。例如，当一个防烟分区内有两个感烟探测器发生感知烟雾报警后，信号传输到数据中心，数据中心就会根据预设程序自动发出火灾确认指令，通过网络层将指令送达排烟风机、防火阀、消防水泵、视频监控等终端设备。传输层的关键技术就是适应各种现场环境，确保数据稳定、无缝地进行网络传输。网络传输方式包括卫星通信网、4G 移动网、微波通信网、光纤通信网等，就其通信范围而言包括企业内部网、互联网、各类专网、小型局域网等。

传输层搭建连接了信息传输装置与应用平台，其传输网络数据通信协议应符合国家相关标准的规定，并可以通过身份认证、传输加密、数据校验等方式确保数据传输的安全性。应用平台之间应提供信息交换接口，且接口能够基于 HTTP 和 HTTPS 的访问，并应能通过监管平台访问服务平台与值班平台。

3. 数据支撑层

数据支撑层用于支持信息传输和处理，它是整个智慧消防的大脑与核心。数据支撑层包含消防大数据中心和与消防物联网应用相关的统一数据支撑平台，其依托基础硬件设施和软件服务，负责对各类汇集的消防信息数据进行分析、整合、加工、分类存储、变换格式等，将信息数据标准化、格式化为共性应用数据。处理层涉及大数据技术、云计算技术以及半结构化和非结构化数据的智能处理。

由于智慧消防系统的建设过程会涉及大量的数据，针对数据的整个生命周期管理应保证数据的完整性、准确性、一致性、时效性、可访问性、可追溯性；按数据安全及安全控制要求，实现授权访问、可定位溯源、数据加密、安全审计及监测等。在现代社会，数据隐私与安全十分重要，因此在涉及个人及企业的隐私与保密信息时，应确保数据经过数据所有方和提供方的授权，保证数据的合规、安全使用。

4. 平台服务层

平台服务层承担着更多的应用功能，往往会设置专门的应用平台，用于实现相关功能。这一层级负责智慧消防体系和与终端用户的交流，运用各类终端应用软件，根据用户的要求向用户提供资料，做出辅助决策。

平台服务层应用平台按类别将信息通过短信、微信、语音电话、人工客服的方式实时推送给单位消防控制室值班人员、消防安全管理人、消防安全责任人、消防维保人员等。对于应用平台，有一些基本性能要求：数据安全和储存可靠性应不小于 99.99%；所有传输层的数据应加密传输；应支持动态更新、局部快速更新、动态功能扩展。

关于应用平台，其类型见表3.5.3。

表 3.5.3　应用平台类型

监管平台	服务平台	值班平台
——支持故障、预警、报警信息的通知、分析、展示和在线处理，并支持对处理流程的全过程跟踪； ——具备安全评估、风险预警、应急预案、应急指挥等管理功能； ——可通过设定相应的监督管理规则对违法、违规行为进行监管； ——能分析和评价主体责任的落实情况； ——具备对服务平台和值班平台进行监管的功能	——支持故障、预警、报警信息的通知、分析、展示和在线处理，并支持对处理流程的全过程记录； ——支持监督消防设施的日常维护和定期保养； ——具备对感知对象消防控制室值班人员进行管理的功能； ——及时通知感知对象进行消防设施的维护管理及信息上传； ——支持通过信息分析、处理，给出感知对象的消防安全评分； ——按月度、季度和年度做出安全评估报告，并提出消防设施运行、维护的改善和提升措施； ——根据《重大火灾隐患判定方法》（GB 35181—2017）判定重大火灾隐患时，应实时通知感知对象和上传监管平台； ——支持维保流程管理，支持在线记录消防设施的日常维护保养； ——支持查询感知对象消防设施维护保养记录，以及对维保工作的评价	除符合服务平台基本功能外，还须满足： ——对消防设施的控制功能符合《火灾自动报警系统设计规范》（GB 50116—2013）的有关规定； ——平台距离需要控制的消防设备应不大于5 km，消防设备控制柜的二次回路和二次设备应满足电压的要求； ——值班人员资质和数量应满足消防控制室的相关要求

三、城市轨道交通智慧消防子系统

（一）烟雾监测预警报警子系统

该子系统可实现对烟雾、有害气体及气体灭火信息等的实时监控，实时秒级检测烟雾，一旦发现监测数据超过风险阈值，能在第一时间发出警报，并以电话、短信、网络等形式同步向运营单位相关人员发送警报，通过设备的标签、地理位置定位，快速通知运营单位是哪个位置存在火灾隐情。

（二）消防给水及消火栓预警报警子系统

该子系统可实时监测消防给水管网、室内消火栓、喷淋末端、消防水池等液位的水位水压情况，能够及时发现消火栓系统、喷淋系统、水池水箱的异常情况，确保消防用水供水。消防水压不够、管网漏水时，系统也能实时地发出警报，让相关人员及时维修维护，保障消防安全，消除缺水、水压不足等导致的救援隐患。

（三）消防设备电源子系统

该子系统的可以实时监控消防系统各个部件（如消防报警主机、楼层显示器、水泵、喷淋泵、电梯等）的电源工作状态，确保消防设备供电正常。

（四）防火门系统

该子系统通过与门禁报警、视频识别的关联，实时监控消防通道、安全出口、生命通道防火门的开闭及消防通道堆放物情况,实现紧急情况下的开闭控制等功能。

(五) 视频监控系统

该子系统的数据中心收到感应端各子系统报警信息后,可调出报警位置关联的监控摄像头图像,查看报警现场视频,辅助进行火情确认。

(六) 应急照明和疏散子系统

该子系统具有人机交互界面,可对应急标志灯具进行实时巡检,并与报警主机系统联动,在火灾发生时,根据起火位置,智能选择最佳逃生路线进行疏散提示。

(七) 消防火灾监管系统

该子系统可以对现场火情进行实时监控,当出现火灾时,现场的烟雾报警系统等感知设备能及时采集到信息并上传报警,便于用户及时发现火灾并采取处置措施。

(八) 电气火灾监测子系统

该子系统通过在配电柜、配电箱中加装线路监控设备,实时采集线路上的运行数据,及时监测线路上是否出现了过载、过温、漏电流等异常数据,将线路运行数据以可视化的数据、曲线等方式展示,便于用户及时查看、快速分析并发现问题,预防电气火灾的发生。

(九) 消防巡检监管子系统

该子系统借助感知层完成的身份标识,利用移动数据端扫描对重点消防部位进行巡检,根据系统提示的消防检查标准和方法进行核查并记录,将现场数据上传后,进行结果判断并留下检查痕迹,以便于上级监管部门检查。

四、城市轨道交通智慧消防系统的主要功能

对于城市轨道交通运营来讲,智慧消防系统中的所有实时监控的子系统都集中在车控室的一个综合监控平台上。通过该平台,运营管理人员可以实现对整个车站设备的监控或远程操作,实时监测各个系统的关键运行数据。城市轨道交通智慧消防系统的功能主要有设备信息的查询、日常消防安全管理、智慧报警等。

(一) 设备信息查询

智慧消防系统监控PC终端可显示各车站所有报警信息的实时位置,如遇火警,监控终端会有具体位置图元进行闪烁报警并推图显示,并进行数据实时存储;能够自动将系统运行情况和用户的任何操作生成记录,方便维护管理和用户行为的事后审计;能够记录查询、配置、故障、基础维护等信息;支持对日志的分级、分类查询管理;能够导出所有日志,具有日志数据保护功能、设定禁止修改功能,从而保证数据的真实性。

(二) 日常消防安全管理

城市轨道交通智慧消防系统将各类消防电气报警设备进行连接,监控中心管理值班人员通过PC终端对消防电气设备进行自动化远程实时控制与管理,确保车站内消防电气

设备系统经济、安全、可靠、稳定运行，及时发现和处理各类电气设备的火灾隐患，有效避免电气火灾的事故发生，为车站平稳运行提供可靠的保障。日常消防安全管理还包含对消防设备的巡检巡查，实时监控每个设备的实时状态。

（三）智慧报警

智慧消防系统监控 PC 终端与各报警系统主机之间采用网络通信方式形成报警功能的冗余网络，从而实现对轨道交通中心级与车站级的报警实时监测，完成报警，并实时进行数据保存，使工作人员迅速、准确地确认火情并做相应处理。

【案例1】 2003 年 2 月 18 日，韩国大邱市地铁中央路站发生火灾。引起火灾的原因是一名金姓男子携带两个装有易燃液体的牛奶纸箱，试图在公共场所自杀，液体被引燃后，车站发生严重火灾，造成 198 人死亡、146 人受伤、298 人失踪。

【案例分析】

1. 原因分析

（1）直接原因：人为纵火。

（2）间接原因：

① 消防设施方面：地铁车站内虽然设置了火灾自动报警系统、自动喷水灭火系统、防排烟系统和应急照明系统，但是由于车厢上方是高压线，为了防止触电，车厢内均未设置自动喷水灭火系统；火灾发生后，车站断电，一片漆黑，应急照明、疏散指示标志均未工作；车站内机械排烟系统的排烟量设计不足，不能及时排出大量的火灾烟气。

② 装修材料方面：地铁车厢内的座椅、地板等虽然采用耐燃材料，但燃烧后仍产生大量有毒烟气。

③ 管理人员的消防隐患辨识能力不足。

④ 工作人员未能采取适当措施进行人员疏散等。

2. 整改防范措施

（1）加大前期建设的消防设施的投入，设置与站点相匹配的消防设施，调试到位，加强日常检查维护，确保所有消防设施处于完整好用的状态。

（2）加强人员培训宣传，针对相关事故反映出的相关人员应急处置能力问题，结合轨道交通实际，坚持理论与实操相结合的原则，全面开展消防安全培训及宣传工作，切实提高相关人员应急处置能力。

（3）强化应急救援装备配备，根据轨道交通现有实际及后续发展规划情况，参照微型消防站建设标准，完善各站点微型消防站建设，同时加强中心站点应急救援队伍建设，坚持普通站点有值守、中心站点有队伍的原则，分级设置应急救援队伍，配齐应急救援装备并确保应急救援专业水平，建立联勤联动机制，努力提高自防自救能力，确保应急救援力量做到"短时间、会处置、全覆盖"。

【案例2】 某年7月25日，某市一地铁车站2号线环控电控室BAS系统UPS柜内蓄电池起火引发火灾。

【案例分析】

1. 原因分析

起火的部件为车站2号线环控电控室BAS系统UPS柜内蓄电池。在充电的情况下，该蓄电池内部化学反应产生大量氢气和较大热量，触发自燃，氢气在遇到明火后发生爆炸，直接导致事件发生。供电机电中心在相关设施设备的管理和维护方面存在技术水平不高、排查经验不足的情况，这是该事件发生的重要原因。

2. 整改防范措施

（1）供电机电中心对照国家规范及相关行业标准和现场环境的实际情况立即开展蓄电池检修规程的细化完善工作，并对全线所属设备房防烟封堵不严的情况进行全面排查，对排查出的孔洞问题立即落实整改。

（2）相关部门对二、三级火灾预案进行相应的补充和完善。

（3）安保部牵头，组织各部门深入开展安全生产风险辨识工作，举一反三，全面辨识设施设备、人员作业等方面的风险，制定并落实风险管控措施。

（4）安保部与消防救援机构进行沟通，牵头组织应急预案的修编工作，完善应急指挥、处置流程、开关站程序等内容；各部门加强培训和演练，提高火灾扑救和应急处置能力。

（5）安保部会同客运营销中心完善微型消防站的人员配置和岗位职责，确保微型消防站起到应有的作用。

（6）安保部会同物资部对现场增配或调配推车式干粉灭火器、简易型灭火器和呼吸面罩等灭火设备与防护装备，提升现场处置初期火灾隐患的能力。

（7）安保部充分认识目前全线车站、段场的消防压力，结合当前消防管理工作的严峻形势，适当调配或增配消防管理力量。

（8）针对近期安全事件频发的情况，安保部拟定切实可行的专项行动实施方案，深入开展隐患排查工作，扭转事故事件多发的局面。

【案例3】 2021年4月3日，某地铁3号线××站发生安检人员违规使用电器产生明火，并导致FAS联动事件。当日21：52，3号线××站图文工作站火灾报警，随后FAS联动；值站与一名安检员到达报火警点，用手触摸门把手不烫，便打开门查看，开门后发现现场无照明、床铺边纸箱上有明火、房间内有烟。21：55，值站与安检员佩戴好防毒面具后就近拿取干粉灭火器进行灭火。22：02，现场明火扑灭，车站汇报OCC。22：52，车站照明全部恢复；23：05，现场烟雾散清；23：07，FAS复位成功。23：13，车站恢复正常运营。该事件共造成三类负荷中断43 min，闸机释放17 min，PIS中断17 min无障碍电梯停运46 min，照明失电66 min，非消防电源影响46 min，车站启动消防广播。

【案例分析】

1. 原因分析

经调查，起火的直接原因为安检人员携带的劣质小风扇（含有蓄电池）未关，持续工作后发热燃烧。

2. 整改防范措施

（1）加强各安检人员安全意识培训，并要求各安检项目部完善消防安全管理要求。一是各安检项目部立即组织全员对车站住宿点安全注意事项进行培训、抽问，明确不得在车站内吸烟、不得存放易燃易爆品及危险化学品、不得使用大功率电器、使用微波炉时人不能离开等。二是安检项目部组织管理人员开展为期一个月的车站住宿点专项整治行动，逐一整理、打扫、规范车站各个住宿点，制定或完善管理人员检查车站住宿点的管理要求，要求各项目部每月至少覆盖一次项目所辖车站安检住宿点的全貌检查。

（2）在分公司范围内全面贯彻落实消防安全管理要求。一是明确地下空间禁止使用高功率电器设备，使用低功率电器设备做好日常维护和检查；二是使用充电设备时，应保证有人在旁看管，人离开时应及时断开电源；三是禁止在电器设备周围堆放、悬挂可燃物品，照明灯具下方禁止堆放可燃物。

（3）各部门（中心）及所属各委外单位深入学习本次事件教训，并重点学习《员工通用安全规则》《车站火灾应急预案》等相关规章制度及应急预案，并梳理、完善FAS联动后的应急处置流程，切实提升应急处置效率。

（4）各生产中心、物资部、综合部于本周内对所辖区域内的备品间、更衣室等房间内的电器设备使用情况开展专项检查，梳理并消除火灾隐患，避免类似事件再次发生。

项目训练

【训练内容】 对轨道交通内所设置的消防设施、消防物联网进行检查。

【训练目的】 通过检查，了解和掌握轨道交通的消防设施、消防物联网的种类、数量，以及相关维保台账完成频次；熟悉智慧消防响应过程。

【训练步骤】

1. 分成3—5人一组，明确检查重点，分析检查部位的火灾风险性；

2. 制定预案；

3. 到达现场后做好现场消防安全管理的各项工作，做好个人防护，根据检查部位确定检查重点；

4. 形成检查后的问题反馈。

自测题

1. 城市轨道交通车站的消防设备和消防设施有哪些？
2. 城轨车辆上应配备什么类型的消防设施，其设置依据是什么？
3. 智慧消防的技术架构包含哪几个层级？
4. 在城市轨道交通的智慧消防应用过程中，应重点考虑哪些方面的设置？

项目四　城市轨道交通消防安全管理

 学习目标

1. 理解城市轨道交通日常消防安全管理内容；
2. 理解消防宣传、教育、培训等内容；
3. 了解消防安全评估的内容和流程。

能力目标

1. 掌握城市轨道交通日常消防安全管理基本方法；
2. 掌握施工现场消防安全管理方法。

任务一　消防安全组织

城市轨道交通运营单位是消防安全的责任主体，对本单位的消防安全工作负责，应当遵守消防法律、法规和规章，贯彻"预防为主、防消结合"的消防工作方针，履行消防安全职责，保障城市轨道交通安全运行。

一、消防安全组织

运营单位的法定代表人、主要负责人和实际控制人是本单位的消防安全责任人，对本单位的消防安全工作全面负责。单位内部各部门的负责人是该部门的消防安全责任人。

城市轨道交通运营单位一般均为消防安全重点单位，应建立消防安全责任体系，如成立由消防安全委员会或消防工作领导小组、消防安全归口管理部门和专职或志愿消防队（微型消防站）等救援力量共同组成的消防安全组织；应制定消防安全管理制度，明确各级岗位的消防安全职责，确定本单位的消防安全管理人，组织实施日常消防安全管理工作。消防安全管理人应当具备与其职责相适应的消防安全知识和管理能力。鼓励消防安全管理人取得注册消防工程师执业资格。

城市轨道交通运营单位应当设置或者确定消防工作的归口管理职能部门，并确定专职或者兼职的消防管理人员。归口管理职能部门和专兼职消防管理人员在消防安全责任人、消防安全管理人的领导下开展消防安全管理工作。其他部门应当按照分工，实施本部门日常消防安全管理工作。

城市轨道交通运营单位地下车站与周边地下空间的连通部位、车站与站内商业等非地铁功能的场所、车辆基地与上盖综合开发建筑，应由建筑物的产权方、运营方和租赁方等共同协商，在签订的协议中明确各自消防安全工作的权利、义务和违约责任。运营单位应自行或委托消防技术服务机构，对消防安全重点部位、火灾高危场所定期开展消防安全评估。运营单位应鼓励在城市轨道交通运用消防远程监控、电气火灾监控、物联网技术等技防物防措施；鼓励在同类单位相对集中的区域成立消防安全区域联防联勤组织，协同开展区域消防安全管理工作。

二、单位职责

（一）运营单位的消防安全职责

运营单位应履行的消防安全职责有：（1）明确各级、各岗位消防安全责任人及其职责，制定本单位的消防安全制度、消防安全操作规程、灭火和应急疏散预案，开展消防工作检查考核，保证各项规章制度落实。（2）明确承担消防安全管理工作的部门和消防安全管理人，组织实施消防安全管理。（3）保证防火检查和巡查、消防设施及器材维护保养、建筑消防设施检测、电气防火检测、火灾隐患整改、专职或志愿消防队（微型消防站）建设等消防工作所需资金的投入，安全生产费用应保证适当比例用于消防工作。（4）建立消防档案，确定消防安全重点部位，设置防火标志，实行严格管理。（5）按照相关标准配备消防设施、器材，设置消防安全标志，定期检验维修，对建筑消防设施每年至少组织一次全面检测，确保其完好有效；设有消防控制室的，实行 24 h 值班制度，每班不少于 2 人，并持证上岗。（6）保障疏散通道、安全出口、消防车道畅通。（7）安装、使用电器产品、燃气用具和敷设电气线路、管线应符合相关标准和用电、用气安全管理规定，并定期进行维护保养、检测。（8）定期开展防火检查、巡查，及时消除火灾隐患。（9）组织员工进行岗前消防安全培训，定期组织消防安全培训、灭火和应急疏散演练。（10）根据需要建立专职或志愿消防队（微型消防站），加强队伍建设，定期组织训练、演练，加强消防装备配备和灭火药剂储备，建立与消防救援机构联勤联动机制，提高扑救初起火灾能力。（11）消防法律、法规、规章以及政策文件规定的其他职责。

（二）归口管理部门的职责

消防安全归口管理部门应履行的职责有：（1）制定消防安全管理规章制度和目标管理实施办法。（2）贯彻落实运营单位逐级防火责任制和岗位防火责任制，监督检查各部门执行消防法规和各项消防管理制度以及开展消防安全管理工作的情况，负责组织、布置消防安全管理工作和防火安全检查，督促、协调消除火灾隐患。（3）定期听取消防安全管理工作汇报，及时向消防安全负责人报告需要研究解决的重大消防安全问题。（4）组织防火宣传教育，普及消防知识，培训消防骨干，总结、交流消防安全管理工作经验。（5）协助消防救援机构做好火灾现场保护和火灾事故调查工作。（6）对在消防安全管理工作中的成绩突出者、事故责任人和违反消防安全规章制度者，提出奖惩意见。

（三）专职消防队的职责

专职消防队应履行的职责有：（1）建立 24 h 执勤备战制度，有效做好本单位的火灾扑救和抢险救援任务。（2）定期开展灭火救援技能训练，加强与辖区消防救援机构的联勤联动。（3）根据单位安排，参加日常防火巡查和消防宣传教育。（4）开展对微型消防站的业务训练指导。

（四）志愿消防队（微型消防站）的职责

志愿消防队（微型消防站）应履行的职责有：（1）熟悉本单位基本情况、灭火和应急疏散预案、消防安全重点部位、消防设施及器材设置情况。（2）参加培训及消防演练，熟悉消防设施及器材、安全疏散路线和场所火灾危险性、火灾蔓延途径，掌握消防设施及器材的操作使用方法与引导疏散技能。（3）定期开展灭火救援技能训练，加强与消防救援机构的联勤联动。（4）发生火灾时，参加扑救火灾、疏散人员、保护现场等工作。（5）参加日常防火巡查和消防宣传教育。

（五）消防安全重点单位的职责

消防安全重点单位除履行上述一般单位的职责外，还应当履行下列消防安全职责：（1）确定承担消防安全管理工作的机构和消防安全管理人，组织实施本单位消防安全管理。消防安全管理人应当经过消防培训。（2）建立消防档案，确定消防安全重点部位，实行严格管理。（3）建立微型消防站，积极参与消防安全区域联防联控，提高自防自救能力。

（六）产权方、使用方、统一管理单位的职责

产权方、使用方、统一管理单位的职责有：（1）制定消防安全管理制度和保障消防安全的操作规程。（2）开展消防法律法规和防火安全知识的宣传教育，对从业人员进行消防安全教育和培训。（3）定期开展防火巡查、检查，及时消除火灾隐患。（4）保障疏散走道、通道、安全出口、疏散门和消防车通道畅通，不被占用、堵塞、封闭。（5）确定各类消防设施的操作维护人员，保证消防设施、器材和消防安全标志完好有效，并处于正常运行状态。（6）组织扑救初起火灾，疏散人员，维持火场秩序，保护火灾现场，协

助火灾调查。（7）制定灭火和应急疏散预案，定期组织消防演练。（8）建立并妥善保管消防档案。

（七）具备隶属关系的上级单位的职责

运营单位如果是具备隶属关系的连锁型、集团型企业总部，除应履行自身消防安全职责外，还应当对所属单位的消防安全实施全程监管和系统管理，承担指导、监督、检查和管理责任。其职责有：（1）指导下级单位建立健全消防安全责任制以及保障消防安全责任落实的制度措施。（2）定期组织对所属单位进行消防安全评估，适时开展消防安全检查，督促消除火灾隐患，协助下级单位整改无能力解决的火灾隐患。（3）督促所属单位开展防火巡查检查、消防安全培训教育、消防演练等日常消防安全管理工作。（4）定期召开消防安全例会，部署消防安全工作。（5）每年对下级单位消防安全管理工作进行综合考核并实施奖惩。

（八）消防安全区域联防联勤组织的职责

运营单位根据实际情况可以成立联防联勤组织，联防联勤组织的职责有：（1）贯彻执行消防法律法规，掌握成员单位消防安全状况。（2）制定联防小组日常运行管理制度，明确成员单位联防工作职责并督促其落实。（3）督促成员单位实施日常消防安全管理工作。（4）定期召开会议，研究解决联防小组涉及的消防安全重大问题，交流工作经验，部署消防安全工作。（5）组织开展消防安全互查，督促整改火灾隐患。（6）开展消防安全知识、操作技能的宣传教育培训，组织消防演练。发生火灾事故时，组织成员单位实施联合扑救。

三、人员职责

（一）消防安全责任人的职责

运营单位的消防安全责任人应由法定代表人或主要负责人担任，全面负责本单位的消防安全管理工作。

消防安全责任人应履行的职责有：（1）贯彻执行消防法规，掌握本单位的消防安全情况，保证本单位的消防安全符合规定。（2）组织编制和审定本单位的灭火和应急疏散预案。（3）组织审定年度消防安全管理工作计划和消防安全管理资金预算。（4）确定本单位逐级消防安全责任，任命消防安全管理人，批准实施消防安全制度和保证消防安全的操作规程。（5）组织建立消防安全例会制度，每季度至少召开一次消防安全管理工作会议，及时处理涉及消防经费投入、消防设施设备购置、火灾隐患整改等重大问题。（6）每季度至少参加一次防火检查和灭火应急疏散演练。（7）组织火灾隐患整改工作，负责筹措整改资金。

（二）消防安全管理人的职责

运营单位应确定本单位的消防安全管理人，消防安全管理人应对本单位的消防安责任人负责，应取得注册消防工程师执业资格。

消防安全管理人应履行的职责有：（1）确定运营单位消防安全管理人员的组织架构，拟订年度消防安全管理工作计划，组织编制消防管理资金预算方案，建立消防档案并及时更新完善。（2）协助组织编制和审定本单位的灭火和应急疏散预案。（3）制定消防安全制度和保障消防安全的操作规程。（4）组织实施防火检查，每月至少一次；组织实施消防安全管理工作计划和整改火灾隐患。（5）建立消防组织，每半年至少组织一次消防宣传教育、灭火和应急疏散演练。（6）每月至少向消防安全责任人报告一次消防安全管理工作情况，重大消防安全问题应随时报告。（7）消防安全责任人委托的其他消防安全管理工作。

（三）专（兼）职消防安全管理人员的职责

专（兼）职消防安全管理人员应履行的职责有：（1）根据年度消防工作计划，开展日常消防安全管理工作。（2）督促落实消防安全制度和消防安全操作规程，实施防火检查和火灾隐患整改工作。（3）检查消防设施及器材和消防安全标志状况，督促维护保养。（4）开展消防知识、技能宣传教育和培训。（5）组织微型消防站开展训练、演练。（6）筹备消防安全例会内容，落实会议纪要或决议。（7）及时向消防安全管理人报告消防安全情况。（8）单位消防安全管理人委托的其他消防安全管理工作。

（四）消防控制室值班人员的职责

消防控制室值班人员应履行的职责有：（1）熟悉和掌握消防控制室设备的功能及操作规程，保障消防控制室设备的正常运行，及时确认、汇报、排除故障，发生火灾后立即拨打119，启动消防设施。（2）不间断值守岗位，定时做好巡查，对消防设施联网监测系统监测中心的查岗等指令及时进行应答，做好火警、故障和值班等记录。（3）熟悉单位基本情况、灭火和应急疏散预案、消防安全重点部位、消防设施及器材设置情况。（4）取得岗位资格证书。

（五）消防设施操作员的职责

消防设施操作员应履行的职责有：（1）应当持有消防设施操作员职业资格证书。（2）熟悉和掌握消防设施的功能和操作规程。（3）定期对消防设施进行检查，保证消防设施和消防电源处于正常运行状态，确保有关管道阀门处于正确位置。（4）发现故障及时排除，不能排除的及时向消防安全管理人报告。（5）做好消防设施检查、运行操作、故障排除和维护保养记录。

（六）防火巡查人员的职责

防火巡查人员应履行的职责有：（1）按照本单位的管理规定进行防火巡查，并做好记录，发现问题及时报告。（2）发现火灾及时报火警并报告主管人员，扑救初起火灾，组织人员疏散，协助开展灭火救援。（3）劝阻和制止违反消防法律法规和消防安全制度的行为。（4）接到消防控制室指令后，及时确认有关报警信息。

(七)电气焊工、易燃易爆化学物品操作人员的职责

电气焊工、易燃易爆化学物品操作人员应履行的职责有:(1)应当持相应的特种作业操作证书。(2)执行有关消防安全制度和操作规程,落实作业现场的消防安全措施。(3)发现火灾后立即报火警,实施扑救。

(八)员工的职责

员工应履行的职责有:(1)严格执行消防安全管理制度、规定及消防安全操作规程。(2)接受消防安全教育培训,掌握消防安全知识和逃生自救能力。(3)保护消防设施及器材,保障消防车道、疏散通道、安全出口畅通。(4)检查本岗位工作设施、设备、场地,发现隐患及时排除并向上级主管报告。(5)熟悉本单位及自身岗位火灾危险性、消防设施及器材、安全出口的位置,积极参加单位消防演练,发生火灾时,及时报警并引导人员疏散。(6)指导、督促乘客遵守本单位消防安全管理制度,制止影响消防安全的行为。(7)新入职和调岗员工应接受单位组织的消防安全培训,经考试合格后,方可上岗,并应明确本岗位消防安全责任,认真执行本单位的消防安全制度和消防安全操作规程。

任务二 日常消防安全管理

日常消防安全管理是运营单位依照消防法律、法规及规章制度规定,结合单位自身特点,遵循火灾发生、发展的规律,通过多种消防管理职能和手段,合理有效利用各种资源,为实现消防安全目标开展的基础性工作。

一、基本要求

运营单位应将容易发生火灾、一旦发生火灾可能严重危及人身财产安全以及对消防安全有重大影响的部位确定为消防安全重点部位,并设置明显的防火标志。

(一)日常消防安全管理

运营单位日常消防安全管理的要求有:(1)每日组织开展防火巡查,定期开展防火检查和消防设施联动运行测试。(2)确定防火巡查和检查的人员、内容、部位、频次,如实填写巡查和检查记录,并在记录上签名。(3)对发现的问题应现场处理,及时报告。

(二)其他要求

运营单位应按有关规定加强对消防产品的管理,选用符合市场准入原则或合格的消防产品。进行有线施工作业时,运营单位应与施工单位签订施工安全协议,不应影响原有消防系统的功能,并确保运营区域的消防安全。运营单位应积极运用技术手段实现消

防安全的实时监测、预警监控和乘客信息发布。

二、单位消防安全制度

（一）消防安全教育、培训制度

消防安全教育、培训制度应包括责任部门、责任人和职责、频次、培训对象、培训形式、培训内容、考核及结果应用、情况记录等要点。

（二）防火巡查、检查和火灾隐患整改制度

防火巡查、检查和火灾隐患整改制度应包括责任部门、责任人和职责、巡查检查频次和时段，参加人员，检查部位、内容和方法，火灾隐患认定、处置和报告程序，整改责任和防范措施，情况记录等要点。

（三）安全疏散设施管理制度

安全疏散设施管理制度应包括责任部门、责任人和职责、安全疏散部位、设施检测和管理要求、情况记录等要点。

（四）消防控制室值班制度

消防控制室值班制度应包括责任范围、责任部门、责任人和职责、火灾事故应急处置程序、报告程序、工作交接、值班人数和要求、资格、各类报警信息处置流程、情况记录等要点。

（五）消防设施、器材维护管理制度

消防设施、器材维护管理制度应包括责任部门、责任人和职责、设备登记，消防设施故障处置、保管及维护管理要求、情况记录等要点。

（六）用火、用电、用油安全管理制度

用火、用电、用油安全管理制度应包括用火、用电、用油安全管理的责任部门、责任人、职责和管理要求，确定相关设备及燃料的采购、登记和安全使用要求，用火、动火的审批范围、程序和要求，电气焊工等特殊工种岗位资格，检查部位和内容，发现问题处置程序，情况记录等要点。

（七）易燃易爆危险物品和场所防火防爆管理制度

易燃易爆危险物品和场所防火防爆管理制度应包括责任部门、责任人和职责，易燃易爆危险物品登记、使用管理、人员管理，场所设备防火防爆、巡查检查、应急处置等要点。

（八）企业专职或志愿消防队（微型消防站）管理制度

企业专职或志愿消防队（微型消防站）管理制度应包括职责职能、人员组成、日常管理、训练演练内容及频次，装备器材、灭火药剂配备、使用保养及补充维修，情况记录等要点。

（九）灭火和应急疏散预案及消防演练制度

灭火和应急疏散预案及消防演练制度应包括预案制定和修订、责任部门、组织分工、演练频次、参加人员、范围、演练程序、注意事项、演练情况记录、演练后小结与评价等要点。

（十）消防安全工作考评和奖惩制度

消防安全工作考评和奖惩制度应包括实施奖惩的责任部门和责任人、考评目标、频次、内容和奖惩办法等要点。

（十一）其他必要的消防安全制度

城市轨道交通运营单位作为消防安全重点单位，除制定前述规定的制度外，还应当制定下列消防安全制度。

1. 消防工作情况报告制度

每半年将消防工作情况报给当地消防救援机构。消防工作情况报告应包括：（1）单位基本概况和消防安全重点部位情况。（2）消防安全管理组织机构和各级、各部门消防安全责任人和消防安全管理人。（3）消防安全制度、操作规程的制定、执行情况。（4）火灾隐患及其整改情况。（5）消防设施、器材和消防安全标志维护保养及运行情况。（6）消防安全宣传教育培训情况。（7）灭火和应急疏散预案制修订及演练情况。（8）火灾情况和其他需要报告的情况。

2. 消防安全重点部位管理制度

消防安全重点部位管理制度应包括消防安全重点部位及其责任部门、责任人和职责，管理要求，火灾事故应急处置操作程序，事故处置记录等要点。

三、消防安全管理措施

（一）基本要求

住房和城乡建设部规定的特殊建设工程消防设计文件，应当依法报住房和城乡建设主管部门审查，未通过审查的，不得擅自施工；建设工程竣工应当依法申请消防验收或备案抽查，未通过消防验收或备案抽查的，不得投入使用；公众聚集场所应当在投入使用、营业前向消防救援机构申请消防安全检查，未通过消防安全检查的，不得投入使用、营业。

单位不得擅自变更建筑使用性质，不得擅自改变平面布局、防火防烟分区和消防设施，不得改变疏散门的开启方向，不得减少疏散出口的数量和宽度。

单位不得违反消防技术标准使用易燃、可燃装修装饰材料，不得采用夹芯材料燃烧性能低于 A 级的彩钢板作为室内分隔或搭建临时建筑。

（二）安全疏散和避难逃生管理

安全疏散和避难逃生管理的要求有：（1）疏散通道、安全出口、疏散门应当保持畅通，禁止占用、堵塞、封闭。平时需要控制人员出入的安全出口、疏散门和设置门禁系统的疏散门，应当保证发生火灾时易于从内部开启，并在现场设置醒目的提示和使用标识。（2）楼梯间及其前室内不得设置烧水间、配电柜、可燃材料储藏室、垃圾道、影响疏散的凸出物或其他障碍物。（3）安全出口的门应向疏散方向开启，房间的疏散门宜向疏散方向开启。安全出口、疏散门不得设置门槛或其他影响疏散的障碍物，且在其1.4 m范围内不应设置台阶。（4）疏散门、疏散通道及其尽端墙面上不得有镜面反光类材料遮挡、误导人员视线等影响人员安全疏散行动的装饰物，疏散通道上空不得悬挂可能遮挡人员视线的物体及其他可燃物。（5）应急照明、疏散指示标志应当完好有效，不应被遮挡；发生损坏时，应及时维修、更换。疏散指示标志应当采用灯光疏散指示标志，不得采用蓄光型指示标志替代灯光疏散指示标志，不得采用可变换方向的疏散指示标志。

（三）用火、用电、用油安全管理

1. 用火安全管理

用火安全管理的要求有：（1）运营单位应当对动用明火实行严格的消防安全管理。禁止在生产、经营、储存易燃易爆危险品的场所和存放可燃、易燃物资的仓库等具有火灾、爆炸危险的场所吸烟、使用明火。（2）不得使用明火进行表演、燃放焰火。（3）不得在餐饮场所的用餐区域使用明火加工食品，食品加工区的明火部位应靠外墙布置并进行防火分隔。（4）供暖管道与可燃物之间应采取防火隔热措施。（5）使用蜡烛、蚊香等物品时，应放置在不燃材料的基座上，距周围可燃物的距离不应小于0.5 m。（6）厨房应当配备灭火器、灭火毯等器材，并于其他区域采取防火隔墙和防火门等有效的防火分隔设施。油烟管道应当至少每季度清洗一次。

2. 用电安全管理

用电安全管理的要求有：（1）采购电气、电热设备和线路，应当符合国家有关产品标准和安全标准的要求。在可燃、助燃、易燃（爆）物体的储存、生产、使用等场所或区域内使用的用电产品，其阻燃或防爆等级要求应符合特殊场所的标准规定。（2）电气线路敷设、电气设备安装和维修应由具备职业资格的电工按国家现行标准要求和操作规程进行，留存施工图纸或线路改造记录。严禁使用铜丝、铁丝等代替保险丝，且不得随意增加保险丝的截面积。（3）空调等大功率用电设备外部电源严禁采用移动式插座连接。电热汀取暖器、暖风机、对流式电暖气、电热膜取暖器等电气取暖设备的配电回路应当设置与电气取暖设备相匹配的短路、过载保护装置。（4）不得私拉乱接电气线路、擅自增加用电设备，严禁长时间超负荷运行电气设备。更换或新增电气设备时，应根据实际负荷重新校核、布置电气线路并设置保护措施。（5）配电线路敷设在有可燃物的闷顶、吊顶内时，应采取穿金属导管、采用封闭式金属槽盒等防火保护措施。（6）电源插座、照明开关不应直接安装在可燃材料上。卤钨灯和额定功率不小于100 W的白炽灯泡的吸顶灯、槽灯、嵌入式灯，其引入线应采用瓷管、矿棉等不燃材料做隔热保护。额定功率不小于60 W的白炽灯、卤钨灯、高压钠灯、金属卤化物灯、荧光高压汞灯（包括电感镇流器)等，不应直接安装在可燃物体上或采取其他防火措施。(7) 照明灯具及电气设备、线路的高温部位，当靠近可燃性、易燃性装修材料或构件时，应采取隔热、散热等防火保护措施，与窗帘、帷幕、幕布、布景、软包等装修材料的距离不应小于0.5 m，灯饰应采用难燃性或不燃性材料。(8) 用电产品因停电或发生故障等情况而停止运行时，应及时切断电源，排除故障后方可继续使用。(9) 消防用电设备应采用专用的供电回路，当建筑内的生产、生活用电被切断时，应保证消防用电，严禁擅自关闭消防电源。电工应当熟练掌握确保消防电源正常工作和切断非消防电源的操作技能。(10) 单位应当定期对电器线路进行维护保养、检测。

3. 用油安全管理

用油安全管理的要求有：(1) 使用油类等可燃液体燃料的炉灶、取暖炉等设备必须在熄火降温后充装燃料。(2) 油浸变压器、多油开关室、高压电容器室，应设置防止油品流散的设施。油浸变压器下面应设置能储存变压器全部油量的事故储油设施。(3) 设置在建筑内的柴油发电机，其燃料供给管道在进入建筑物前和设备间内应设置自动和手动切断阀，储油间的油箱应密闭且应设置通向室外的通气管，通气管应设置带阻火器的呼吸阀，油箱的下部应设置防止油品流散的设施。(4) 燃油锅炉房、柴油发电机房内设置储油间时，其总储存量不应大于1 m³。(5) 定期对燃油管道、高位油槽、呼吸阀、连接管、燃油灶具进行检查、维护、更新。

(四) 消防安全重点部位管理

城市轨道交通运营单位应当将容易发生火灾、一旦发生火灾可能严重危及人身和财产安全以及对消防安全有重大影响的部位确定为消防安全重点部位。消防安全重点部位的确定可以参照表4.2.1。

表4.2.1 消防安全重点部位举例

场所类型	消防安全重点部位	
	容易发生火灾以及发生火灾时会严重危及人身和财产安全的部位	发生火灾对消防安全有重大影响的部位
通用	可燃物品仓库（储藏室）、厨房、锅炉房、液化气瓶间、施工现场、电动自行车停放充电场所	变配电站（室）、发电机房、不间断电源室、储能电站，制冷机房、空调机房、冷库（氨制冷储存场所）、通信设备机房、生产总控制室、电子计算机房、消防水泵房、消防控制室、固定灭火系统的设备房、防排烟风机房、避难层（间）、泡沫消防泵站、泡沫站
商场、市场	中转仓库、食品加工区、儿童活动场所	
宾馆、饭店	餐厅、布草间、锅炉房	
公共娱乐场所	人员集中的厅室、灯光操作室、放映室、音响控制室、舞台	
学校	实验室、易燃易爆危险品库房、宿舍、图书馆、展览馆、会堂、档案室，电化教学中心和承担国家重点科研项目或配备有先进精密仪器设备的部位	

续表

场所类型	消防安全重点部位	
	容易发生火灾以及发生火灾时会严重危及人身和财产安全的部位	发生火灾对消防安全有重大影响的部位
医院	住院区、门（急）诊区、手术室、重症监护室、病理科、检验科、实验室、药品库房、制剂室、供氧站、高压氧舱、胶片室、被装库、贵重设备室、病案资料库、档案室	
社会福利机构	老年人居室、药品库房、供氧站、高压氧舱、设有大型医疗设备的库室	
图书馆、展览馆、博物馆	陈列展览厅、装裱及修复室，报告厅、影视厅及互动体验室、藏品库、资料、贵重物品和重要历史文献收藏室	
文物建筑、宗教场所	文物库房，焚香觐香区域、殿堂、香炉、僧舍、讲经堂、藏经楼等资料、贵重物品和重要历史文献收藏室	
物流场所	分拣加工作业区、仓储区、物流配送区、装卸搬运区、货棚、场坪、叉车充电区	
工业企业	化工生产车间、油漆、烘烤、熬炼、木工、电焊气割操作间、化验室、汽车库、化学危险品仓库、易燃、可燃液体储罐，可燃、助燃气体钢瓶仓库和储罐，液化石油气瓶或储罐，氧气站，乙炔站，氢气站	
其他单位	单位可根据建筑布局、生产性质等情况，确定其他消防安全重点部位	

消防安全重点部位管理的要求有：（1）消防安全重点部位实行岗位消防安全责任制，并明确消防安全管理的责任部门和责任人。（2）消防安全重点部位应设置明显的标识，落实特殊防范和重点管控措施，并不得占用和堆放杂物。（3）单位应根据实际需要在消防安全重点部位配备相应的灭火器材、装备和个人防护器材，制定和完善事故应急处置操作程序，作为防火巡查、检查的重点。容易发生火灾或发生火灾时危害较大的部位宜增设视频监控设施。（4）厨房区域应当靠外墙布置，并应采用耐火极限不低于 2 h 的隔墙与其他部位分隔，隔墙上的门窗应采用乙级防火门和防火窗。（5）可燃物品仓库内部不得设置员工宿舍。物品入库前应当有专人负责检查，核对物品种类和性质，物品应分类分垛储存，并符合《仓储场所消防安全管理通则》（XF 1131—2014）的要求。（6）变配电站（室）内消防设施设备的配电柜、配电箱应当有区别于其他配电装置的明显标识，配电室工作人员应当能正确区分消防配电和其他民用配电线路，确保发生火灾情况下消防配电线路正常供电。

(五) 消防控制室管理

消防控制室管理的要求有：(1) 消防控制室应当实行每日 24 h 不间断值班制度，每班不应少于 2 人。(2) 消防控制室值班人员应当熟练掌握的知识和技能有：建筑基本情况（包括建筑类别、建筑层数、建筑面积、建筑平面布局和功能分布、建筑内单位数量）；消防设施设置情况（包括设施种类、分布位置、消防水泵房和柴油发电机房等重要功能用房设置位置、室外消火栓和水泵接合器安装位置等）；消防控制室设施设备操作规程（包括火灾报警控制器、消防联动控制器、消防应急广播、可燃气体报警控制器、消防电话等设施设备的操作规程）；火警、故障应急处置程序和要求。(3) 消防控制室值班人员应确保火灾自动报警系统、自动灭火系统和其他联动控制设备处于正常工作状态，不得将应处于自动状态的设在手动状态。(4) 消防控制室值班人员值班期间，应当随时检查消防控制室设施设备运行情况，做好消防控制室火警、故障和值班记录，对不能及时排除的故障应当及时向消防安全工作归口管理部门报告。(5) 消防控制室内不得存放与消防控制室值班无关的物品，应当保证其环境满足设备正常运行的要求。严禁消防控制室图形显示装置中专用于报警显示的计算机安装其他无关软件。(6) 禁止对消防控制室报警控制设备的喇叭、蜂鸣器等声光报警器件进行遮蔽、堵塞、断线、旁路等操作。禁止将消防控制室的消防电话、消防应急广播、消防记录打印机等设备挪作他用。(7) 消防控制室应当存放建筑总平面布局图、各楼层消防设施平面布置图、消防设施系统图。(8) 消防控制室内应设置固定直拨外线电话，并保持畅通；配备有关消防设备用房、通往屋顶和地下室等消防设施的通道门锁钥匙，防火卷帘按钮钥匙，消防电源、控制箱（柜）、开关专用钥匙，并分类悬挂；置备手提插孔消防电话、安全工作帽、手持扩音器、手电筒、对讲机等消防专用工具、器材。(9) 有两个以上产权单位和使用单位的建筑物共用消防控制室的，消防控制室应当与各产权单位、使用单位建立双向的信息联络沟通机制，确保紧急情况下信息畅通、及时响应。设有两个或两个以上消防控制室时，应确定主消防控制室和分消防控制室，各消防控制室之间应建立可靠、便捷的信息传达联络机制。(10) 消防控制室值班人员对接收到的火灾报警信号应当立即以最快方式进行确认，如果确认发生火灾，应当立即检查消防联动控制设备是否处于自动控制状态，同时拨打"119"火警电话报警，启动灭火和应急疏散预案，并报告单位消防安全责任人。

(六) 防火分隔设施管理

防火分隔设施管理的要求有：(1) 防火墙、防火隔墙、防火窗、楼板、防火门、防火卷帘、防火分隔水幕等防火分区开口部位或需要防火分隔处的分隔措施应符合相关要求且完整有效。(2) 常闭式防火门应当保持常闭，门上应当有正确启闭状态的标识，闭门器、顺序器应当完好有效；需要经常保持开启状态的防火门，应采用常开式防火门，设置自动和手动关闭装置，并保证发生火灾时自动关闭。(3) 防火卷帘下方及两侧各

0.5 m范围内不得放置影响卷帘降落的障碍物。（4）防火卷帘控制器和控制箱（按钮盒）应处于"运行正常"状态，现场或附近巡查人员应持有或放置防火卷帘控制箱和按钮盒钥匙。（5）电缆井、管道井等竖向管井和电缆桥架应当在穿越每层楼板处采取可靠措施进行防火封堵，管井检查门应当采用防火门。禁止占用电缆井、管道井，或者在电缆井、管道井内堆放杂物。（6）建筑外墙外保温系统破损、开裂和脱落时应当及时修复，并采取有效防火措施。

（七）灭火救援设施管理

灭火救援设施管理的要求有：（1）建筑四周不得违章搭建建筑，禁止占用消防车通道、消防车登高操作场地，禁止在消防车通道、消防车登高操作场地设置停车泊位、构筑物、固定隔离桩等障碍物，禁止在消防车通道上方、登高操作面设置妨碍消防车作业的架空管线、广告牌、装饰物、树木等障碍物。（2）户外广告牌、外装饰不得用易燃、可燃材料制作，不得妨碍人员逃生、排烟和灭火救援，不得改变或破坏建筑立面防火构造。（3）建筑外墙上的灭火救援窗、灭火救援破拆口不得被遮挡。（4）室外消火栓不得被埋压、圈占，室外消火栓、消防水泵接合器两侧沿道路方向各3 m范围内不得有影响其正常使用的障碍物或停放机动车辆。（5）消防电梯轿厢的内部不得采用易燃、可燃材料装修、装饰，电梯间前室的门口宜设置挡水设施。

（八）消防安全标识管理

消防安全标识管理的要求有：（1）单位应当实行标识化管理，运用标志、标识、标牌等可视载体对消防安全布局、消防设施器材、消防安全重点部位及危险场所、安全疏散等管理对象进行标注、提示和警示。（2）消防安全标识根据所表达的内容可分为消防安全提示性标识、消防安全禁止性标识。消防安全提示性标识是指提示说明建筑总平面布局、疏散路线、重点部位等信息，以及消防设施、器材名称、位置、使用方法和应当保持的工作状态的标识；消防安全禁止性标识是指禁止或限制实施某种行为、应严格遵守的标识。（3）消防安全标识的制作、设置位置应符合《消防安全标志　第1部分：标志》（GB 13495.1—2015）和《消防安全标志设置要求》（GB 15630—1995）的相关规定。（4）消防安全标识传达的信息应清晰、简洁，可采用文字或图例表述，标识颜色应当醒目并与周围环境形成清晰对比。（5）消防安全提示性标识的设置应满足以下要求：安全出口、消防车登高作业场地、消防车回车场地、地下水泵接合器及消火栓、消防控制室、消防水泵房、变配电房、消防电梯、避难层（间）、消防安全重点部位，企业专职或志愿消防队、微型消防站，以及供消防车取水的消防水池、消防车取水口等附近应当设置显示设施、部位名称的标识；室内消火栓、灭火器、自备发电设备等消防设施器材应当设置简易操作说明的标识；常闭式防火门、消防泵及其管道阀门、报警阀等消防设施器材应当设置管道阀门的常开常闭状态等内容的标识；水泵接合器应当设置供水系统、供水范围的标识；易燃易爆化学物品的生产、充装、储存、供应、销售、运输单位，化学实验室、药剂室、可燃物资仓库、堆场以及存放其他危险化学品的场所应当在明显位置制作储存物品标识牌，标识储存主要物品的火灾危险性和基本扑救方法；建筑入口醒目位置应设置总平面布局图标识，标明建筑总平面布局和室外消防设施位置等内容；人员密集场所的楼层以及宾馆、饭店的客房，商场、医院病房和公共娱乐场所的包房等公共场所，集体宿舍的房间内应设置安全疏散路线图，标明疏散路线、安全出口、人员所在的当前位置等内容；设有建筑外墙外保温系统的单位，应当在主入口及周边相关醒目位置，设置外墙保温材料燃烧性能、防火要求的标识。（6）消防安全禁止性标识的设置应满足以下要求：安全出口、疏散通道、消防车通道、消防车登高作业场地、灭火救援窗口、防火卷帘、消火栓等应当设置禁止锁闭、堵塞、占用、圈占等内容的标识；在客梯、货运电梯外部应设置"如遇火警严禁乘坐电梯"的标识；在宾馆、饭店、商场、公共娱乐场所、医院、图书馆、档案馆（室）、候车（船、机）室大厅和其他公共场所有明确禁止吸烟规定的，应设置"禁止吸烟"标识；具有甲、乙、丙类火灾危险的生产厂区、厂房、储罐、堆场等部位及入口处应设置禁止烟火、禁止燃放鞭炮、禁止使用手机等标识；存放遇水燃烧、爆炸的物质或用水灭火会对周围环境产生危险的地方应设置"禁止用水灭火"标识。

消防安全标识应采用坚固耐用、抗腐难燃的材料制作，设置在室内的消防安全标识可以采用不干胶材料制作；设置在室外的消防安全标识应当采用具备一定防风、抗雨能力的材料制作，并具备荧光效果。消防安全标识可采用钉挂、粘贴、镶嵌、悬挂等方式安装，也可采用喷涂、标识杆等方式安装。运营单位应当加强对消防安全标识的维护管理，并每月检查一次。发现变形、破损、变色、模糊、缺失的，应立即更换或修理。

（九）消防安全区域联防联勤管理

消防安全区域联防联勤管理的要求：（1）应当选取固定场所作为联防小组办公室，选择熟悉消防法律法规及消防技术标准、具备消防安全知识和管理能力的人员作为联防人员。（2）联防小组办公室应当每日安排2名以上人员，对成员单位开展防火巡查；每季度组织人员对全体成员单位开展一次消防安全互查，对发现的问题应当督促单位整改。(3) 联防小组办公室应当选择成员单位内消防安全管理经验丰富、熟悉消防设施及工艺流程的人员组成宣讲队或委托外部专家，每半年至少开展一次消防安全教育培训。(4) 联防小组办公室应当督促成员单位定期开展灭火和应急疏散演练，每年至少组织一次全体成员单位参加的区域内灭火协作演练。(5) 联防小组办公室应当整合成员单位应急力量、器材装备等资源，建立初起火灾处置联防队伍，明确发生火灾时的调度指挥方式。(6) 联防小组办公室应每季度至少组织召开一次联防小组会议，通报工作开展情况，交流消防安全管理经验，研究提出加强消防安全管理的措施。

四、防火巡查和检查

（一）防火巡查内容

运营单位防火巡查的内容有：（1）消防车道、疏散通道、安全出口是否畅通，安全疏散指示标志、应急照明是否完好。（2）消防设施及器材和消防安全标志是否在位、完整。（3）常闭式防火门是否处于关闭状态，其他防火门的启闭装置是否完好有效，防火卷帘设置部位是否存在堆放物品等影响防火卷帘正常工作的情形。（4）自动消防设施运行情况。（5）消防控制室、车站控制室等人员是否在岗，通信设备房、信号设备房、蓄电池室、变电所、环控电控室、消防水泵房等无人值守房间是否落实每日或规定时间进行安全检查。（6）用火、用电、用油和用气有无违章情况。（7）施工现场的消防设施及器材配置与防火保护措施等消防安全情况。（8）其他消防安全情况。

（二）检查的重点内容

运营单位防火检查的重点内容有：（1）消防安全工作制度落实情况，日常防火巡查工作落实情况。（2）工作人员对消防安全知识和基本技能的掌握情况。（3）消防控制室的日常工作情况，消防安全重点部位的日常管理情况。（4）消防设施运行和维护保养情况，电气线路定期检查情况。（5）火灾隐患排查和整改情况。（6）其他须检查的内容。

五、火灾隐患整改

火灾隐患整改的要求有：（1）对可立即消除的火灾隐患，发现人应通知存在隐患的部门、岗位负责人立即采取措施消除。（2）对不能立即消除的火灾隐患，发现人应立即报告主管部门，由主管部门研究确定隐患整改措施、制订隐患消除计划，并报消防安全归口管理部门备案，消防安全归口管理部门应协调并督促落实。（3）对确实无法消除的火灾隐患，消防安全责任人或消防安全管理人应决定存在火灾隐患的部门或岗位是否立即停止产生火灾隐患的生产经营行为。（4）对应立即停止可能产生更大火灾隐患的生产经营行为，由消防安全管理人负责组织制订停止工作计划，并负责监督落实。（5）在隐患未完全消除期间，应采取有效的措施预防火灾发生。（6）隐患消除后，消防安全管理人或消防安全归口管理部门应组织复查，确认火灾隐患消除。

六、灭火力量建设

城市轨道交通作为消防安全重点单位，其运营单位应当根据消防法律法规，依托志愿消防队建立微型消防站。

（一）基本要求

微型消防站建设的基本要求有：（1）微型消防站应设置人员值班（守）、器材存放等工作用房，并应在工作用房入口处醒目位置设置队站标识标牌。（2）微型消防站应落实分班编组，合理安排执勤力量，实行 24 h 值班。（3）微型消防站的队员应当训练熟悉建筑结构和使用情况、道路水源、消防设施设置情况、灭火和应急疏散预案等，熟练掌握消防设施、消防器材装备的性能和操作方法。(4) 微型消防站每月参加技能训练不少于 1 天。(5) 微型消防站应当加强与国家综合性消防救援队伍的联勤联训，掌握常见火灾及其他灾害事故特点、处置对策、防护措施。(6) 微型消防站应定期检查、及时维护保养器材装备，保证其处于完好状态。(7) 微型消防站应在单位开展消防宣传教育培训，普及消防常识，参加单位防火巡查检查、动火等危险作业现场监护等工作。

(二) 具体要求

微型消防站建设的具体要求有：(1) 单位应按照场所规模、火灾危险性、人员密集程度等，分级建设微型消防站。微型消防站分级建设标准见附录 B。(2) 微型消防站应设置在建筑内便于队员出入的适当位置，具备条件的单位，可设置值班备勤室、器材库等业务用房。生产、储存、经营危险化学品的场所，站房应设置在常年主导风向的上风或者侧风处。(3) 微型消防站应设站长（由消防安全管理人担任）、副站长（由具备消防安全管理经验和灭火经验的人员担任）、消防员（由保安或员工担任），配有消防车辆的微型消防站应有驾驶员。其中，消防员应年满 18 周岁，最高年龄不宜超过 55 周岁，并具有与岗位相适应的文化程度。(4) 微型消防站应当根据本单位火灾危险性，配备一定数量的灭火、通信、个人防护等消防器材装备。微型消防站装备配备参考标准见附录 C。(5) 大型商业综合体、大型医疗机构等建筑规模较大的单位，应当分区域或分楼层合理设置器材放置点，满足微型消防站队员从器材存放点到达任意事故现场不超过 2 min 的要求。高层公共建筑器材放置点楼层间隔不得大于 15 层，总数不得少于 2 个。(6) 微型消防站应当分班编组值守，一级微型消防站每班次在岗人员不应少于 6 人，二级微型消防站每班次在岗人员不应少于 4 人，三级微型消防站每班次在岗人员不应少于 2 人。(7) 微型消防站由各产权单位、使用单位和委托管理单位负责日常管理，并宜与周边其他单位微型消防站建立联动联防机制。

七、消防档案

(一) 基本要求

消防档案管理的基本要求有：(1) 运营单位应建立、健全消防档案及保管制度。消防档案应包括消防安全基本情况和消防安全管理情况。消防档案应内容翔实、记录准确，并附有必要的图表。不应漏填、涂改，并应根据情况变化及时更新，统一保管、备查。(2) 运营单位在落实消防档案管理制度时应落实人员、经费、场所、设施，积极采用先进的档案管理技术，根据需要组织检查、鉴定、销毁档案。(3) 运营单位应将各类日常消防记录留档备查，消防安全重点部位应设置独立消防档案，实行严格管理。

(二) 档案内容

1. 消防安全基本情况

消防安全基本情况的内容有：(1) 单位基本概况和消防安全重点部位情况。(2) 建设工程消防设计审核、消防验收、消防监督检查法律文书及相关资料、图纸等。(3)消防安全制度和消防安全操作规程。(4)消防安全管理组织机构和各级消防安全责任人、消防安全管理人情况。(5)与消防安全有关的重点人员情况。(6)专职或志愿消防队(微型消防站)及其消防装备配备情况。(7)消防设施、灭火器材情况。(8)消防产品、防火材料的合格证明材料。(9)安全疏散图示、灭火和应急疏散预案。

2. 消防安全管理情况

消防安全管理情况的内容有：(1)防火巡查、检查记录。(2)火灾隐患及其整改情况记录。(3)消防设施检查、自动消防设施测试、维修保养记录。(4)有关燃气、电气设备检测等记录。(5)灭火和应急疏散预案的演练记录。(6)消防宣传教育、培训记录。(7)火灾情况记录。(8)消防奖惩情况记录。

(三) 保管

流动保管的巡查记录等档案存档时间应不少于3年，交接班时应有交接手续，不应缺页。重要的技术资料、图纸、审核手续、法律文书等应按建设工程资料存档规定保存。

任务三 施工现场消防安全管理

城市轨道交通建设工程施工现场大多都位于城市繁华地带，或集中在人口密集的居民区，或在交通拥堵的路段，施工过程中环境复杂、动火用电多、消防设施不完备、消防安全管理难度大，是消防安全管理的重点环节。

一、一般规定

(一) 施工现场的消防安全管理

施工现场的消防安全管理应由施工单位负责。实行施工总承包时，应由总承包单位负责。分包单位应向总承包单位负责，并应服从总承包单位的管理，同时应承担国家法律、法规规定的消防责任和义务。

(二) 施工现场监理

监理单位应对消防安全管理实施监理。施工单位应根据建设项目规模、现场消防安全管理的重点，在施工现场建立消防安全管理组织机构及义务消防组织，并应确定消防安全负责人和消防安全管理人员，同时应落实相关人员的消防安全管理责任。

(三) 制定消防安全管理制度

施工单位应针对施工现场可能导致火灾发生的施工作业及其他活动，制定消防安全管理制度，主要内容有：(1)消防安全教育与培训制度。(2)可燃及易燃易爆危险品管理制度。(3) 用火、用电、用气管理制度。(4) 消防安全检查制度。(5) 应急预案演练制度。

(四) 编制施工现场防火技术方案

施工单位应编制施工现场防火技术方案，并应根据现场情况变化及时对其进行修改、完善，主要内容有：(1) 施工现场重大火灾危险源辨识。(2) 施工现场防火技术措施。(3) 临时消防设施、临时疏散设施配备。(4) 临时消防设施和消防警示标识布置图。

(五) 编制施工现场灭火及应急疏散预案

施工单位应编制施工现场灭火及应急疏散预案，主要内容有：(1) 应急灭火处置机构及各级人员应急处置职责。(2) 报警、接警处置的程序和通信联络的方式。(3) 扑救初起火灾的程序和措施。(4) 应急疏散及救援的程序和措施。

(六) 施工现场的消防安全教育和培训

施工人员进场时，施工现场的消防安全管理人员应向施工人员进行消防安全教育和培训，主要内容有：(1) 施工现场消防安全管理制度、防火技术方案、灭火及应急疏散预案的主要内容。(2) 施工现场临时消防设施的性能及使用、维护方法。(3) 扑灭初起火灾及自救逃生的知识和技能。(4) 报警、接警的程序和方法。

(七) 消防安全技术交底

施工作业前，施工现场的施工管理人员应向作业人员进行消防安全技术交底，主要内容有：(1) 施工过程中可能发生火灾的部位或环节。(2) 施工过程应采取的防火措施及应配备的临时消防设施。(3) 初起火灾的扑救方法及注意事项。(4) 逃生方法及路线。

(八) 消防安全检查

在施工过程中，施工现场的消防安全负责人应定期组织消防安全管理人员对施工现场的消防安全进行检查，主要内容有：(1) 可燃物及易燃易爆危险品的管理是否落实。(2) 动火作业的防火措施是否落实。(3) 用火、用电、用气是否存在违章操作，电、气焊及保温防水施工是否执行操作规程。(4) 临时消防设施是否完好有效。(5) 临时消防车道及临时疏散设施是否畅通。

(九) 灭火及应急疏散的演练

施工单位应依据灭火及应急疏散预案，定期开展灭火及应急疏散的演练。施工单位应做好并保存施工现场消防安全管理的相关文件和记录，并应建立现场消防安全管理档案。

二、可燃物及易燃易爆危险品管理

(一) 保温、防水、装饰及防腐等材料的燃烧性能

用于在建工程的保温、防水、装饰及防腐等材料的燃烧性能等级应符合设计要求，

可燃材料及易燃易爆危险品应按计划限量进场。进场后，可燃材料宜存放于库房内，露天存放时，应分类成堆堆放，堆高不应超过 2 m，单堆体积不应超过 50 m³，堆与堆之间的最小间距不应小于 2 m，且应采用不燃或难燃材料覆盖。易燃易爆危险品应分类专库储存，库房内应通风良好，并应设置严禁明火标志。室内使用油漆及其有机溶剂、乙二胺、冷底子油等易挥发产生易燃气体的物资作业时，应保持良好通风，作业场所严禁明火，并应避免产生静电。施工产生的可燃、易燃建筑垃圾或余料，应及时清理。

（二）运营单位可燃物管理

运营单位可燃物管理的规定有：（1）车站内应严格控制可燃物，广告设施、建筑装修装饰材料和列车车厢内装饰材料的选用应符合《地铁设计规范》（GB 50157—2013）、《城市轨道交通技术规范》（GB 50490—2009）和《地铁设计防火标准》（GB 51298—2018）的规定。（2）车站站台、站厅和出入口通道的乘客疏散区内不应设置商业设施。(3) 车站站厅、站台、列车车厢和管理用房内的垃圾应及时清理，可燃垃圾存放时间不应超过一昼夜。（4）地面车站和高架车站以及线路轨道外边线外侧 30 m 内，出入口、通风亭、变电站等建筑物、构筑物外边线外侧 10 m 内，应加强可燃、易燃物品管理，不应随意堆放杂物。

三、用火、用电、用气管理

（一）施工现场用火管理

在车站站厅、站台、列车车厢、管理用房、区间隧道、车辆基地内，使用明火作业时，应在动火前按程序申报并采取下列监护措施：（1）作业前，由动火单位向消防安全归口管理部门提出书面申请办理动火许可证，并注明明火作业的地点、时间、范围、安全措施、现场监护人等内容。动火许可证的签发人收到动火申请后，应前往现场查验并确认动火作业的防火措施落实后，再签发动火许可证。（2）作业前，动火单位应制定安全防范措施和应急预案。(3) 作业现场应配备足量的灭火器材，应将周围 10 m 范围内的可燃物、维修设备移至安全地点或采取安全可靠的隔离措施。（4）作业安排时，宜将动火作业安排在使用可燃建筑材料的施工作业前进行。确需在使用可燃建筑材料的施工作业之后进行动火作业时，应采取可靠的防火措施。（5）严禁在裸露的可燃材料上直接进行动火作业。（6）架空作业时，下方应采取防止火星飞溅的隔离（绝）、遮挡等安全措施。(7) 明火作业人员应持操作证上岗，现场应在显著位置公示作业许可证。（8）作业前和作业期间，动火单位应安排专人进行动火监护工作，安全管理人员应到现场进行检查监督，每个动火作业点均应设置一个监护人。（9）动火监护人在动火作业过程中不得离开现场，当发现异常情况时，应立即通知停止作业并及时采取措施。（10）达到五级（含五级）以上风力时，应停止焊接、切割等室外动火作业。确需动火作业时，应采取可靠的挡风措施。（11）外来人员明火作业时，运营单位应与施工单位签订安全协议，对施工单位作业进行检查监督，消防安全归口管理部门应做好抽查工作。（12）作业结束后，应认真清理作业现场，守护至达到安全状态后方可离开现场。（13）具有火灾、爆炸危险的场所严禁明火。（14）施工现场不应采用明火取暖。

（二）施工现场用电管理

施工现场用电管理的规定有：（1）施工现场供用电设施的设计、施工、运行和维护应符合现行国家标准《建设工程施工现场供用电安全规范》（GB 50194—2014）的有关规定。（2）电气线路应具有相应的绝缘强度和机械强度，严禁使用绝缘老化或失去绝缘性能的电气线路，严禁在电气线路上悬挂物品。破损、烧焦的插座、插头应及时更换。（3）电气设备与可燃、易燃易爆危险品和腐蚀性物品应保持一定的安全距离。（4）有爆炸和火灾危险的场所，应按危险场所等级选用相应的电气设备。（5）配电屏上每个电气回路应设置漏电保护器、过载保护器，距配电屏 2 m 范围内不应堆放可燃物，5 m 范围内不应设置可能产生较多易燃、易爆气体、粉尘的作业区。（6）可燃材料库房不应使用高热灯具，易燃易爆危险品库房内应使用防爆灯具。（7）普通灯具与易燃物的距离不宜小于 300 mm，聚光灯、碘钨灯等高热灯具与易燃物的距离不宜小于 500 mm。（8）电气设备不应超负荷运行或带故障使用。（9）严禁私自改装现场供用电设施。（10）应定期对电气设备和线路的运行及维护情况进行检查。（11）需要临时搭设电气线路时，应向运营单位消防安全归口管理部门提出申请。

（三）施工现场用气管理

施工现场用气管理的规定有：（1）在车站站厅、站台、列车车厢、管理用房、区间隧道和车辆基地内，使用燃气作业时，应按相关规定进行申报并采取必要的监护措施。（2）城市轨道交通中的用气（油）系统应按规程操作，并应定期巡检和维护。（3）废油应密闭在专用的防火容器内及时清运，并应采取防止废油泄漏的有效措施。（4）储装气体的罐瓶及其附件应合格、完好和有效。严禁使用减压器及其他附件缺损的氧气瓶，严禁使用乙炔专用减压器、回火防止器及其他附件缺损的乙炔瓶。（5）气瓶运输、存放、使用时的规定：① 气瓶应保持直立状态，并采取防倾倒措施；乙炔瓶严禁横躺卧放；严禁碰撞、敲打、抛掷、滚动气瓶；气瓶应远离火源，与火源的距离不应小于 10 m，并应采取避免高温和防止曝晒的措施；燃气储装瓶罐应设置防静电装置。② 气瓶应分类储存，库房内应通风良好；空瓶和实瓶同库存放时，应分开放置，空瓶和实瓶的间距不应小于 1.5 m。③ 气瓶使用时的规定：使用前，应检查气瓶及气瓶附件的完好性，检查连接气路的气密性，并采取避免气体泄漏的措施，严禁使用已老化的橡皮气管；氧气瓶与乙炔瓶的工作间距不应小于 5 m，气瓶与明火作业点的距离不应小于 10 m；冬季使用气瓶，气瓶的瓶阀、减压器等发生冻结时，严禁用火烘烤或用铁器敲击瓶阀，严禁猛拧减压器的调节螺丝；氧气瓶内剩余气体的压力不应小于 0.1 MPa；气瓶用后应及时归库。

四、其他防火管理

施工现场除了上述消防安全管理内容外，还应该做到：（1）施工现场的重点防火部位或区域应设置防火警示标识。（2）施工单位应做好施工现场临时消防设施的日常维护工作，对已失效、损坏或丢失的消防设施应及时更换、修复或补充。（3）临时消防车道、临时疏散通道、安全出口应保持畅通，不得遮挡、挪动疏散指示标识，不得挪用消防设施。（4）施工期间，不应拆除临时消防设施及临时疏散设施。（5）施工现场严禁吸烟。

任务四 消防宣传教育培训

消防宣传教育培训是单位的法定职责，也是消防安全管理的重要措施，运营单位应当结合实际开展经常性的消防宣传教育培训活动，调动全体员工的积极性，增强全体员工的消防安全素质，使他们自觉遵守消防法律法规，参与消防安全管理，共同维护消防安全。

一、基本要求

消防安全宣传教育培训的要求有：（1）运营单位应积极开展消防公益宣传，通过设置消防宣传栏、在新闻媒体（包括内部网站、微信公众号、企业微博）设置专栏、悬挂电子屏和楼宇电视、发放宣传资料、张贴宣传挂图，以及举办消防宣传活动等多种形式向乘客宣传防火、灭火、疏散逃生等常识，重点提示单位或场所火灾危险性、安全疏散路线、灭火器材的位置和使用方法。（2）运营单位应根据季节性特点及重大活动等特殊时期开展有针对性的消防宣传教育活动。（3）运营单位根据需要编印场所消防安全宣传资料供公众取阅。（4）运营单位每半年应至少组织开展一次在岗人员消防安全培训。（5）消防安全教育培训应纳入职工的继续教育学时中。（6）在建工程的施工单位应当在建设工地醒目位置、施工人员集中住宿场所设置消防安全宣传栏，悬挂消防安全挂图和消防安全标识。（7）鼓励运营单位依托现有场地和设施设置消防安全体验室（点），面向员工和公众宣传消防安全常识。

二、宣传教育培训对象和内容

（一）消防安全教育培训对象

消防安全教育培训对象包括：（1）单位的消防安全责任人、消防安全管理人。（2）专（兼）职消防安全管理人员。（3）新入职和调岗员工上岗前应接受消防安全教育、培训。（4）消防控制室值班人员、消防设施操作员。（5）企业专职或志愿消防队员、微型消防站队员、保安人员。（6）重点岗位工种人员。（7）劳务派遣、外包单位、协作单位、临时务工等从业人员。（8）其他依据规定应当接受消防安全专门培训的从业人员。

（二）消防安全教育培训的内容

消防安全教育培训的内容有：（1）有关消防法规、消防安全制度和保障消防安全的操作规程。（2）本单位和本岗位的火灾风险及管控措施。（3）消防安全巡查、检查重点内容。（4）有关消防设施的性能和使用、检查方法。（5）本单位或本部门的灭火和应急疏散预案。（6）报告火警、扑救初起火灾及逃生自救的知识和技能。（7）组织、引导乘客疏散的知识和技能。（8）其他消防安全宣传教育内容。

三、专门培训

专门培训的要求主要有：（1）运营单位每年应至少组织一次对消防安全负责人、消防安全管理人、专（兼）职消防管理人员的消防安全法律法规培训。（2）运营单位每年应至少组织一次电焊、气焊等具有火灾危险作业人员接受消防安全法律法规、操作规程的专项培训。（3）运营单位每年应至少组织一次专职或志愿消防队（微型消防站）队员、防火巡查人员接受消防设施及器材的操作训练。

专门培训内容至少应当包括：（1）建筑基本情况，消防设施、安全疏散设施、灭火和应急救援设施设置位置及使用方法。（2）单位消防安全制度及灭火和应急处置预案分工。（3）发现、排除火灾隐患的技能，防火巡查、检查的要点，消防安全重点部位、场所的防护要求。（4）初起火灾处置、疏散引导和简单医疗救护技能。

任务五 消防安全评估

对城市轨道交通领域进行消防安全评估，可以充分了解城市轨道交通所面临的消防安全风险，深入剖析隐患成因和问题症结，做到及时整改、提早预防，提高城市轨道交通的消防安全系数。

一、评估流程及内容

城市轨道交通消防安全评估流程及内容为：（1）确定评估范围。评估的范围、具体任务等应由委托单位和评估机构商议商定。（2）制订评估方案。评估机构项目负责人组织相关人员制订工作方案，对工作任务、标准、期限、人员及分工等做出安排。根据工作方案，准备评估所需的法律法规、技术标准、仪器设备以及其他相关资料。（3）信息采集。在明确消防安全评估范围和工作方案的基础上，收集各种与消防安全评估工作相关的资料，包括评估对象概况、运营管理规程和规章制度、消防设计图纸、消防设施相关资料、火灾应急救援预案、消防安全规章制度、相关检测报告等。（4）建立评估指标体系。根据评估目的，在信息采集的基础上，进一步分析导致消防安全隐患的影响因素及其相互关系，突出重点和主要因素，然后对各影响因素按照不同的层次进行分类，形成不同层次的评估指标因素集。（5）分析与计算风险。根据不同层次评估指标的特性，选择合理的评估方法，按照不同的风险因素确定风险概率，根据风险因素对评估目标的影响程度进行定量或定性的分析和计算，确定各风险因素的风险等级。（6）确定评估结论。根据风险识别结果，明确指出城市轨道交通的消防安全状态。（7）风险控制措施。根据风险分析和评估结论，遵循针对性、技术可行性、经济合理性的原则，提出消除或降低风险的技术措施和管理对策。（8）编制评估报告。根据项目小组评估情况和结果，编制城市轨道交通消防安全评估报告。（9）建立评估档案。及时整理评估资料，建立项目评估档案，留存备查。

二、评估原则和现场检查要求

（一）评估原则

评估原则：运用科学的评估方法，对消防安全制度等文件进行核查，对防灭火设备设施进行现场检查。在上述基础上，分析被评估范围内可能存在的火灾危险，合理划分评估单元，建立全面的评估指标体系，对评估单元进行定性及定量分析，结合评估人员意见合理建立权重体系。

（二）现场检查要求

现场检查应根据被评估单位的规模进行合理抽查。现场检查要求如下：检查测试用仪器、仪表、量具等计量器具，确定合格有效；应在现场相关人员（包括操作人员、消防安全管理人员等）陪同下，巡查所有评估单元；采用核对方式检查时，应与设计、验收等相关技术文件对比；应逐项记录各消防设施的测试结果及仪表显示的数据，填写检查记录表；完成评估测试后将各消防设施恢复至正常工作状态。

三、评估单元和内容

（一）消防安全管理单元

1. 消防安全组织及职责评估

（1）消防安全制度评估。

消防安全制度评估的内容包括：运营单位应明确各级、各岗位消防安全责任人及其职责，制定本单位的消防安全制度、消防安全操作规程、灭火和应急疏散预案；评估对象应明确消防安全责任人和管理人，成立消防安全管理组织；地下车站与连通部位、站内商业、上盖建筑等非地铁功能的场所，应明确各自消防安全工作的权利、义务和责任。

（2）消防安全制度落实评估。

消防安全制度落实评估的内容包括：运营单位应确保防火检查和巡查、消防设施及器材维护保养、建筑消防设施检测、电气防火检测、火灾隐患整改、专职或志愿消防队

（微型消防站）建设等消防工作所需资金的投入及落实；评估对象应建立消防档案，确定消防安全重点部位，保障疏散通道、安全出口、消防车道畅通，定期开展防火巡查检查，及时消除火灾隐患；消防安全责任人应每季度至少组织召开一次消防安全管理工作会议，每季度至少参加一次防火检查、消防宣传教育以及灭火和应急疏散演练；消防安全管理人应组织实施消防安全管理工作计划和整改火灾隐患，每月至少组织实施一次防火检查，组织微型消防站开展训练、演练，组织开展消防知识、技能宣传教育和培训；控制中心或消防控制室工作人员应取得相应岗位资格证书并熟悉和掌握消防控制室设备的功能及操作规程，做好巡检巡查、火警、故障和值班等记录；消防安全员、调度人员、行车调度人员、电力调度人员、维修调度人员、自动消防设施操作人员、列车驾驶员及其他相关人员应履行相应职责。

2. 消防安全管理评估

（1）一般要求评估。

一般要求评估的内容包括：运营单位应将容易发生火灾、一旦发生火灾可能严重危害人身财产安全以及对消防安全有重大影响的部位确定为消防安全重点部位，并设置明显的防火标志；评估对象应定期组织开展防火巡查、防火检查和消防设施联动运行测试；评估对象应确定防火巡查检查的人员、内容、部位、频次，如实填写巡查和检查记录，对隐患应现场处理或及时上报。

（2）防火巡查要求评估。

防火巡查要求评估的内容包括：查看消防车道、疏散通道、安全出口、疏散指示标志、消防应急照明的巡查记录；查看消防设施、器材及标志、防火门、防火卷帘的巡查记录；查看消防控制室、车站控制室、通信设备房、信号设备房、蓄电池室、变电所、环控电控室、消防水泵房等房间的巡查记录；了解自动消防设施的运行情况；了解用火、用电、用油、用气、施工现场消防设施配置与防火保护措施的情况；其他消防安全的巡查情况。

（3）防火检查要求评估。

防火检查要求评估的内容包括：查看消防设施运行和维护保养、电气线路定期检查记录；了解工作人员对消防安全知识和基本技能的掌握情况；了解消防控制室的日常工作情况和消防安全重点部位的日常管理情况；了解火灾隐患排查和整改情况；其他须防火检查的内容。

3. 火灾危险源控制评估

（1）一般要求评估。

一般要求评估的内容包括：运营单位应根据实际情况和城市轨道交通的设施状况、人员特点等，制定相应的危险源控制管理制度和安全操作规程；城市轨道交通严禁吸烟，并应设置明显的警示标志；站厅、站台、列车车厢和管理用房内，不应采用明火、电炉等采暖设备，采暖散热器表面平均温度不应超过 80 ℃，必须使用明火的作业应在动火前按程序申报并采取监护措施。

（2）可燃物管理评估。

可燃物管理评估的内容包括：站厅、站台、区间、列车车厢内应严格控制可燃材料的使用；站厅、站台和疏散通道等乘客疏散区不应设置商业设施；站厅、站台和管理用房的垃圾及杂物应及时清理。

（3）电气管理评估。

电气管理评估的内容包括：评估对象应定期巡检和维护变压器、带油电气设备等机电设备；各级配电设备和电气设备应安装保护电路和报警装置；评估对象应定期检查、维修运行车辆上的电气设备和线路，及时清除列车运行线路上的导电体。

（4）用气（油）管理评估。

用气（油）管理评估的内容包括：在站厅、站台、列车车厢、管理用房、区间隧道和车辆基地内，使用燃气作业时，应按相关规定进行申报并采取必要的监护措施；城市轨道交通中的用气（油）系统应按规程操作，并定期巡检和维护；废油应密闭在专用的防火容器内，采取防止泄漏的有效措施，并及时清运。

4. 灭火和应急疏散预案与演练评估

（1）一般要求评估。

一般要求评估的内容包括：评估对象应配备火灾应急处置所需要的设备及物资，进行经常性维护保养，保证设备完好；评估对象应定期开展灭火和应急疏散演练，专职或志愿消防队（微型消防站）应针对预案内抢险救援任务开展技能、体能操练。

（2）灭火和应急疏散预案评估。

灭火和应急疏散预案评估的内容包括：应急指挥机构的组成和职责；应急处置过程中各工作组的组织原则；信息报告流程；初起火灾的扑救程序和措施；火灾时的灭火救援策略和人员疏散方案；应急恢复措施。

（3）灭火和应急疏散演练评估。

灭火和应急疏散演练评估的内容包括：运营单位应每年至少组织一次灭火和应急疏散演练，现场班组应每半年至少组织一次现场处置演练；评估对象应建立灭火和应急疏散演练评估工作机制，应包括演练准备、组织与实施的效果、演练主要经验、演练中发现的问题和意见建议等；对于演练中发现的应急处置机制、作业标准、操作规程和管理规定等缺陷，应及时修订完善。

5. 消防设施管理评估

（1）日常使用操作评估。

日常使用操作评估的内容包括：评估单位应建立消防设施日常管理制度和操作规程，明确有关部门和人员的岗位职责，消防设施操作人员应取得岗位资格证书；评估对象应对消防设施开展定期巡查，确定巡查的人员、部位、内容和频次，如实填写巡查记录；评估对象在巡查、检查中发现的消防设施及器材故障应及时修复。

（2）消防设施检查与维护评估。

消防设施检查与维护评估的内容包括：评估对象应建立消防设施及器材维护保养、检测的制度和规程；评估对象应自行或委托消防技术服务机构对其消防设施每年至少进行一次全面检测。

6. 灭火救援工具备品评估

灭火救援工具备品评估的内容包括：评估对象应在车站及设施内配置灭火救援工具备品，并保持其完好；工作人员应熟练使用和操作灭火救援工具；评估对象应通过多种渠道向乘客宣传自救用品的使用方法；指挥备品、抢险备品、救护备品应齐全完好。

7. 消防安全宣传教育培训评估

消防安全宣传教育培训评估的内容包括：评估对象应根据季节性特点及重大活动等特殊时期开展有针对性的消防宣传教育活动；新入职和调岗员工上岗前应接受消防安全教育培训；评估对象每半年应至少组织开展一次在岗人员消防安全培训；评估对象每年应至少组织一次消防安全责任人、消防安全管理人、专（兼）职消防管理人员的消防安全法律法规宣传培训；评估对象每年应至少组织一次电焊、气焊等具有火灾危险作业人员接受消防安全法律法规、操作规程的专项培训；评估对象每年应至少组织一次专职或志愿消防队（微型消防站）队员接受消防设施及器材的操作训练。

8. 消防档案评估

消防档案评估的内容包括：消防档案应包括消防安全基本情况、消防安全管理情况等；消防安全重点部位应设置独立消防档案；消防档案应内容翔实、记录准确，附有必要的图表，不应漏填或涂改；评估对象应根据情况变化及时更新消防档案，将各类日常消防记录留档备查，实行严格管理。

（二）建筑防火单元

1. 总平面布局评估

（1）消防车道评估。

消防车道评估的内容包括：车站建筑内消防车道的设置应符合相关规范和设计文件的要求；独立建造的控制中心与地上主变电所消防车道的设置应符合相关规范和设计文件的要求；车辆基地内消防车道的设置应符合相关规范和设计文件的要求。

（2）防火间距评估。

防火间距评估的内容包括：车站及其附属建筑，与周围建筑物、储罐（区）、地下油管等的防火间距应符合相关规范和设计文件的要求；车辆基地内各建筑的防火间距应符合相关规范和设计文件的要求。

(3) 平面布置评估。

平面布置评估的内容包括：地下车站风亭、风井的位置设置应符合相关规范和设计文件的要求；消防水泵房的设置应符合相关规范和设计文件的要求；主变电所应独立建造；控制中心宜独立建造，确需与其他建筑合建时，应采用无门窗洞口的防火墙与其他部分分隔；车辆基地内各建筑的平面布置应符合相关规范和设计文件的要求；易燃物品库应独立布置，并应按存放物品的不同性质分库设置。

2. 建筑耐火等级与防火分隔评估

建筑耐火等级与防火分隔评估的内容包括：风道、风井及防火分隔等结构的耐火极限应符合规范和设计文件的要求；车站、区间、控制中心与主变电所、车辆基地等建筑的耐火等级应符合规范和设计文件的要求。

3. 安全疏散评估

(1) 地下车站评估。

地下车站评估的内容包括：安全出口设置的位置、数量应符合相关规范和设计文件的要求；地下车站消防专用通道的设置应符合相关规范和设计文件的要求。

(2) 地上车站评估。

地上车站评估的内容包括：安全出口设置的位置、数量应符合相关规范和设计文件的要求；站厅通向天桥的出口、换乘通道和换乘梯出口作为安全出口时应符合相关规范和设计文件的要求；高度超过 24 m 且相连区间未设纵向疏散平台的高架车站，站台应增设直达地面的疏散楼梯并应符合相关规范和设计文件的要求。

(3) 区间评估。

区间评估的内容包括：载客运营轨道区的道床应满足人员疏散行走的要求；两条单线载客运营地下区间设置的联络通道及通道内的防火门应符合相关规范和设计文件的要求；地下区间内疏散井和用于疏散的风井，应符合相关规范及设计文件的要求；区间内纵向疏散平台的设置应符合相关规范及设计文件的要求。

(4) 控制中心、主变电所与车辆基地评估。

控制中心、主变电所与车辆基地评估的内容包括：中央控制室的设备布置、安全出口设置应符合相关规范及设计文件的要求；控制室、配电装置室、补偿装置室、电缆夹层的安全出口宜布置在设备室的两端，并应符合相关规范及设计文件的要求；地下停车库、列检库、停车列检库、运用库和联合检修库安全出口设置的位置、数量应符合相关规范和设计文件的要求；车辆基地和其建筑上部其他功能场所的人员安全出口应分别独立设置，且不得相互借用。

(5) 疏散指示标志评估。

疏散指示标志评估的内容包括：站台和站厅公共区、人行楼梯及其转角处、自动扶梯、疏散通道及其转角处、防烟楼梯间、消防专用通道、安全出口、避难走道、设备管理区内的走道和变电所的疏散通道等，均应设置电光源型疏散指示标志；疏散指示标志的设置位置、间距应符合相关规范和设计文件的要求；自动扶梯起点侧面及人行楼梯起步的 3 阶踏步立面处，宜增设蓄光型疏散指示标志；地下区间纵向疏散平台上应设置疏散指示标志和与疏散出口的距离标识；地下区间之间的联络通道的洞口上部，应垂直于门洞设置具有双面标识常亮的疏散指示标志。

4．建筑构造评估

（1）防火分隔设施评估。

防火分隔设施评估的内容包括：在管线（道）穿越防火墙、防火隔墙、楼板处，应采用防火封堵材料紧密填实，且在两侧各 1 m 范围内的管道保温材料应采用不燃材料；在配电间和控制室的沟道入口处或管线（道）穿越电缆通道、管沟隔墙处、电缆引致电气柜（盘）或控制屏的开孔部位，应采取防火封堵措施；防火门、防火窗设置的位置、防火等级、开启方式等应符合相关规范和设计文件的要求；乘客疏散通道上不应设置防火卷帘。

（2）自动扶梯、楼梯间、管道井与纵向疏散平台评估。

自动扶梯、楼梯间、管道井与纵向疏散平台评估的内容包括：发生火灾时兼作疏散用的自动扶梯应符合相关规范和设计文件的要求；封闭楼梯间、防烟楼梯间的防火构造应符合《建筑设计防火规范》（GB 50016—2014）的规定；电缆井、管道井应分别独立设置，其井壁的耐火极限应符合相关规范和设计文件的要求；区间纵向疏散平台的设置应符合相关规范和设计文件的要求。

（3）建筑内部装修评估。

建筑内部装修评估的内容包括：车站公共区、休息室、更衣室、卫生间、设备管理区用房、中央控制室、应急指挥室、控制中心、主变电所、车辆基地等场所内部装修材料的燃烧性能应符合相关规范和设计文件的要求；站厅、站台、人员出入口、疏散楼梯及楼梯间、疏散通道、避难走道、联络通道等人员疏散部位和消防专用通道的装修材料燃烧性能应符合相关规范和设计文件的要求；疏散通道和疏散楼梯的地面材料应具有防滑特性；广告灯箱、导向标志、座椅、电话亭、售检票亭（机）、垃圾箱等固定设施的燃烧性能应符合相关规范和设计文件的要求；车站内使用的玻璃应采用安全玻璃，其耐火性能应符合相关规范和设计文件的要求；室内装修材料不得采用石棉制品、玻璃纤维和塑料类制品。

（三）消防设施单元

1．消防给水和灭火设施评估

（1）室外消火栓评估。

室外消火栓评估的内容包括：车站及其附属建筑、车辆基地应设置室外消火栓系统，其设置数量、设计流量应符合相关规范和设计文件的要求；室外消火栓宜采用地上式，其布置间距、规格型号应符合相关规范和设计文件的要求;消防给水设施及消防水源的设置应符合相关规范和设计文件的要求。

(2) 室内消火栓评估。

室内消火栓评估的内容包括:车站的站厅层、站台层、设备层、地下区间及长度大于 30 m 的人行通道等处均应设置室内消火栓,其设置数量、设计流量、布置间距、规格型号等应符合相关规范和设计文件的要求;室内消防给水管道的管网形式、阀门设置及状态、消火栓按钮的设置等应符合相关规范和设计文件的要求。

(3) 消防水泵评估。

消防水泵评估的内容包括:消防水泵的设置、规格等应符合相关规范和设计文件的要求;消防水泵应设置备用泵,其工作能力不应小于其中最大一台消防水泵的要求;消防增压稳压设备的设置、规格等应符合相关规范和设计文件的要求。

(4) 自动灭火系统和其他灭火系统评估。

自动灭火系统与其他灭火系统评估的内容包括:自动喷水灭火系统的喷头、报警阀组、水流指示器和信号阀、末端试水装置及系统功能应符合相关规范和设计文件的要求;其他灭火系统的系统组件及系统功能应符合相关规范和设计文件的要求;除区间外,地铁工程内应配置建筑灭火器;车站内的公共区、设备管理区、主变电所和其他有人值守的设备用房设置的灭火器,应按现行国家标准《建筑灭火器配置设计规范》(GB 50140—2005)规定的严重危险级配置。

2. 防烟与排烟评估

(1) 一般要求评估。

一般要求评估的内容包括:防烟设施的设置应符合相关规范和设计文件的要求;排烟设施的设置应符合相关规范和设计文件的要求;机械防烟系统和机械排烟系统与正常通风系统合用时,应符合相关规范和设计文件的要求;防烟分区及挡烟垂壁的设置应符合相关规范和设计文件的要求。

(2) 车站、控制中心、主变电所与车辆基地评估。

车站、控制中心、主变电所与车辆基地评估的内容包括:自然排烟口的有效面积、设置部位、开启方式等应符合相关规范和设计文件的要求;地下车站公共区、车辆基地及设备用房排烟设施的设置应符合相关规范和设计文件的要求;排烟风机及风管的风量应符合相关规范和设计文件的要求;排烟口和排烟阀的设置、与排烟风机的联动应符合相关规范和设计文件的要求;排烟区的补风措施应符合相关规范和设计文件的要求。

(3) 区间评估。

区间评估的内容包括:地下区间的排烟宜采用纵向通风控制方式,并应符合相关规范和设计文件的要求;地下区间内排烟射流风机宜备用一组,且不宜吊装在隧道上方;设置隔声罩的地上区间和路堑式地下区间的排烟应采用自然排烟方式,其设置应符合相关规范和设计文件的要求。

（4）排烟设备和管道评估。

排烟设备和管道评估的内容包括：排烟风机宜设置在排烟区的同层或上层，并宜与补风机、加压送风机分别设置在不同的机房内，确需共用机房时，机房内的排烟管道及其连接件应符合相关规范和设计文件的要求；地下车站、地下区间、地上车站和控制中心及其附属建筑的排烟风机火灾工况运转时间应符合相关规范和设计文件的要求；排烟系统中烟气流经的风阀、消声器和软接头等辅助设备，其耐高温性能不应低于风机的耐高温性能；防烟、排烟的管道、风口、阀门等应符合相关规范和设计文件的要求。

3. 火灾自动报警系统评估

（1）一般要求评估。

一般要求评估的内容包括：火灾工况专用设备应由火灾自动报警系统直接监控。正常运行与火灾工况均须控制的设备，可由环境与设备监控系统直接监控，并优先执行火灾自动报警系统确定的火灾工况；换乘车站的火灾自动报警系统宜集中设置，按线路设置时，应能相互传输并显示状态信息；车辆基地上部设置其他功能的建筑时，两者的控制中心应实现信息互通。

（2）监控管理评估。

监控管理评估的内容包括：中央级、车站级、车辆基地级火灾自动报警系统的功能及控制室设置应符合相关规范和设计文件的要求；现场级火灾自动报警系统的网络设置、回路器件设置应符合相关规范和设计文件的要求；控制中心、车站、车辆基地的火灾报警控制器信息传输网络应符合相关规范和设计文件的要求。

（3）火灾探测器评估。

火灾探测器评估的内容包括：火灾探测器的设置位置、选型应符合相关规范和设计文件的要求。

（4）报警及警报装置评估。

报警及警报装置评估的内容包括：手动报警按钮的设置位置、数量应符合相关规范和设计文件的要求；火灾警报装置的设置位置、数量应符合相关规范和设计文件的要求。

（5）消防联动控制评估。

消防联动控制评估的内容包括：消防控制设备宜采用集中控制方式，其动作状态型号应能在消防控制室显示、记录，消防水泵、专用防烟和排烟风机的控制设备应具有自动控制和手动控制方式；防烟和排烟系统的控制功能应符合相关规范和设计文件的要求；站台门的联动开启方式、自动检票机联动控制方式应符合相关规范和设计文件的要求；门禁的联动控制应符合相关规范和设计文件的要求；电梯的联动控制应符合相关规范和设计文件的要求。

4. 消防通信评估

消防通信评估的内容包括：控制中心、车站、车辆基地的消防通信设置应符合相关规范和设计文件的要求；地铁全线应设置防灾调度电话系统、防灾无线通信系统和独立的消防专用电话系统，其设置位置、接入方式等应符合相关规范和设计文件的要求；地下线应设置消防无线引入系统，其设置应符合相关规范和设计文件的要求；消防应急广播的设置应符合相关规范和设计文件的要求；消防应急广播与应急广播合用时应符合相关规范和设计文件的要求；车辆客室应设置供乘客与司机或控制中心紧急对讲的装置，并设置明显告示牌。

5. 消防配电与应急照明评估

（1）消防配电评估。

消防配电评估的内容包括：火灾自动报警系统、环境与设备监控系统、消防泵及消防水管电保温设备、通信、信号、变电所操作电源、站台门、防火卷帘、活动挡烟垂壁、自动灭火系统、事故疏散兼用的自动扶梯、地下车站及区间的废水泵等应采用双重电源供电，并应在最末一级配电箱处进行自动切换；火灾自动报警系统、环境与设备监控系统、变电所操作电源和地下车站及区间的应急照明用电负荷应为特别重要负荷，应增设应急电源；车站内设置在同一侧（端）的火灾事故风机、防排烟风机及相关风阀等一级负荷，其供电方式应符合相关规范和设计文件的要求；应急照明应由应急电源提供专用回路供电，并应按公共区与设备管理区分回路供电；备用照明和疏散照明不应由同一分支回路供电；消防用电设备作用于火灾时的控制回路，不得设置作用于跳闸的过载保护或采用变频调速器作为控制装置。

（2）应急照明评估。

应急照明评估的内容包括：备用照明、疏散照明的设置位置应符合相关规范和设计文件的要求；应急照明和备用照明的照度、应急照明的持续供电时间、由正常照明转换为应急照明的切换时间应符合相关规范和设计文件的要求。

（3）电线电缆的选择、敷设评估。

电线电缆的选择、敷设评估的内容包括：电线电缆的耐火性能、阻燃级别应符合相关规范和设计文件的要求；电线电缆的敷设应符合相关规范和设计文件的要求。

三、消防安全等级评定

（一）评估指标体系

城市轨道交通消防安全评估基于层次分析法、定性与定量相结合的方法构建指标体系，如图 4.5.1 所示。

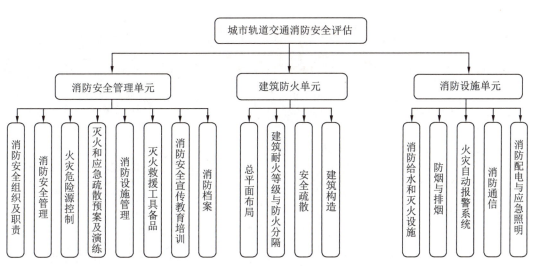

图 4.5.1　城市轨道交通消防安全评估指标体系

(二) 评估指标量化计算

城市轨道交通消防安全评估体系由分项、单项和子项三级指标组成。

(1) 分项指标的权重见表 4.5.1。

(2) 单项指标的权重应根据被评估单位的实际指标体系设定，可参考评估人员的意见合理设定权重值。

表 4.5.1　城市轨道交通消防安全评估分项指标及权重

分项指标	分项指标权重			
	车站	区间	车辆基地	主变电所
消防安全管理单元	0.36	0.34	0.35	0.38
建筑防火单元	0.41	0.38	0.34	0.29
消防设施单元	0.23	0.28	0.31	0.33

(3) 子项指标的权重应结合经组织者审定通过的《城市轨道交通消防安全评估参照表》的具体规定和评分细则进行设定，具体评分原则见表 4.5.2。

表 4.5.2　城市轨道交通消防安全评估子项检查内容评分原则

评分等级	评分取值范围	符合程度		
		A.1 消防安全管理	A.2 建筑防火	A.3 消防设施
A	[90, 100]	每一子项存在≤1处内容不合格	每一防火分区存在≤1处内容不合格或所有区域问题总数≤3处不合格	消防设施完好或存在部分问题但不影响系统功能

续表

评分等级	评分取值范围	符合程度		
		A.1 消防安全管理	A.2 建筑防火	A.3 消防设施
B	[60, 90)	每一子项存在≤2处内容不合格或问题数量≤20%	每一防火分区存在≤3处内容不合格或所有区域问题总数≤6处不合格	消防设施局部存在问题或同一个检查内容中检查数量的80%及以上符合
C	[40, 60)	每一子项存在≤3处内容不合格或问题数量≤40%	每一防火分区存在≤5处内容不合格或所有区域问题总数≤9处不合格	消防设施存在问题较多或同一个检查内容中检查数量的60%及以上符合
D	[0, 40)	每一子项存在≥4处内容不合格或问题数量>40%	每一防火分区存在≥6处内容不合格或所有区域问题总数≥10处不合格	消防设施存在严重问题且有可能造成所属消防系统瘫痪的或同一个检查内容中符合的数量不足60%

城市轨道交通消防安全评估的量化值计算过程：① 计算子项指标分数的算术平均值；② 计算单项指标的加权求和；③ 计算分项指标的加权求和。

（三）消防安全等级判定

根据被评估单位综合评定得分可以确定评估目标所处的风险等级，将消防安全等级划分为Ⅰ级、Ⅱ级、Ⅲ级，具体分级见表4.5.3。

表4.5.3 城市轨道交通消防安全评估等级量化范围与特征描述

风险等级	名称	量化范围	风险等级特征描述
Ⅰ级	低风险	[85, 100]	火灾风险性低，火灾风险处于可接受的水平，风险控制重在维护和管理
Ⅱ级	中风险	[60, 85)	可能发生一般火灾，火灾风险中等，火灾风险处于可控制水平，再适当采取措施后可达到接受水平，风险控制重在局部整改和加强管理
Ⅲ级	高风险	[0, 60)	可能发生较大、重大或特大火灾，火灾风险性较高，火灾风险处于较难控制的水平，应当采取全面的措施对建筑的设计、主动防火、危险源、消防管理和救援力量进行全面加强

存在下列情形之一的，直接判定为Ⅲ级：（1）擅自更改建筑使用性质，更改生产、储存物品的火灾危险性类别，违章搭建等造成建筑分类发生变化，可能造成重大消防安全事故的；（2）生产、储存、经营易燃易爆危险品的场所设置在城市轨道交通建筑的；（3）未按规定设置火灾自动报警系统、自动灭火系统、防排烟系统等消防相关系统，且不具备及时发现并扑灭火灾能力的；（4）建筑消防设施严重损坏，且不具备防火灭火功能的；（5）公共区域违规大量采用可燃、易燃材料装修，可能导致重大人员伤亡的；（6）疏散通道严重堵塞、安全出口数量严重不足，且不具备安全疏散条件的。

四、评估报告

（一）评估报告的封面、说明页、签字页

评估报告的封面内容主要包括：标题、评估机构的名称、评估报告的唯一性标识、评估项目的名称、报告日期。说明页的内容主要包括：评估机构名称、评估时间、评估人员工作分工、无效条件等。签字页的内容主要包含：报告编写人、项目负责人、技术负责人、报告审核人、报告批准人的签字或等效的标识和签发日期，并注明各评估组成员的技术职称和职务。评估报告的封面、结论和骑缝处须加盖消防技术服务机构的公章。

（二）评估报告正文

评估报告正文的内容主要包括：被评估单位的基本情况、评估依据、评估范围、评估结论、存在的消防安全问题、消防安全对策、消防安全措施和建议。

（三）评估报告附件

评估报告附件的内容主要包括：（1）评估对象的图纸资料和有关消防安全评估得分的相关证明文件，如消防设计文件、消防验收或备案等行政许可文件、消防安全管理制度文件、消防安全教育和培训记录、消防安全宣传情况、消防产品质量合格证明文件、火灾隐患巡查和检查记录、防火材料检验报告、消防设施维护保养合同等。（2）《城市轨道交通消防安全评估参照表》，消防安全评估指标体系及各项权重。（3）项目负责人、技术负责人的注册证书、资格证书等影印件。

【案例】　对某轨交公司某车站进行消防安全等级判定。

【案例分析】

评估人员对某车站开展了消防安全评估工作，对建筑防火、消防设施、消防安全管理三方面的内容进行检查，辨识当前系统存在的问题并给予评分。

建筑防火主要包括总平面布局、建筑耐火等级与防火分隔、安全疏散、建筑构造四个部分。评估人员根据现场评估情况，对照《建筑防火检查评估表》子项，逐一打分，并计算子项指标分数的算术平均值，再根据单项指标加权求和，计算出消防安全管理评估值为96.17。

消防设施主要包括消防给水和灭火设施、防烟与排烟、火灾自动报警系统、消防通信、消防配电与应急照明等。评估人员根据现场评估情况，对照《消防设施及器材检查评估表》子项，逐一打分，并计算子项指标分数的算术平均值，再根据单项指标加权求

和，计算出消防安全管理评估值为 93.43。

消防安全管理主要包括消防组织与管理制度、日常防火管理、火灾危险源控制、灭火和应急预案及演练、消防设施管理、灭火救援工具备品、消防安全宣传教育培训、消防档案等部分。评组成估人员根据现场评估情况，对照《消防安全检查评估表》子项，逐一打分，并计算子项指标分数的算术平均值，再根据单项指标加权求和，计算出消防安全管理评估值为 85.57。

根据建筑防火、消防设施、消防安全管理三个单元的消防安全评估量化值，结合《城市轨道交通消防安全评估导则（征求意见稿）》中的城市轨道交通消防安全评估分项指标及权重标准，计算出消防安全评估总体得分，见表 4.5.4。

表 4.5.4　各单元权重及得分汇总表

单元	权重	得分
建筑防火	0.41	96.17
消防设施	0.23	93.43
消防安全管理	0.36	85.57
合计		91.72

消防安全评估总体得分为各单元指标得分的加权值，经计算得出该站台的总体得分为 91.72，结合评估结论分级标准，评估不涉及 A 类型情形，三个评估单元的得分均不低于 85 分。因此，该站台的消防安全等级为 Ⅰ 级，发生火灾的可能性较小或火灾发生后能够及时发现和控制，造成的危害较小；消防安全管理制度完善且能够落实，建筑防火符合相关规范要求，消防设施基本完好有效。

一、实训

【实训内容】　确定本单位消防安全重点部位并开展正规管理。

【实训目的】　通过查询本单位的消防安全相关资料，根据消防安全重点部位的判定条件，科学地确定本单位的消防安全重点部位，并对本单位的消防安全重点部位开展正规化管理。

【实训步骤】

1. 收集本单位设计图纸等基本资料；
2. 查询消防安全重点部位判定条件；

3. 根据消防安全重点部位判定条件，初步认定重点部位；

4. 实地查看并确定消防安全重点部位；

5. 根据相关消防安全管理规定开展正规化管理工作；

6. 交流与评价。

（1）根据被确定的消防安全重点部位，每个人或团队简述该部位消防设施的设置及操作情况。

（2）讨论针对消防安全重点部位进行消防演练的分工合作及日常正规化管理工作。

（3）对每个人的发言进行评价，对表现优秀的个人和团队给予合适的表彰。

二、案例思考

某城市轨道交通车站进行建设施工。在施工现场，主车站为地上一层、地下三层，建筑高度为 20 m。该车站处全年最小频率风向为东北风，距离施工现场 250 m 处有市政消火栓，在车站地上一层南侧 10 m 处设置临时用房 2 组，每组 2 栋，临时用房间距为 2.5 m，其中第 1 组 2 栋均为三层临时宿舍，每层面积为 250 m^2，第 2 组 2 栋均为二层临时办公楼，每层建筑面积为 300 m^2，办公楼 1 号楼内第一层设置一个锅炉房，第二层设置一个会议室，临时用房采用金属夹芯板材，其芯材的燃烧性能等级为 B_1 级。该工程由 A 单位总承包，B 公司作为监理单位对施工现场的消防安全管理进行监理。

根据以上材料，回答下列问题：

1. 简述城市轨道交通施工现场用火应符合哪些规定？

2. 该城市轨道交通施工现场临时用房的设置是否符合要求？请说明具体理由。

3. 该城市轨道交通施工现场临时用房是否应设置室外消防给水系统？如需设置，应符合哪些要求？

4. 城市轨道交通施工单位针对施工现场可能导致火灾发生的施工作业及其他活动制定的消防安全管理制度一般应包括哪些内容？

1. 运营单位应履行哪些消防安全职责？
2. 运营单位的防火巡查包括哪些内容？
3. 运营单位的防火检查包括哪些内容？
4. 运营单位的用电管理包括哪些内容？
5. 消防教育培训包括哪些内容？

6. 消防档案包括哪些内容？

7. 消防安全评估分为哪三个单元？

8. 建筑防火单元检查包括哪些内容？

9. 消防设施单元检查包括哪些内容？

10. 消防安全管理单元检查包括哪些内容？

11. 如何判定消防安全等级？

项目五　城市轨道交通火灾事故应急处置

学习目标

1. 了解城市轨道交通火灾事故的主要特点和发生原因；
2. 熟悉初起火灾扑救的常见方法；
3. 知晓灭火和应急救援预案编制的基本方法；
4. 知晓协助火灾事故调查的基本内容。

能力目标

1. 能够分析常见轨道交通火灾事故的主要原因；
2. 能够掌握不同类型火灾扑救的基本方法；
3. 能够编制比较完备的灭火和应急救援预案。

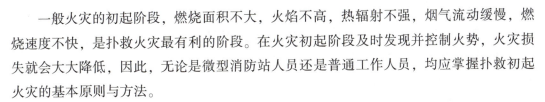

任务一　初起火灾扑救

一般火灾的初起阶段，燃烧面积不大，火焰不高，热辐射不强，烟气流动缓慢，燃烧速度不快，是扑救火灾最有利的阶段。在火灾初起阶段及时发现并控制火势，火灾损失就会大大降低，因此，无论是微型消防站人员还是普通工作人员，均应掌握扑救初起火灾的基本原则与方法。

一、轨道交通火灾常见部位

（一）车站

车站火灾主要发生在车站内各种设备用房、站务用房、公共区（如屏蔽门、自动扶梯、票务服务中心、垃圾箱、广告牌、指示牌等位置）及附设在车站内的商业便民服务网点。

(二) 地下隧道

地下隧道火灾主要是敷设在隧道内的电缆、设备和列车起火引起的火灾。如果起火发现晚、报警晚，排烟滞后导致烟雾积聚，应急照明照度低，疏散困难，极易造成乘客恐慌和重大人员伤亡。

(三) 控制中心

控制中心是城市轨道交通运行的指挥中心，内设行车、电力、环控调度三大指挥系统，承担着城市轨道交通运行、电力系统运行和消防环控系统运行指挥的重任。一旦发生火灾，势必影响整个城市轨道交通线路的正常运行。

(四) 综合基地、停车场

综合基地、停车场担负城市轨道交通列车的正常维修调试、车辆停放等功能。如果发生火灾，将造成车辆烧损、无法出库以及列车停运等事故，从而打乱整个城市交通网络的正常运营秩序。

(五) 城市轨道交通建筑工地

首先，城市轨道交通在建设阶段为满足施工需要，往往会设立较多临时建筑，囤积种类繁多的物料。如果对临时建筑及物料管理不到位，极易引发火灾。其次，在城市轨道交通建设施工期间，用火和频繁使用电刨、电锯、切割机、电焊等行为，也极大地增加了火灾危险性。再次，施工时会不可避免地频繁使用氧气、乙炔等助燃或易燃气体，一旦使用和管理不当，也极易造成火灾事故。最后，施工现场消防安全管理不到位、电气线路发生故障或超荷载，同样会引发火灾事故。

二、扑救初起火灾的原则

在扑救初起火灾时，必须遵循"先控制后消灭，救人第一，先重点后一般"的原则。

(一) 先控制后消灭

这是指对于不能立即扑救的火灾，要首先控制火势的继续蔓延和扩大，在具备扑灭火灾的条件时，再展开全面扑救。对密闭条件较好的室内火灾，在未做好灭火准备之前，必须关闭门窗，以减缓火势蔓延。此外，还可采取断绝可燃物的方法控制火势的蔓延和扩大。如将起火点附近的可燃物及时移至安全地点，不能搬动的，采用不燃材料隔挡；对易燃、可燃气体，可关闭有关阀门，切断可燃物的供给；对流淌的可燃液体，可用泥土、黄沙筑堤等方法，阻止其流向易燃、可燃物存放处。

(二) 救人第一

火场上如果有人受到火势的围困，应急人员或消防人员首要的任务是把受困的人员从火场中抢救出来。在运用这一原则时，可视情况，救人与救火同时进行，以救火保证救人的展开，通过灭火，从而更好地救人脱险。

（三）先重点后一般

在扑救初起火灾时，要全面了解并认真分析火场情况，要优先抢救对事关全局或生命安全的物资和人员，之后再抢救一般物资。对于电气线路、电气设备引发的火灾，首先应切断电源，然后用干粉灭火器扑灭。只有当确定电路无电时，才可用水扑救。在没有采取断电措施时，千万不能用水、泡沫灭火剂灭火。对于一般可燃物起火，可直接用水或灭火器进行扑救。室内墙上消火栓箱内装有消防卷盘的，在使用时应先将其打开，将水枪拉至需要灭火的部位，然后再打开水枪喷头实施扑救。发现起火后，无论火势大小，都应当及时拨通"119"电话，向消防救援机构报警。设有手动报警设施的，应击碎其外保护层报警。火势的发展难以预料，即使火势较小，但由于对起火物质的性质不了解，若使用灭火器材不当或者灭火器材失效，扑救不力，会造成火势越来越大。若火势变大后才想起报火警，由于错过了火灾初起阶段，火灾会难以扑救，即使扑灭了，也会造成严重的财产损失。

三、扑救初起火灾的基本方法

根据物质燃烧的原理，初起火灾的扑救方法有隔离法、窒息法、冷却法和化学抑制法四种。

（一）隔离法

在"燃烧三要素"中，可燃物是燃烧的主要因素，将燃烧物体与附近的可燃物质隔离或散开，使燃烧物体停止燃烧，是常用的灭火方法。比如，用喷洒灭火剂的方法，把可燃物同空气和热隔离开来；用泡沫灭火器灭火产生的泡沫覆盖于燃烧液体或固体的表面，在产生冷却作用的同时，把可燃物与火焰和空气隔开。如果把可燃物与引火源或空气隔离开来，那么燃烧反应就会自动中止。

（二）窒息法

所谓窒息法，就是隔断燃烧物的空气供给，适用于扑救封闭式的空间、设备装置及容器内的火灾。可燃物的燃烧是氧化作用，需要在最低氧浓度以上才能进行，低于最低氧浓度，燃烧不能进行。一般来说，空气中氧浓度低于15%时，就不能维持燃烧。在着火场所内，可采用防止空气流入燃烧区域，或通过灌注非助燃气体，如二氧化碳、氮气、蒸汽等，来降低空间的氧浓度，从而达到窒息灭火。

（三）冷却法

可燃物一旦达到其着火点，就会燃烧或持续燃烧。在一定条件下，将可燃物的温度降到其着火点以下，燃烧即会停止。对于可燃固体，将其冷却在燃点以下，燃烧反应就会中止；对于可燃液体，将其冷却在闪点以下，燃烧反应就会中止。可使用灭火器，直接喷洒燃烧物体，使燃烧物质的温度降低到燃点以下，让物体停止燃烧；使用水扑灭一般固体火灾，主要也是通过冷却作用来实现的，水具有较大的比热容和很高的汽化热，冷却性能很好。在用水灭火的过程中，水大量地吸收热量，使燃烧物的温度迅速降低，使火焰熄灭、火势得到控制。一般物质起火，都可以用水冷却灭火。还可用水冷却建筑构件、装置或容器等，以防止其受热变形或爆炸。

（四）化学抑制法

由于有焰燃烧是通过链式反应进行的，如果能有效地抑制自由基的产生或降低火焰中的自由基浓度，形成稳定分子或低活性的游离基，则可使燃烧中止。化学抑制灭火的常见灭火剂有干粉灭火剂和七氟丙烷灭火剂。化学抑制法灭火速度快，使用得当可有效扑灭初期火灾，减少人员伤亡和财产损失。该方法对有焰燃烧火灾效果好，而对于深位火灾，由于渗透性较差，灭火效果不理想。在条件许可的情况下，采用化学抑制法灭火时，灭火剂与水、泡沫等灭火剂联用会取得明显效果。

在实践中，可根据实际情况，采用以上一种或多种方法，以达到迅速灭火的目的。

四、灭火器的灭火机理和适用范围

（一）灭火器的灭火机理

灭火器是初起火灾扑救中最常用的消防器材之一，了解其灭火机理和使用范围，对于及时、有效、准确地扑救初起火灾十分重要。灭火器的灭火机理是指灭火器在一定环境条件下实现灭火目的所采取的具体工作方式及其特定的规则和机理。以下对城市轨道交通中最为常用的干粉灭火器和二氧化碳灭火器加以说明。

1. 干粉灭火器

干粉灭火器的主要灭火机理：一是靠干粉中的无机盐的挥发性分解物，与燃烧过程中燃料所产生的自由基或活性基团发生化学抑制和催化作用，使燃烧的链式反应中断而灭火；二是靠干粉的粉末落在可燃物表面，发生化学反应，并在高温作用下形成一层玻璃状覆盖层，从而隔绝氧气，进而窒息灭火。另外，还有部分稀氧和冷却作用。

2. 二氧化碳灭火器

二氧化碳作为灭火剂已有100多年的历史，价格低廉，获取、制备容易。二氧化碳灭火器主要依靠窒息作用和部分冷却作用灭火。在常压下，液态的二氧化碳会立即汽化，一般1 kg的液态二氧化碳可产生约0.5 m^3 的气体。因而灭火时二氧化碳气体可以排除空气而包围在燃烧物体的表面或分布于较密闭的空间中，降低可燃物周围和防护空间内的氧浓度，产生窒息作用而灭火。另外，二氧化碳从储存容器中喷出时，会由液体迅速汽化成气体，从而从周围吸收部分热量，起到冷却的作用。

（二）灭火器的适用范围

《火灾分类》（GB/T 4968—2008）根据可燃物的类型和燃烧特性将火灾分为六类。各种类型的火灾所适用的灭火器依据灭火剂的性质均有所不同，这里重点介绍城市轨道交通中常见的五种类型火灾的适用灭火器类型。

A 类火灾（固体物质火灾）：水基型（水雾）灭火器、ABC 干粉灭火器，都能有效扑救 A 类火灾。

B 类火灾（液体或可熔化的固体物质火灾）：发生 B 类火灾时，可使用水基型（水雾、泡沫）灭火器、BC 干粉灭火器或 ABC 干粉灭火器、洁净气体灭火器进行扑救。

C 类火灾（气体火灾）：发生 C 类火灾时，可使用干粉灭火器、水基型（水雾）灭火器、洁净气体灭火器、二氧化碳灭火器进行扑救。

D 类火灾（金属火灾）：发生 D 类火灾时，可用"7150 灭火剂"（俗称液态三甲基硼氧六环，这类灭火剂我国目前没有现成的产品，它是特种灭火剂，适用于扑救 D 类火灾，其主要化学成分为偏硼酸三甲酯）进行灭火，也可用干沙、土或铸铁屑粉末进行灭火。在扑救此类火灾的过程中，必须有专业人员指导，以避免在灭火过程中不合理地使用灭火剂而适得其反。

E 类火灾（带电火灾）：发生物体带电燃烧的火灾时，最好使用二氧化碳灭火器或洁净气体灭火器进行扑救，如果没有，也可以使用干粉灭火器、卤代烷灭火器进行扑救。应注意的是，当使用二氧化碳灭火器扑救电气火灾时，为了防止短路或触电，不得选用装有金属喇叭喷筒的二氧化碳灭火器；如果电压超过 600 V，应先断电后灭火（600 V 以上电压可能会击穿二氧化碳，使其导电，危害人身安全）。

五、轨道交通火灾工况运作模式

当轨道交通采用地面和高架形式时，火灾工况疏散路径较为简单，与其相匹配的防烟排烟运作模式可参照地面建筑的设计要求。当位于地下时，由于火灾点的不同，与其相匹配的人员疏散和防烟排烟运作模式不同，这些运作模式主要分为站台层公共区火灾、车轨区火灾、站厅层公共区火灾、设备管理区火灾、区间隧道火灾和辅助线段区间火灾等几种工况运作模式。这里重点介绍地下车站和区间隧道火灾工况下人员疏散和防烟排烟的运作模式，这也是初起火灾扑救和处置的重要方面。

（一）地下车站火灾工况运作模式

（1）当车站发生火灾时，开启车站通风排烟系统，在 6 min 内将火灾烟气控制在起火层，使其不进入安全区，疏散路径内烟气层应保持在 1.5 m 及以上高度，在疏散楼梯口形成 1.5 m/s 向下气流，阻止烟气蔓延至起火层以上的楼层，人员迎着新风向疏散。

（2）使位于站厅的自动检票机门处于敞开状态，同时打开位于非付费区和付费区之间的所有栅栏门，使乘客无阻挡地通过出入口，疏散到地面。

（3）确认发生火灾后，应通过应急广播、信息显示或人员管理等措施，劝阻地面出入口处乘客不再进入车站。

（4）确认发生火灾后，控制中心调度应使其他列车不再进入事故车站或快速通过不停站。

（二）区间隧道火灾工况运作模式

（1）列车在区间内发生火灾时，在列车完好且未失去动力的情况下，应将列车开行至前方车站，在车站组织人员疏散。当火灾列车滞留在区间内时，应纵向组织通风排烟，保证疏散路径处于新风区。

（2）当发生区间隧道火灾时，应启动通风排烟系统，在隧道内控制火灾烟气定向流动，上风方向人员迎着新风向疏散。区间火灾排烟应按单洞区间隧道断面的排烟流速不小于2 m/s，且高于计算临界烟气控制流速，但排烟流速不得大于11 m/s，并应保证烟气不进入车站隧道区域。

任务二 消防装备

随着社会经济的飞速发展，城市轨道交通灾害类型逐渐趋向于复杂化与多样化，面对日益复杂的灭火救援现场，需要现代消防装备的支撑，消防装备直接制约和决定着灭火救援行动的施行和成败。城市轨道交通领域的工作人员，了解消防装备相关知识，学会如何使用或应用消防装备，对提升自身灭火救援能力有着积极意义。本任务将从以下几个方面对消防装备进行介绍。

一、消防防护装备

（一）消防头盔

消防头盔（图5.2.1）主要适用于消防员在火灾现场作业时佩戴，对消防员头、颈部进行保护，除了能防热辐射、燃烧火焰、电击、侧面挤压外，最主要的是能防止坠落物的冲击和穿透。

（二）灭火防护服

灭火防护服（图5.2.2）适用于消防员在灭火救援时穿着，对消防员的上下躯干、头颈、手臂、腿进行热防护，阻止水向隔热层渗透，同时在人体进行活动时能够顺利排出汗气。

（三）消防手套

消防手套（图5.2.3）适用于消防员在进行一般灭火作业

图 5.2.1　消防头盔

图 5.2.2　灭火防护服

时穿戴，不适合在高风险场合下进行特殊消防作业时使用，也不适用于化学、生物、电气以及电磁、核辐射等危险场所。

（四）灭火防护靴

灭火防护靴（图5.2.4）是消防员在进行灭火作业时用来保护脚部和小腿部免受水浸、外力损伤和热辐射等因素伤害的防护装备，适用于一般火场、事故现场进行灭火救援作业时穿着。

图5.2.3　消防手套　　　　　图5.2.4　灭火防护靴

（五）消防安全腰带

消防安全腰带（图5.2.5）是一种紧扣于腰部的带有必要金属零件的织带，用于承受人体重量以保护其安全，适用于消防员登楼作业和逃生自救。

（六）消防轻型安全绳

消防轻型安全绳（图5.2.6）可在消防员执行抢险、救援、逃生任务或训练时使用，可承受5 000 N以上拉力。

（七）消防腰斧

消防腰斧（图5.2.7）是消防员随身携带的破拆装备。斧口可破拆一般木制门窗及铁皮；斧尖可在进行倾斜屋顶行走时，作为借力支撑；斧柄可作为简易杠杆，用于撬井盖等重物；斧柄扁尖处可作凿子使用；斧上凹槽可开启桶盖，带扁形旋钮。

图5.2.5　消防安全腰带　　　图5.2.6　消防轻型安全绳　　　图5.2.7　消防腰斧

（八）佩戴式防爆照明灯

佩戴式防爆照明灯（图5.2.8）具有体积小、重量轻且防爆性能优良特点，适用于在各种事故现场进行消防作业时（包括各种易燃易爆场所）作移动照明和信号指示使用。

（九）消防员呼救器

消防员呼救器（图5.2.9）是消防员进入火场随身携带的遇险报警和音响联络装置，工作现场可根据声、光报警信号确定遇险人员的具体方位并对其实施救援。它具有静止报警、手动报警、音响联络三种功能。

图5.2.8　佩戴式防爆照明灯　　　图5.2.9　消防员呼救器

（十）正压式空气呼吸器

正压式空气呼吸器（图5.2.10）适用于灭火战斗或抢险救援时防止人体吸入毒气、烟雾、悬浮于空气中的有害污染物或用于缺氧环境中。

（十一）防静电内衣

防静电内衣（图5.2.11）用于在可燃气体、粉尘、蒸汽等易燃易爆场所进行消防作业时的躯体内层防护。它具有较强的防静电功能，能有效防阻高粉尘状态下带电粒子产生的静电，从而避免静电产生火花，以及对人体造成伤害。

（十二）灭火防护头套

灭火防护头套或阻燃头套（图5.2.12）是在灭火现场用于保护头部、面部以及颈部免受火焰烧伤或蒸汽烫伤的防护装具。

图5.2.10　正压式空气呼吸器　　　图5.2.11　防静电内衣　　　图5.2.12　灭火防护头套

二、灭火剂

凡是能够有效地破坏燃烧条件，使燃烧中止的物质，统称为灭火剂。简而言之，灭火剂是可以用来灭火的物质。扑救火灾的过程，就是使用各种器材装备，将合适的灭火剂以恰当的方式释放于火场，以物理或化学原理使燃烧终止的过程。

最常用的灭火剂有水、泡沫、干粉、二氧化碳、卤代烷、气溶胶等。

(一) 水

水在灭火救援中获得了最广泛的应用，是应用最广泛的天然灭火剂。它既可以单独使用，也可以与不同的化学剂组成混合液使用，以提高使用效果。水的主要来源是地表水和地下水，地表水源如海洋、江河、湖泊、池塘、水库等，地下水源如潜流水、承压水、泉水、岩溶水等。

在使用水作为灭火剂时，需要注意以下几点：

（1）在严寒的冬季，消防车辆的管道、消防水枪等器材中的水要及时放净，必要时要采取保暖措施，以防止结冰对器材造成损坏。

（2）城市轨道交通领域电气设备、线路多，由于水能导电，所以在一般情况下，不能用密集水流来扑救电气设备火灾，只有在电气设备断电后才可以用密集水流来灭火。

（3）在常温或高温下，水能与许多物质发生化学反应，并伴有热量、可燃气体或腐蚀、气体有害气体的产生，有时甚至发生燃烧爆炸。因此，在消防工作中，了解在灭火时可能涉及的水的化学反应，明确在哪些场所绝对禁止用水灭火，对消防人员来说至关重要。

(二) 泡沫灭火剂

能够与水混溶，并可通过化学反应或机械方法产生泡沫进行灭火的药剂，称为泡沫灭火剂。泡沫灭火剂一般由发泡剂、泡沫稳定剂、降粘剂、抗冻剂、助溶剂、防腐剂及水组成。

泡沫灭火剂的主要灭火作用是：（1）隔离作用。灭火泡沫在燃烧物表面形成的泡沫覆盖层，可使燃烧物表面与空气隔离。（2）封闭作用。泡沫层封闭了燃烧物表面，可以隔断火焰对燃烧物的热辐射，阻止燃烧物的蒸发或热解挥发，使可燃气体难以进入燃烧区。（3）冷却作用。泡沫析出的液体对燃烧表面有冷却作用。（4）稀释作用。泡沫受热蒸发产生的水蒸气有稀释燃烧区氧气浓度的作用。

> 小贴士
>
> **常用泡沫灭火剂**
>
> 1. 蛋白泡沫灭火剂（P）
>
> 蛋白泡沫灭火剂（图 5.2.13）分为动物蛋白灭火剂和植物蛋白灭火剂两种，是由动物的蹄角、毛血或豆饼、豆皮、菜籽饼等在碱液（氢氧化钠或氢氧化钙）作用下，经部分水解后，加入稳定剂、防冻剂、缓冲剂、防腐剂和黏度控制剂等添加剂，加工浓缩而成的液体。它的主要成分是水和水解
>
>
>
> 图 5.2.13 蛋白泡沫灭火剂（P）

蛋白。水解蛋白由具有不同分子量的、经部分水解的蛋白质、多肽和低级氨基酸组成。蛋白泡沫液中还含有一定量的无机盐,如氯化钠、硫酸亚铁等。

蛋白泡沫的主要优点是稳定性好,具有很长的 25% 的析液时间,在常温下存留较长的时间后,泡沫中仍含有一定的水分,具有较好的覆盖和封闭作用；生产原料易得,生产工艺简单,成本低,对水质等要求不高；制备工艺比其他任何合成表面活性剂的制造工艺都要简单,而且质量容易控制,可以大规模生产。它的缺点是:流动性较差,灭火速度较慢；抵抗油类污染的能力低,不能以液下喷射的方式扑救油罐火灾；不能与干粉灭火剂联合使用（其泡沫与干粉接触时,很快就被破坏）；有异味,易沉淀,贮存期短。

蛋白泡沫主要用于扑救 A 类火灾和部分 B 类火灾。

扑救 A 类火灾时,适用于扑救木材、纸、棉、麻及合成纤维等一般固体可燃物火灾。对于固体表面火灾,蛋白泡沫有较好的黏附和覆盖作用,可封闭燃烧面并有较好的冷却及一定的降温作用,可减小用水量。

扑救 B 类火灾时,主要用于扑救各类烃类液体火灾、动物性和植物性油脂火灾,但不能用于扑救醇、醛、酮、羧酸等极性液体火灾以及醇含量超过 10% 的加醇汽油火灾。

2. 氟蛋白泡沫灭火剂（FP）

氟蛋白泡沫灭火剂（图 5.2.14）是以蛋白泡沫为基料,添加少量氟碳表面活性剂制成的低倍泡沫灭火剂。它主要由水解蛋白、氟碳表面活性剂、碳氢表面活性剂、溶剂以及必要的抗冻剂等组成。氟蛋白泡沫灭火剂克服了蛋白泡沫灭火剂的缺点。

图 5.2.14　氟蛋白泡沫灭火剂（FP）

氟碳表面活性剂是氟蛋白泡沫灭火剂中主要的增效剂,其主要作用是大幅度降低泡沫灭火剂或其与水的混合液的表面张力,增强泡沫液的疏油能力和流动性。氟蛋白泡沫灭火剂中加入适量的碳氢表面活性剂的作用是辅助氟碳表面活性剂发挥更好的界面性能。它不仅可以进一步降低氟蛋白泡沫灭火剂混合液与烃类液体之间的界面张力,适当提高泡沫混合液对燃料的乳化作用,还可以进一步降低氟蛋白泡沫灭火剂的剪切应力,提高泡沫的流动性能。

氟蛋白泡沫灭火剂的灭火原理与蛋白泡沫基本相同,但氟碳表面活性剂的作用使它的灭火性能大大提高。

3. 水成膜泡沫灭火剂（AFFF）

水成膜泡沫灭火剂又称"轻水"泡沫灭火剂（图 5.2.15），它以合成表面活性剂为发泡基，添加了氟表面活性剂、碳氢表面活性剂、稳定剂以及其他添加剂。其溶剂为乙二醇丁醚、二乙二醇丁醚等。水成膜泡沫灭火剂中还含有 0.1%~0.5%的聚氧化乙烯，用以提高泡沫的抗复燃能力和自封能力。

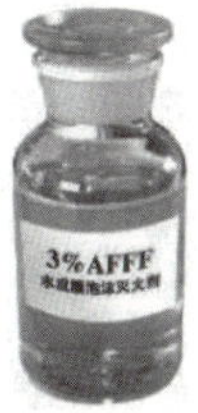

图 5.2.15 水成膜泡沫灭火剂（AFFF）

4. 抗溶性泡沫灭火剂（AR）

水溶性可燃液体如醇、酯、醚、醛、酮、有机酸和胺等的分子极性较能大量吸收泡沫中的水分，使泡沫很快被破坏而起不到灭火作用，所以不能用蛋白泡沫灭火剂、氟蛋白泡沫灭火剂和水成膜泡沫灭火剂来扑救，而必须用抗溶性泡沫灭火剂（图 5.2.16）来扑救。当抗溶性泡沫灭火剂所产生的薄膜覆盖在醇类或其他极性溶剂表面时，可抵抗其对泡沫的破坏。目前，按其使用的原料和性能特点，抗溶性泡沫灭火剂主要有三种类型：金属皂型抗溶性泡沫灭火剂、凝胶型抗溶性泡沫灭火剂、氟蛋白型抗溶性泡沫灭火剂。

图 5.2.16 抗溶性泡沫灭火剂（AR）

5. 高倍数泡沫灭火剂

以合成表面活性剂为基料，发泡倍数达数百乃至上千的泡沫灭火剂称为高倍数泡沫灭火剂（图 5.2.17）。

高倍数泡沫可以迅速充满着火的空间，使燃烧物与空气隔绝，火焰窒息。尽管高倍数泡沫的热稳定性较差，泡沫易被火焰破坏，但因大量泡沫不断补充，破坏作用微不足道，仍可迅速覆盖可燃物，扑灭大火。

图 5.2.17 高倍数泡沫灭火剂

其灭火的主要特点：灭火强度大、速度快；水渍损失少，容易恢复工作；产品成本低；无毒，无腐蚀性。

高倍数泡沫灭火剂主要适用于非水溶性可燃液体火灾和一般固体物质火灾，特别适用于地下建筑、轨道交通车辆、汽车库、可燃液体机房、洞室油库、坑道等有限空间的火灾，也适用于扑救油池火灾和可燃液体泄漏造成的流散液体火灾。

高倍数泡沫由于比重小，流动性较好，在产生泡沫的气流作用下，通过适当的管道可以被输送到具有一定高度或较远的地方去灭火。

采用高倍数泡沫灭火时，要注意进入高倍数泡沫产生器的气体不得含有燃烧产物和酸性气体，否则泡沫容易被破坏。

6. A类泡沫灭火剂

A类泡沫灭火剂（图5.2.18）是专门为扑救A类火灾而研制的一种低混合比的泡沫灭火剂，也叫A类泡沫浓缩液或A类泡沫液。使用时，A类泡沫灭火剂可以通过自动压缩空气泡沫灭火系统中的相应器材，与水按一定比例混合后形成泡沫混合液，泡沫混合液再同压缩空气按一定比例，在管路或水带中混合，发生充分的扰动而产生细小、均匀的灭火泡沫，即A类泡沫。

图5.2.18　A类泡沫灭火剂

在灭火过程中，A类泡沫灭火剂除了具有水的灭火功能外，还可以在A类燃料上形成绝缘层隔离燃料与氧气，起到阻燃和隔热作用，并保护未燃烧的燃料或刚刚被扑灭的表面，以免出现被引燃或复燃。

（三）干粉灭火剂

干粉灭火剂是一种用于灭火的干燥、易于流动的细微固体粉末灭火剂，又称化学粉末灭火剂。使用时，一般借助于灭火器或灭火设备中的气体压力，将干粉从容器中喷出，以粉气流的形式扑灭火灾。

> **小贴士**
>
> **常用干粉灭火剂**
>
> 一般把干粉灭火剂分为普通干粉灭火剂、超细干粉灭火剂和金属火灾干粉灭火剂。
>
> **1. 普通干粉灭火剂**（图5.2.19）
>
> 普通干粉灭火剂以具有灭火效能的无机盐为基料，添加改进其物理性能的添加剂（防潮剂、防结块剂、流动促进剂等）经粉碎、混合制成，是应用最早、最普遍的一类灭火剂。按其灭火性能又分为BC干粉灭火剂和ABC干粉灭火剂，其中ABC干粉灭火剂又称为多用灭火剂。
>
>
>
> 图5.2.19　普通干粉灭火剂
>
> **2. 超细干粉灭火剂**（图5.2.20）
>
> 超细干粉灭火剂是指90%粒径不大于20 μm的固体粉末灭火剂。90%粒径是指某粒径的颗粒所占的质量百分比为90%。

超细干粉灭火剂按其灭火性能分为 BC 超细干粉灭火剂和 ABC 超细干粉灭火剂。BC 超细干粉是指能扑救 B 类、C 类和带电设备火灾的超细干粉灭火剂，ABC 超细干粉是指能扑救 A 类、B 类、C 类和带电设备火灾的超细干粉灭火剂。

图 5.2.20　超细干粉灭火剂

超细干粉灭火剂对大气环境无不良影响，不会破坏臭氧层，也不会产生温室效应，对人体无毒无害。

3. 金属火灾干粉灭火剂（图 5.2.21）

随着航空工业、原子能工业的发展，钠、钾等碱金属和镁、铝、钛等轻金属以及铀、钚等放射性元素的生产量和使用量越来越大，这类金属都属于可燃烧的金属。金属及其合金（混合物）燃烧时，本身的温度很高，释放出大量的热量，有时还会伴随着爆炸。扑救这类火灾时，必须用专用金属火灾灭火剂。金属火灾灭火剂有两种类型：一种是粉末灭火剂，另一种是液体灭火剂。用于扑救金属火灾的粉末灭火剂为金属火灾干粉灭火剂，又称 D 类干粉灭火剂。

图 5.2.21　金属火灾干粉灭火剂

金属火灾干粉灭火剂有多种产品，根据组成的不同，主要分为石墨类、氯化钠类、碳酸钠类。

（四）气体灭火剂

气体灭火剂具有挥发快、不导电、喷射后不留残余物、不会引起二次破坏等优点，常常用来保护特殊的、重要的、具有较高保护价值的场所，非常适用于城市轨道交通火灾扑救。气体灭火剂一般可分为二氧化碳灭火剂、卤代烷烃类灭火剂以及惰性气体灭火剂。

> **小贴士**
>
> ### 常用气体灭火剂
>
> 1. 二氧化碳灭火剂（图 5.2.22）
>
> 二氧化碳是一种不能燃烧、不能助燃的气体。它易于液化，便于装罐和贮存，制造方便，是一种应用比较广泛的灭火剂。近几年来，由于卤代烷灭火剂的使用限制，二氧化碳灭火剂的应用范围有扩大的趋势。

二氧化碳是一种无色无味的气体，无腐蚀性，对绝大多数物质无破坏作用，灭火后能很快逸散，不留痕迹。它最适于扑救可燃液体和受到水、泡沫、干粉等灭火剂的沾污容易损坏的固体物质火灾。另外，二氧化碳是一种不导电的物质，可以用来扑救带电设备火灾。

图 5.2.22　二氧化碳灭火剂

2. 七氟丙烷灭火剂（图 5.2.23）

图 5.2.23　七氟丙烷灭火剂

七氟丙烷主要依靠在火场中释放游离基，通过化学抑制作用中止燃烧反应。另外，七氟丙烷在汽化阶段吸热，还能迅速冷却火场温度。七氟丙烷灭火剂的特点如下：

（1）环保。七氟丙烷为无色无味的气体，不含溴和氯元素，对大气中臭氧层无破坏，在大气中存留的时间较短。

（2）安全。七氟丙烷可扑救 A 类、B 类、C 类等各类型火灾，能安全有效地在有人的任何场所使用，是国际公认的对人体无害的灭火药剂。

（3）高效。七氟丙烷灭火速度快、效率高，通常在 10 s 内能完全扑灭火灾。

（4）洁净。七氟丙烷是不导电介质，且不含水性物质，不会对电气设备、磁带资料等造成损害；不含有固体粉尘、油渍，液态贮存，气态释放；喷放后可自然排出或由通风系统迅速排出，现场无残留物、无污染，处理方便。

3. 惰性气体灭火剂（图 5.2.24）

IG01、IG55、IG100 以及 IG541 四种惰性气体灭火剂都是无色、无味、不导电的气体。

IG55、IG100、IG541 灭火剂密度大约与空气密度相等；IG01 灭火剂在环境温度为 20 ℃ 时，其密度大约是空气密度的 1~4 倍。这四种惰性气体灭火剂主要靠降低保护区域内氧浓度的物理方式灭火。

图 5.2.24　惰性气体灭火剂

对于使用惰性气体灭火剂而言，需要考虑的主要问题是防护区中氧气减少对人造成的影响。一些国家已批准在有人场所使用惰性气体灭火剂。为了降低氧含量下降给人体造成的影响，IG541 灭火剂中特意加入少量的二氧化碳气体。关于惰性气体灭火剂对人的呼吸和循环系统的损伤问题，医学研究和观察显示：在按规定的浓度范围使用时一般不会有危险。

(五) 其他灭火剂

1. 7150 灭火剂（图 5.2.25）

7150 灭火剂的学名为三甲基硼氧六环，是特种灭火剂。它适用于扑救镁、铝、镁铝合金以及海绵状钛等轻金属火灾。

2. 气溶胶灭火剂

气溶胶是液体或固体微粒悬浮于气体介质中的一种稳定或准稳定物质。气溶胶灭火剂是通过燃烧或其他方式产生具有灭火效能的气溶胶的灭火剂。其特点是：可以不受方向的限制，绕过障碍物到达保护空间的任何角落，并能在着火空间有较长的驻留时间，从而实现全淹没灭火；不需要耐压容器；灭火效率较干粉灭火剂更高；可用于封闭空间，也可用于开放空间，对臭氧层的耗损指标值为零。由于该灭火剂具有不易降落、可以绕过障碍物等气体的特性，故在工程上也被当作气体灭火剂使用。

图 5.2.25 7150 灭火剂

三、路轨两用消防车

路轨两用消防车是近十年来发展起来的新型消防车，主要特点就是既能用于专业地铁隧道消防，又可用于普通路面消防。路轨两用消防车的主要优势是机动灵活，不过多占用铁道资源，全寿命周期成本远低于轨道专用消防车辆，更能够适应节能、环保、高效率的需求。

（一）国外路轨两用消防车

国外路轨两用消防车的主要生产厂商大多集中在欧洲（表 5.3.1）。

表 5.3.1 国外路轨两用消防车

项目	厂商名称			
	卢森堡亚	马基路斯	齐格勒	吉麦克斯
产品型号	AURORA-F7001	HLF 24/50-5	TLF30RR	RW-S
底盘型号	斯堪尼亚 P310	奔驰 3341	乌尼莫克 U423	曼 TGA18350
质量/t	18	25	13	18
外形尺寸/(m×m×m)	10×2.5×3.45	10×2.5×3.2	6.7×2.4×3.4	9.1×2.5×3.5
车辆在轨行驶高度/m	3.6	3.5	3.4	3.6
功率/kW	228	300	170	261
车辆在轨行驶速度/(km·h^{-1})	60	40	50	50
液罐容积/m^3	3	5	2	1
泡沫容积/m^3	0.3	0.5	0.5	0.4

(二) 国内路轨两用消防车

我国路轨两用消防车的发展起步较晚,目前还处于初步发展阶段,当前主要为上海金盾、中联重科、陕西银河三家企业生产的路轨两用消防车(表5.3.2)。

表 5.3.2 国内路轨两用消防车

项目	厂商名称		
	上海金盾	中联重科	陕西银河
产品型号	GD170	ZLF5170TXFGD170	BX5320TXFGD320/M5
底盘型号	曼 TGC18.360	曼 TGM18.340	曼 TGS33.480
质量/t	17.7	17.45	25.4
外形尺寸/(m×m×m)	9.85×2.5×3.3	9.1×2.5×3.4	10.7×2.5×3.8
车辆在轨行驶高度/m	3.5	3.7	3.9
功率/kW	265	250	294
车辆在轨行驶速度/(km·h^{-1})	30	40	35
液罐容积/m^3	1	2.5	4.5
泡沫容积/m^3	0.2	0.5	1.5

任务三 灭火和应急救援预案

灭火和应急救援预案(以下简称"预案")是根据本单位的人员、组织机构和消防设施等基本情况,为发生火灾时能够迅速、有序地开展初期灭火和应急疏散,并为消防救援人员提供相关信息支持和支援所制定的行动方案。

一、预案的分级和分类

根据设定灾情的严重程度和场所的危险性,预案由低到高依次分为五级。

(1) 一级预案是针对可能发生无人员伤亡或被困,燃烧面积小的普通建筑火灾的预案。

(2) 二级预案是针对可能发生 3 人以下伤亡或被困,燃烧面积大的普通建筑火灾、燃烧面积较小的高层建筑、地下空间、人员密集场所、易燃易爆危险品场所、重要场所等特殊场所火灾的预案。

(3) 三级预案是针对可能发生 3 人以上 10 人以下伤亡或被困,燃烧面积小的高层建筑、地下空间、人员密集场所、易燃易爆危险品场所、重要场所等特殊场所火灾的预案。

（4）四级预案是针对可能发生 10 人以上 30 人以下伤亡或被困，燃烧面积较大的高层建筑、地下空间、人员密集场所、易燃易爆危险品场所、重要场所等特殊场所火灾的预案。

（5）五级预案是针对可能发生 30 人以上伤亡或被困，燃烧面积大的高层建筑、地下空间、人员密集场所、易燃易爆危险品场所、重要场所等特殊场所火灾的预案。

按照单位规模大小、功能及业态划分、管理层次等要素，预案可分为总预案、分预案和专项预案三类。

二、预案的编制程序

城市轨道交通运营单位应遵循"安全第一、快速反应、及时疏散、有效处置、减少损失、降低影响"的原则，编制灭火和应急疏散预案。

（一）成立预案编制工作组

针对可能发生的火灾事故，结合本单位部门职能分工，成立以单位主要负责人或分管负责人为组长、单位相关部门人员参加的预案编制工作组，也可以委托专业机构提供技术服务，明确工作职责和任务分工，制订预案编制工作计划，组织开展预案编制工作。

（二）相关资料的收集与评估

编制预案需要的资料包括：（1）全面分析本单位火灾危险性、危险因素、可能发生的火灾类型及危害程度。（2）确定消防安全重点部位和火灾危险源，进行火灾风险评估。（3）客观评价本单位消防安全组织、员工消防技能、消防设施等方面的应急处置能力。（4）针对火灾危险源和存在的问题，提出组织灭火和应急疏散的主要措施。（5）收集借鉴国内外同行业火灾教训及应急工作经验。

（三）预案的编写要求

预案应针对可能发生的各种火灾事故和影响范围分级分类编制，科学编写预案文本，明确应急机构人员组成及工作职责、火灾事故的处置程序以及预案的培训和演练要求等。还可以应用大数据、移动通信等信息技术，制定数字化预案及开发应急处置辅助信息系统。

城市轨道交通集团应首先制定预案编制指导意见，对所属下级单位提出明确要求，然后下级单位根据要求，编制符合本单位实际的预案。

具体来说，单位应编制总预案，单位内各部门应结合岗位火灾危险性编写分预案，消防安全重点部位应编写专项预案。分班作业的单位或场所应针对不同的班组，分别制定预案和组织演练。经营单位应针对营业和非营业等不同时间段，分别制定编写预案和组织演练。多产权、多家使用单位应委托统一消防安全管理的部门编制总预案，各单位、业主应根据自身实际制定分预案。

（四）评审、发布与修订

预案编制完成后，单位主要负责人应组织有关部门和人员，依据国家有关方针政策、法律法规、规章制度以及其他有关文件对预案进行评审。预案评审通过后，由本单位主要负责人签署发布，以正式文本的形式发放到每一名员工。

预案修订工作应安排专人负责，根据单位和场所生产经营储存性质、功能分区的改变及日常检查巡查、预案演练和实施过程中发现的问题，及时修订预案，确保预案适应单位基本情况。

三、预案的主要内容

（一）编制目的、依据和适用范围

简述预案编制的目的和作用，所依据的有关法律、法规、规章、规范性文件、技术规范和标准等，说明预案适用的范围和事故类型、级别。

（二）单位基本情况

单位基本情况主要包括：（1）单位名称、地址、使用功能、建筑面积、建筑结构及主要人员等情况，还应包括单位总平面图、分区平面图、立面图、剖面图、疏散示意图等；（2）单位内部建筑、地下空间、轨道交通车辆的基本情况、重点部位及火灾危险分析；（3）火灾危险源情况，包括火灾危险源的位置、性质和可能发生的事故，明确危险源区域的操作人员和防护手段，危险化学品的品名、性质、数量、存放位置、防护及处置措施等；（4）消防设施情况，包括设施类型、数量、性能、具体参数等内容。

（三）火灾情况设定

设定和分析可能发生的火灾事故情况，包括常见引火源、可燃物的性质、危及范围以及蔓延可能性等内容。可能影响预案组织实施的因素、客观条件等均应得到充分考虑。应明确最有可能发生火灾事故的情况列表，表中应含有着火地点、火灾事故性质以及火灾事故影响人员的状况等。

城市轨道交通车站和车辆设定火灾事故情况，应将乘客不熟悉疏散逃生路径，老年人、儿童、残疾人等特殊人群行动不便相关最不利情形考虑在内。

（四）应急组织体系

应急组织体系应当说明组织形式、构成部门或人员，并以结构图的形式展现。

预案应当明确由消防安全责任人负责的火灾事故应急指挥机构，担负消防救援队伍到达之前的灭火和应急疏散指挥职责。指挥机构由消防安全责任人任总指挥，消防安全管理人任副总指挥，消防工作归口职能部门负责人参加并具体组织实施。在消防安全责任人或者消防安全管理人不在位的情况下，建立由当班的单位负责人或第三人替代指挥的梯次指挥体系。

行动小组可由当班的消防安全管理人、部门主管人员、消防控制室值班人员、保安人员、企业专职或志愿消防队员、微型消防站队员及其他在岗的从业人员组成，接受指挥机构的指挥，承担灭火和应急疏散各项职责。各行动小组承担任务的人员数量，应当

按照最危险情况下灭火疏散需要足量确定。岗位人员应实行动态管理，按当日当班在位人员明确相同角色的人员分工，保证不因轮班换岗造成在应急行动中无人负责。

各行动小组的设置和职责分工如下：（1）通信联络组，承担报告火警、与相关部门联络、迎接消防车辆、传达指挥员命令的职责；（2）灭火行动组，承担及时到达现场，利用消防器材、设施扑救火灾的职责；（3）疏散引导组，承担维持火场秩序、引导人员疏散、抢救重要物资的职责；（4）防护救护组，承担救护受伤人员，准备必要的医药用品的职责；（5）安全保卫组，承担阻止无关人员进入，保护火灾现场，协助消防救援机构开展火灾调查的职责；（6）后勤保障组，负责抢险物资、器材器具的供应及后勤保障。

（五）信息报告

城市轨道交通运营单位的信息报告流程应遵循"统一指挥、分级负责、信息共享、点面联动、实事求是、言简意赅、发布及时"的原则。当发生区间、车站、列车、控制中心、车辆基地等火灾时，现场工作人员、各调度岗位应向运营单位上级管理部门、上级行业主管部门报告火灾发生的概况、人员安全和伤亡情况、列车位置、乘客疏散情况、运营组织的影响和行车调整情况、设施设备的影响和抢修方案、外部支援力量情况、火灾扑救进展、工作人员撤离组织情况等。

（六）应急响应

1. 响应措施

单位制定的各级预案应与辖区消防救援机构预案相衔接，根据现场火情变化及时变更火警等级，响应措施如下：（1）一级预案应明确由单位值班、带班负责人到场指挥，拨打"119"报告一级火警，组织单位志愿消防队和微型消防站值班人员到场处置，采取有效措施控制火灾扩大；（2）二级预案应明确由消防安全管理人到场指挥，拨打"119"报告二级火警，调集单位志愿消防队、微型消防站和专业消防力量到场处置，组织疏散人员、扑救初起火灾、抢救伤员、保护财产，控制火势扩大蔓延；（3）三级以上预案应明确由消防安全责任人到场指挥，拨打"119"报告相应等级火警，同时调集单位所有消防力量到场处置，组织疏散人员、扑救初起火灾、抢救伤员、保护财产，有效控制火灾蔓延扩大，请求周边区域联防单位到场支援。

当列车在区间发生火灾时，应尽可能将列车继续运行至就近车站。预案应按列车能继续运行或无法运行两种情况分别制定各岗位职责和工作流程，以及区间两端车站应急处置协同机制和措施。

2. 指挥调度

城市轨道交通火灾多发于地下空间，通信联络难度大。预案应明确统一通信方式和通信器材，统一规定灭火疏散行动中各种可能的通信用语。通信用词应清晰、简洁，指令反馈表达完整、准确。

预案中应当设计各种火灾处置场景下的指令、反馈环节，确定不同情况下下达的指令和做出的反馈。指挥机构在了解现场起火部位、危及部位、受威胁人员分布及数量等情况下，根据控制中心命令实施行车调整方案，科学下达灭火救援和疏散引导指令，使到达一线参与行动的人员位置、数量、构成符合行动需要。

3. 灭火行动

设有自动消防设施的单位，要将自动消防设施设置在自动状态，保证一旦发生火灾立即动作；确有特殊原因需要设置在手动状态的，消防控制室值班人员应在火灾确认后立即将其调整到自动状态，并确认设备启动。

规定各类自动消防设施启动的基本原则，明确不同区域启动自动消防设施的先后顺序、启动时机、方法、步骤，提高应急行动的有效性。

微型消防站队员带好灭火器具赶赴现场，做好现场初起火灾处置。明确保障一线灭火行动人员安全的原则，规定灭火行动组人员到达现场的时间要求、到场位置、扑救火灾的范围、撤离火灾现场的条件、撤离信号和安全防护措施。明确易燃易爆危险品场所的人员救护、工艺操作、事故控制、灭火等方面的应急处置措施。

说明不同性质的场所火灾所使用的灭火方法，并明确一线灭火行动可使用的灭火器、消火栓等消防设施、器材，指出迅速找到消防设施、器材的途径和方法。完成灭火任务后，一线灭火行动人员应及时向指挥机构报告。

4. 疏散引导

疏散引导行动应当与灭火行动同时进行，疏散引导组完成任务后要进行报告。

预案中要对同时启用应急广播疏散、智能疏散系统引导疏散、人力引导疏散等多种疏散引导方法提出要求。根据疏散引导组人员值班位置，规定疏散引导组在接到通知或指令后立即到达现场的时间要求。规范现场指挥疏散的用语，明确需要佩戴、携带的防毒面具、湿毛巾等防护用品，保证疏散引导秩序井然。

明确事故现场人员清点、撤离的方式、方法，非事故现场人员紧急疏散的方式、方法，疏散人员导入的安全区域。

明确防止疏散中发生踩踏事故的措施和对行动不便人员的疏散和安置措施，要预见疏散的人员自行离开的情形，规定有效的清点措施和记录方法。

5. 防护救护

明确对事故现场受伤人员进行救护救治的方式、方法，要求及时拨打急救电话"120"，联系医务人员赶赴现场进行救护。

明确实施紧急救护的场地。

对危险区的隔离做出规定，包括危险区的设定，事故现场隔离区的划定方式、方法，事故现场隔离方法等。

6. 与消防队的配合

时刻保持建筑外围消防车通道畅通，严禁设置和堆放妨碍消防车通行的障碍物。火灾发生时，安全保卫组人员应在路口迎接消防车，为消防车引导通向起火地点的最短路线、楼内通径、消防电梯等。其他人员应积极协助消防队开展灭火救援工作。

单位负责人和熟知情况的人员向到场的消防队提供如下信息：（1）火灾蔓延情况，包括起火地点、燃烧物体及燃烧范围、烟的扩散情况等，是否有易燃易爆危险品或其他重要物品，是否有不能用水扑救或用水扑救后产生有毒有害物质的危险化学品以及起火原因等；（2）人员疏散情况，包括是否有人员被困、疏散引导情况以及受伤人员的状况等；（3）初期灭火行动，包括初期灭火情况、防火分隔区域构成情况、单位灭火设备的状况等；（4）空调设备使用及排烟设备运行情况，包括空调设备的使用、排烟设备运行、电梯运行情况以及紧急用电的保障情况等；（5）单位平面图、建筑立面图等消防队需要的其他资料。

7. 应急保障

制订信息通信系统及维护方案，保证有 24 h 有效的报警装置和有效的内部、外部通信联络手段，确保应急期间信息通畅。

说明单位应急物资和装备的类型、数量、性能、存放位置、运输及使用条件、管理责任人及其联系方式等内容。

说明经费保障、治安保障、技术保障、后勤保障等其他应急工作需求的相关保障措施。

8. 应急恢复和后期处置

规定现场应急响应结束的基本条件和要求，火灾现场警戒保护及协助调查、事故信息发布、污染物处理、故障抢修、恢复工作、医疗救治、人员安置等内容。

火灾应急处置结束后，相关专业抢险抢修队伍应立即赶赴现场，核实确认现场设施设备损坏情况，制订抢修方案，开展抢修作业，调度指挥部门应配合做好运营恢复工作。运营单位应做好火灾原因分析、隐患及风险辨识，落实相应的防护措施，同时根据需要协助消防救援机构做好取证、资料收集、火灾善后处理工作，做好事件处置流程的评估、分析和总结工作，落实后续整改措施。

四、预案的实施

（一）预案实施人员的培训

在预案中承担相应任务的所有人员，均应参加培训。承担任务的人员发生调整，若人员调整幅度较小，新进人员应在消防工作归口职能部门的指导下及时熟悉预案内容；若人员调整幅度较大，应组织集中培训。

培训目的是使参训人员熟悉预案内容，了解火灾发生时各行动小组人员的工作任务及各方之间应做到的协调配合，掌握必要的灭火技术，熟悉消防设施、器材的操作方法。

培训的主要内容包括预案的全部内容，职责、个人角色及其意义，应急演练及灭火疏散行动中的注意事项，防火、灭火常识，灭火基本技能，常见消防设施的原理、性能及操作方法。

要对预案培训效果进行考核和评估，保存相关记录，培训周期不少于1年。

（二）预案实施条件检查

通过检查发现可能使预案难以执行或发生错误的问题，以及预案中不切合实际的内容，及时予以修订。

消防工作归口职能部门应定期组织对预案实施的各类物质条件进行检查，并保存相关记录。检查应包括以下内容：（1）消防设施、装备、器材是否完好有效；（2）疏散通道是否畅通无阻，疏散距离是否最短，疏散通道上的防火门、防火卷帘等设施是否完整好用；（3）承担任务人员是否具备相应知识、能力；（4）每日应急组织机构值班人员是否在岗在位；（5）通信联络设备是否齐全并完好有效。

（三）应急演练

城市轨道交通运营单位应每年至少组织一次灭火和应急疏散演练，适时与消防救援机构联合开展全要素综合演练；现场班组应每半年至少组织一次现场处置演练。运营单位应根据演练计划统筹做好人员、场地、物资器材的筹备保障和有关沟通协调工作，确保应急演练工作安全有序开展。参加灭火和应急疏散演练的人员，可安排为运营单位的工作人员和身体健康的成年志愿者。

应急演练应当选择人员集中、火灾危险性较大的重点部位作为目标，每次演练应选择不同的重点部位，并根据实际情况确定火灾模拟形式。从假想火点起火开始至演练结束，均应按预案规定的分工、程序和要求进行。

在应急演练前，事先公告演练的内容、时间，通知单位内的人员积极参与；演练时，应在建筑入口等醒目位置设置"正在消防演练"的标志牌，并采取必要的防控与安全措施。

在模拟火灾演练中，应当落实火源及烟气控制措施，防止造成人员伤害。疏散路径的楼梯口、转弯处等容易引起摔倒、踩踏的位置应设置引导人员，还应当为模拟行动不便的对象配备轮椅、担架、呼救器、过滤式自救呼吸器、疏散斜坡等设施设备。

运营单位应建立灭火和应急疏散演练评估工作机制，包括演练准备、组织与实施的效果、演练主要经验、演练中发现的问题和意见建议等。对演练中发现的应急处置机制、作业标准、操作规程和管理规定等存在的缺陷，应及时修订完善。

任务四 火灾事故调查

火灾事故调查的任务是调查火灾原因，统计火灾损失，依法对火灾事故做出处理，总结火灾教训。火灾事故调查应当坚持及时、客观、公正、合法的原则。火灾事故调查由县级以上人民政府消防救援机构实施，任何单位和个人不得妨碍和非法干预火灾事故调查。火灾扑灭后，发生火灾的单位和相关人员应当按照消防救援机构的要求保护现场，接受事故调查，如实提供与火灾有关的情况。

一、城市轨道交通火灾事故影响因素分类

城市轨道交通运营系统是一个在时间、空间上分布很广的开放的动态系统，城市轨道交通运营消防安全影响因素涉及面广，错综复杂。与火灾有关的因素可以划分为人、设备、管理三个方面。

（一）人为影响因素

城市轨道交通运营安全与许多活动有关，各项活动都依赖于安全、高效和可靠的人的行为。运营工作每项作业中每个环节，都是由人来参与并处于主导地位的，人操纵、控制、监督各项设备，完成各项作业，与环境进行信息交流，与其他作业协调一致。正是由于人在运营工作中的重要地位，人的因素在运营安全中起着关键的作用。

1. 工作人员

工作人员主要指供电系统、通信系统、信号系统、防灾与报警系统、给水与排水系统、环境与设备监控系统、机车车辆系统、自动售检票系统、车辆段检修设备系统、通风空调系统等部门的各级领导人员、专职管理人员和其他作业人员，他们是保证运营安全的关键。城市轨道交通运营实践表明，工作人员，特别是运营一线的职工和负有管理责任的人员，他们的思想品质、业务技能及心理、生理素质等不适应城市轨道交通运营工作的要求，通常是酿成事故的主要原因。

2. 运营系统以外的人员

运营系统以外的人员，主要指乘客、轨道交通沿线的居民、可能穿越轨道交通线路的机动车驾驶人员以及可能影响轨道交通运营的其他人员等。

（二）设备影响因素

设备是除人之外，影响城市轨道交通运营安全的另一个重要因素，设备质量的良好是轨道交通运营安全的重要保证。影响城市轨道交通运营安全的基础设施设备主要包括土建设施（站台、隧道、桥涵、路基、轨道）、线路设备、机车车辆、供电系统设备、

通信系统设备、信号系统设备、电梯与自动扶梯、通风空调、给水与排水设备等。

(三) 管理影响因素

规范、完备的消防安全管理是实现城市轨道交通运营消防安全的基础。管理上存在的缺陷、不足，虽然不会直接导致火灾的发生，但会加剧事故后果的严重性。

为确保城市轨道交通系统正常运行，应设立专门的安全管理机构，并配备足够的专职、兼职消防安全管理人员，管理人员应分工明确、职责清晰，并经过专业消防安全培训。

二、火灾现场保护

火灾现场是指发生火灾的地点和留有与火灾原因有关痕迹、物证的场所，是火灾发生、发展和熄灭过程的真实记录，是消防救援机构调查认定火灾原因的物质载体。保护火灾现场的目的是使火灾调查人员发现、提取到客观、真实有效的火灾痕迹、物证，确保火灾原因认定的准确性。《消防法》规定，火灾扑灭后，发生火灾的单位和相关人员应当按照消防救援机构的要求保护现场，接受事故调查，如实提供与火灾有关的情况。

(一) 火灾现场保护的范围

凡与火灾有关的留有痕迹、物证的场所均应列入现场保护范围。火灾现场保护范围应当根据消防救援机构现场勘验的实际情况和进展进行调整，在消防救援机构调查人员未到达现场时，应当尽可能确保燃烧、蔓延范围内的现场保持原始状态。消防调查人员确定保护范围后，禁止任何人（包括现场保护人员）进入保护区，更不得擅自移动火场中的任何物品，对火灾痕迹和物证，应采取有效措施，进行妥善保护。

遇有下列情况时，根据需要应适当扩大保护范围：（1）起火点位置未确定，起火点部位不明显，初步认定的起火点与火场遗留痕迹不一致，等等。（2）对于电气故障引起的火灾，当怀疑起火原因为电气设备故障时，凡与火场用电设备有关的线路、设备，如进户线、总配电盘、开关、灯座、插座、电动机及其拖动设备和它们通过或安装的场所都应列入保护范围。有时电器故障引起的火灾，其起火点和故障点并不一致，甚至相隔很远，保护范围应扩大到故障发生场所。

(二) 火灾现场保护的方法

在初起火灾扑救过程中，应注意发现和保护起火部位和起火点。在火灾得到控制和熄灭后，尽量不实施破拆或变动物品的位置，以保持燃烧后的自然状态。对于可能证明火灾蔓延方向和火灾原因的任何痕迹、物证均应严加保护。在留有痕迹、物证的地点做出保护标志。对室外某些痕迹、物证、尸体等应加以遮盖。

对于露天现场，可设置屏障遮挡，重要的进出口处设置路障并派专人看守。由于城市轨道交通枢纽行人、车辆流量大，可以联系轨道公安机关派员警戒，疏导行人和车辆。

对室内现场的保护，主要是在室外门窗下派专人看守，或者对重点部位予以封闭。对于现场的室外区域，也要划出一定的禁入范围；对于涉及私人物品的区域，要做好所有人的安抚工作，讲清道理，劝其不要急于清理。

（三）火灾现场保护的基本要求

现场保护人员要服从统一指挥，遵守纪律，有组织地做好现场保护工作。不准随便进入现场，不准触摸现场物品，不准移动、拿用现场物品。现场保护人员要坚守岗位，保护好现场的痕迹、物证，及时反映现场相关情况。

现场保护人员的工作不限于布置警戒、封锁现场、保护痕迹和物证，在出现紧急情况时，还要提高警惕，随时掌握现场动态，发现问题应及时采取有效措施进行处理，并向有关部门报告。

当扑灭后的火场复燃，甚至二次成灾时，现场保护人员要及时报警，迅速有效地实施扑救。有的火场在火灾扑灭后存在电气线路裸露、管道漏水等情况，现场保护人员应及时发现、积极处理，通知相关人员切断电源、关闭水源。

遇有人员生命危急的情况，应立即设法施行急救；遇有趁火打劫或者二次放火、破坏现场的情况，处置要果断；对打听消息、反复探视、问询火场情况以及行为可疑的人要予以关注，及时向消防救援机构和公安机关反映。

对危险区域要实行隔离，禁止无关人员进入、靠近。对于地下空间等场所，进入现场的人员要使用隔绝式呼吸器。

被烧损的建筑物、车辆有倒塌、倾覆危险并危及他人安全时，应采取措施对其进行固定。如受条件限制不能使其固定时，应在其倒塌之前仔细观察并记下倒塌前的烧毁情况。对车辆采取移动措施时，应尽量使现场少受破坏；若需要变动现场，事前应通过摄像、拍照等方式详细记录现场原貌。

三、协助火灾事故调查

（一）及时调取视频监控录像

城市轨道交通相关建筑、站点和车辆等部位安装有大量视频监控设备，在火灾现场，视频监控设备能够将火灾的发生过程记录下来，提供动态的事故发生全过程，为火灾事故调查人员获得正确的火灾事故原因提供最直观的证据。城市轨道运营单位要第一时间保护火灾现场内部和外部的监控录像设备，并及时调取视频监控录像，提供给负责调查的消防救援机构。要注意保护、保存好从监控系统中获取的原始视频资料，避免因经过修改而不能作为证据使用；还要保存好火灾发生前一定时间段的视频，防止原有的视频监控录像被新的监控录像内容覆盖。在整个调查工作中，应当明确由专人管理监控影像资料，为调查工作提供便利。

（二）协助调查询问

1. 调查询问对象

主要调查询问对象包括：（1）最早发现火灾的人和报警的人；（2）最后离开起火部

位的人或在场工作的人；(3) 熟悉起火部位周围情况的人；(4) 熟悉起火单位、车辆运营情况的人；(5) 最先到火场救火的人；(6) 火灾责任者和受害者；(7) 起火单位的值班领导和保卫人员；(8) 目击起火的人及其他有关人员。

2. 提供起火原因等相关内容

相关人员应向火灾事故调查人员提供以下信息：(1) 火灾发生经过。火灾发生前，声、光、味等有无异常，出现烟、火的具体部位和范围，火势发展蔓延过程。(2) 起火建筑、车辆等情况，包括起火建筑的结构、平面布置和耐火等级、用途、使用设备及室内陈设，车辆的运营状况、人员情况等。(3) 火源情况，包括火源分布部位及与可燃物的距离，是否出现过异常情况。(4) 用电情况，包括电气线路敷设的部位、方式，电线的型号规格、使用年限，是否有私拉乱接电线、电线破损、接触不良等情况，线路负荷是否过载；用电设备安装位置、种类、规格、用途、功率、性能、使用情况和发生的故障等；线路和设备有无发热、故障现象和出现异味，近期检查、修理、改造情况。(5) 起火部位的物品情况，包括存放、使用的物品种类、数量、位置；有无危险化学物品，可燃性物品与火源、热源的位置关系等。(6) 既往火灾情况。此前发生火灾或其他事故的时间、部位、原因，以及事后补救措施。

3. 提供其他相关情况

其他相关情况主要包括：(1) 火灾事故发生单位的基本情况；(2) 灭火救援处置情况；(3) 火灾事故造成的人员伤亡和直接经济损失；(4) 火灾事故发生单位的日常消防安全管理情况；(5) 火灾事故发生单位内部是否有行为异常人员，近期是否有发生纠纷和人员矛盾的情形。

（三）直接财产损失申报

受损单位和个人应当于火灾扑灭之日起七日内向火灾发生地的县级消防救援机构如实申报火灾直接财产损失，填写《火灾直接财产损失申报表》，并附有效证明材料，如相关合同、发票、采购凭证等。

对于建筑物及装修类财产，应写明名称、烧损面积、建造或装修时价格、已使用年限；对于设备及其他财产，应写明名称、数量、购进时单价、已使用年限。需要文字说明的事项可附页说明，并填写申报人和联系人的信息和联系方式。

四、火灾事故责任追究

（一）行政责任

1. 行政处分

对火灾事故相关责任人员进行行政处分的情形主要包括：(1) 不履行消防法律、法规、规章规定的消防安全职责的；(2) 发现火灾隐患，未按规定采取措施消除，导致火灾事故发生，未造成严重后果的；(3) 对发生的火灾事故瞒报、谎报、拖延不报，或者组织、参与瞒报、谎报、拖延不报的；（4）火灾事故发生后，不及时组织抢救的；（5）对火灾事故的防范、报告、救援有失职、渎职行为的；（6）阻挠、干涉火灾事故调查工作的；（7）阻挠、干涉对火灾事故责任人员进行责任追究的；（8）在火灾事故调查处理过程中，滥用职权、玩忽职守、徇私舞弊的。

2. 行政处罚

有下列行为之一，尚不构成犯罪的，由消防救援机构依据《消防法》规定对火灾事故相关责任人员予以行政处罚，行政处罚形式包括警告、罚款、拘留：（1）指使或者强令他人违反消防安全规定，冒险作业的；（2）过失引起火灾的；（3）在火灾发生后阻拦报警，或者负有报告职责的人员不及时报警的；（4）扰乱火灾现场秩序，或者拒不执行火灾现场指挥员指挥，影响灭火救援的；（5）故意破坏或者伪造火灾现场的；（6）擅自拆封或者使用被消防救援机构查封的场所、部位的；（7）违反规定使用明火作业或者在具有火灾、爆炸危险的场所吸烟、使用明火的；（8）对火灾隐患经消防救援机构通知后不及时采取措施消除的。

（二）刑事责任

火灾事故刑事责任追究，分别由司法机关或者检察机关进行。其中，引起火灾发生的直接责任人可能构成放火罪、失火罪；对火灾的发生或蔓延扩大负有责任的其他人员，可能构成消防责任事故罪、重大责任事故罪、强令违章冒险作业罪、重大劳动安全事故罪等。

放火罪是指故意放火焚烧公私财物，危害公共安全的行为。

失火罪是指由于行为人的过失引起火灾，造成严重后果，危害公共安全的行为。

消防责任事故罪是指违反消防管理法规，经消防监督机构通知采取改正措施而拒绝执行，造成严重后果，危害公共安全的行为。

重大责任事故罪是指在生产、作业中违反有关安全管理的规定，因而发生重大伤亡事故或者造成其他严重后果的行为。

强令违章冒险作业罪是指强令他人违章冒险作业，因而发生重大伤亡事故或者造成其他严重后果的行为。

重大劳动安全事故罪是指安全生产设施或者安全生产条件不符合国家规定，因而发生重大伤亡事故或者造成其他严重后果的行为。

◆ 案例分析

【案例】 某公司承建的某市轨道交通 3 号线 SRT3-12-02 标项目，焊工杨某在焊接型钢时，焊渣飘落到斜下方机电单位未及时清理的塑料包装等垃圾上，导致起火燃烧，烧毁施工现场建筑材料、工程设备等，未造成严重后果。经消防救援机构调查，该起火灾的起火原因系焊工杨某在焊接作业时未清理下方包装材料垃圾，接渣措施设置不完善，部分焊渣落到可燃包装材料垃圾上引发火灾。

经调查发现，该工程项目部对现场管控不到位，未及时清理垃圾；对焊接作业未进行有效监管，未能发现接渣措施设置不合理和存在的消防安全隐患；未落实明火作业消防安全管理措施，三级动火令中申请动火人名字填写错误，涉嫌弄虚作假；工程监理对动火作业条件核查不严，监理部对动火作业过程安全监管不到位。

根据以上材料，回答下列问题：

1. 若对现场的施工人员开展调查访问，询问的主要内容有什么？
2. 根据消防法律法规规定，对焊工杨某应当追究什么责任？
3. 该起火灾事故的整改防范措施有哪些？

【案例分析】

1. 询问的主要内容包括：

（1）发现起火的时间、地点。

（2）发现起火的详细经过。

（3）火场的变化情况、火势的蔓延情况、燃烧范围等。

2. 焊工杨某虽因过失而引发火灾，但未造成严重后果，根据《消防法》，应当依法对其予以行政处罚。

3. 整改防范措施包括以下几点：

（1）建设、施工、监理单位要充实现场消防安全管理力量，落实好消防安全管理职责，加强日常检查巡查，及时发现和消除火灾隐患，确保轨道交通工程消防安全形势平稳可控。

（2）各施工、监理单位要加强电焊作业过程监管，严格执行动火令制度；作业前仔细查看周边环境情况，认真清理可燃、易燃、易爆物品，作业中严格做好接渣措施，作业后仔细检查作业面下方是否有未冷却焊渣，确认无火灾隐患后方可收工；杜绝发生违章指挥和违章作业行为。

（3）有针对性地开展人员入职消防安全教育培训和作业前安全技术交底，提升入职人员消防安全意识和技能。

1. 熟悉灭火器、室内消火栓、手动报警按钮的位置及使用方法。

2. 掌握初起火灾的处置方法。
3. 根据你所在的单位的情况，编制一份单位灭火和应急救援预案。

1. 城市轨道交通火灾事故的主要特点有哪些？
2. 扑救初起火灾的原则是什么？
3. 灭火和应急救援预案分为哪几类？
4. 火灾事故调查的任务是什么？

附录 A 单位消防安全评估参照表

表 A.1 消防安全检查评估表

子项名称	权重	检查细则	检查结果	子项评分	备注
1. 消防安全组织及职责					
消防安全制度		① 消防安全责任制度； ② 消防安全教育、培训制度； ③ 防火巡查、检查制度； ④ 安全疏散设施管理制度； ⑤ 消防设施器材维护管理制度； ⑥ 消防（控制室）值班制度； ⑦ 用火、用电安全管理制度； ⑧ 灭火和应急疏散预案演练制度； ⑨ 火灾隐患整改制度； ⑩ 易燃易爆危险品和场所防火防爆管理制度； ⑪ 专职（志愿）消防队组织管理制度； ⑫ 燃气和电气设备检查和管理（包括防雷、防静电）制度； ⑬ 消防安全工作考评和奖惩制度； ⑭ 消防重点部位管理制度； ⑮ 其他相关管理制度			
消防安全责任制落实		① 确定消防安全责任； ② 定期开展防火巡查、检查； ③ 组织消防安全知识宣传教育培训； ④ 开展灭火和疏散逃生演练； ⑤ 建立健全消防档案； ⑥ 消防安全重点单位实行"三项报告"备案制度； ⑦ 其他消防安全制度落实相关内容			
消防安全职责分工		① 消防安全责任人职责； ② 消防安全管理人职责； ③ 部门主管人员职责； ④ 消防安全员职责； ⑤ 志愿消防队职责； ⑥ 单位员工职责			

续表

子项名称	权重	检查细则	检查结果	子项评分	备注
2. 日常防火管理					
一般要求		① 评估对象应将容易发生火灾、一旦发生火灾可能严重危害人身财产安全以及对消防安全有重大影响的部位确定为消防安全重点部位，并设置明显的防火标志； ② 评估单位应定期组织开展防火巡查、防火检查和消防设施联动运行测试； ③ 评估对象应确定防火巡查和检查的人员、内容、部位、频次，如实填写巡查和检查记录，对发现的问题应现场处理或上报			
防火巡查要求		① 查看消防车道、疏散通道、安全出口、疏散指示标志、消防应急照明的巡查记录； ② 查看消防设施及器材和消防安全标志、防火门、防火卷帘巡查记录； ③ 查看对消防控制室、车站控制室、通信设备房、信号设备房、蓄电池室、变电所、环控电控室、消防水泵房等房间的巡查记录； ④ 了解自动消防设施运行情况； ⑤ 了解对用火、用电、用油、用气、施工现场消防设施配置与防火保护措施等情况的巡查； ⑥ 其他消防安全的巡查情况			
防火检查要求		① 查看消防设施运行和维护保养、电气线路定期检查记录； ② 了解工作人员对消防安全知识和基本技能的掌握情况； ③ 了解消防控制室的日常工作情况，消防安全重点部位的日常管理情况； ④ 了解火灾隐患排查和整改情况； ⑤ 其他需要检查的内容			
3. 火灾危险源控制					
一般要求		① 评估对象应根据实际情况和轨道交通的设施状况、人员特点等，制定相应的危险源控制管理制度和安全操作规程； ② 城市轨道交通严禁吸烟，并应设置明显的警示标志； ③ 站厅、站台、列车车厢和管理用房内，不应采用明火、电炉等采暖设备；采暖散热器表面平均温度不应超过 80 ℃；必须使用明火的作业应在动火前按程序申报并采取监护措施			

191

续表

子项名称	权重	检查细则	检查结果	子项评分	备注
可燃物管理		① 站厅、站台、区间、列车车厢内应严格控制可燃材料的使用； ② 站厅、站台和疏散通道等乘客疏散区不应设置商业设施； ③ 站厅、站台和管理用房的垃圾及杂物应及时清理			
电气管理		① 评估对象应定期巡检和维护变压器、带油电气设备等机电设备； ② 各级配电设备和电气设备应安装保护电路和报警装置； ③ 评估对象应定期检查、维修运行车辆上的电气设备和线路，及时清除列车运行线路上的导电体			
用气（油）管理		① 在站厅、站台、列车车厢、管理用房、区间隧道和车辆基地内，使用燃气作业时，应按相关规定进行申报并采取必要的监护措施； ② 城市轨道交通中的用气（油）系统应按规程操作，并定期巡检和维护； ③ 废油应密闭在专用的防火容器内，采取防止泄漏的有效措施，并及时清运			
4. 灭火和应急预案及演练					
一般要求		① 评估对象应配备火灾应急处置所需要的设备及物资，并应进行经常性维护保养，保证设备完好； ② 评估对象应定期开展预案演练，专职或志愿消防队（微型消防站）应针对预案内抢险救援任务开展技能、体能操练			
灭火和应急预案		① 应急指挥机构的组成和职责； ② 应急处置过程中各工作组的组织原则； ③ 信息报告流程； ④ 初起火灾的扑救程序和措施； ⑤ 火灾时的灭火救援策略和人员疏散方案； ⑥ 应急恢复			
灭火和应急疏散演练		① 运营单位应每年至少组织一次灭火和应急疏散演练，现场班组应每半年至少组织一次现场处置演练； ② 评估对象应建立灭火和应急疏散演练评估工作机制，应包括演练准备、组织与实施的效果、演练主要经验、演练中发现的问题和意见建议等； ③ 对于演练中发现的应急处置机制、作业标准、操作规程和管理规定等缺陷，应及时修订完善预案和制度			

子项名称	权重	检查细则	检查结果	子项评分	备注
5. 消防设施管理					
日常使用操作		① 评估对象应建立消防设施日常管理制度和操作规程,并明确有关部门和人员的岗位职责,消防设施监控操作人员应取得岗位资格证书; ② 评估对象应对消防设施开展定期巡查,并确定巡查的人员、部位、内容和频次,应如实填写巡查记录; ③ 评估对象在巡查、检查中发现消防设施及器材故障时应及时修复			
消防设施检查与维护制度		① 评估对象应建立消防设施及器材维护保养、检测的制度和流程; ② 消防设施的检测、维保须委托具有资质的单位进行; ③ 消防设施操作、维护、管理人员应经专业培训,持证上岗。 ④ 评估对象应自行或委托消防技术服务机构对其消防设施每年至少进行一次全面检测			
6. 灭火救援工具备品					
灭火救援工具备品		① 评估对象应在车站及设施内设置灭火救援工具备品,并保持完好、齐全; ② 工作人员应熟练使用和操作抢险救援工具备品; ③ 评估对象应通过多种渠道向乘客宣传自救用品的使用方法; ④ 指挥备品至少应包括手持对讲机、防毒面具、呼吸器、强光手电、手持扩音机、指挥车等; ⑤ 抢险备品至少应包括呼吸器、战斗服、灭火器、应急灯、电锯、电钻、机械压钳、万用表、测电笔、螺丝刀、榔头、扳手、斧子等常用工具; ⑥ 救护备品至少应包括担架、轮椅、防毒面具、急救药箱、应急灯、安全警戒绳、警示标志等			

续表

子项名称	权重	检查细则	检查结果	子项评分	备注
7. 消防安全宣传教育培训					
消防安全宣传教育培训		① 评估对象应根据季节性特点及重大活动等特殊时期开展有针对性的消防宣传教育活动； ② 新入职和调岗员工上岗前应接受消防安全教育、培训； ③ 评估对象每半年应至少组织开展一次在岗人员消防安全培训； ④ 评估对象每年应至少组织一次消防安全责任人、消防安全管理人、专（兼）职消防管理人员消防安全法律法规培训； ⑤ 评估对象每年应至少组织一次电焊、气焊等具有火灾危险作业人员接受消防安全法律法规、操作规程的专项培训； ⑥ 评估对象每年应至少组织一次专职或志愿消防队（微型消防站）队员接受消防设施及器材的操作演练			
8. 消防档案					
消防档案		① 评估对象应建立健全消防档案及保管制度； ② 消防档案应包括消防安全基本情况和消防安全管理情况； ③ 消防档案应内容翔实、记录准确，并附有必要的图表；不应漏填、涂改，消防安全重点部位应设置独立消防档案，实行严格管理； ④ 评估对象应根据情况变化及时更新消防档案，并将各类日常消防记录留档备查，严格管理。			

表 A.2 建筑防火检查评估表

子项名称	权重	检查细则	检查结果	子项评分	备注
1. 总平面布局					
消防车道		① 地上车站建筑、独立建造的控制中心、地上主变电所、车辆基地内的消防车道设置应符合要求； ② 消防车道的净空高度和净宽度不应小于4 m，转弯半径应满足消防车转弯的要求，消防车道的荷载、坡度及尽头式消防车道的回车道或回车场等应符合《建筑设计防火规范》（GB 50016—2014）的要求； ③ 其他消防车道相关内容			
防火间距		① 地下车站的出入口、风亭、电梯和消防专用通道的出入口等附属建筑，地上车站、地上区间、地下区间及器具敞口段（含车辆基地出入线）、区间风井及风亭等，与周围建筑物、储罐（区）、地下油管等的防火间距应符合相关规范和设计文件的要求； ② 地下车站的采光窗井与相邻地面建筑的防火间距符合《地铁设计防火标准》（GB 51298—2018）的要求； ③ 控制中心、主变电所及车辆基地内各建筑的防火间距应符合相关规范和设计文件的要求； ④ 其他防火间距相关内容			
平面布置		① 地下车站的进风井、排风井和活塞风井的设置位置、间距、与车站出入口或消防通道出入口的距离等应符合要求； ② 独立建造的消防水泵房应符合《建筑设计防火规范》（GB 50016—2014）的规定；车站的消防水泵房设置位置应符合要求； ③ 控制中心宜独立建造，确需合建时应符合规范要求； ④ 主变电所应独立建造； ⑤ 车辆基地的设置位置、车辆基地内各建筑设置应符合要求； ⑥ 易燃物品库应独立布置，并应按存放物品的不同性质分库设置； ⑦ 其他平面布置相关内容			

续表

子项名称	权重	检查细则	检查结果	子项评分	备注
2. 建筑耐火等级与防火分隔					
建筑耐火等级与防火分隔		① 车站、区间、控制中心与主变电所、车辆基地等建筑的耐火等级应符合要求； ② 车站、区间、车辆基地、控制中心与主变电所等建筑的主要构件的耐火极限和燃烧性能应符合《地铁设计防火标准》（GB 51298—2018）和《建筑设计防火规范》（GB 50016—2014）的要求； ③ 车站、车辆基地内场所的防火分区划分应符合要求； ④ 发生火灾时须运作的房间，应分别独立设置，并采用耐火极限不低于 2 h 的防火隔墙和耐火极限不低于 1.5 h 的楼板与其他部位分隔； ⑤ 车站内设置非地铁功能的场所时应符合《地铁设计防火标准》（GB 51298—2018）4.1.5 条、4.1.6 条的规定； ⑥ 车辆基地上部设置其他使用功能建筑时应采用不低于 3 h 的楼板分隔且车辆基地建筑的承重构件耐火极限不低于 3 h，楼板的耐火极限不低于 2 h； ⑦ 地下车站的站厅与站台、站台间的防火分隔应符合要求； ⑧ 地上车站站台层不具备自然排烟条件且站厅位于站台上方时的防火分隔应符合要求； ⑨ 车辆基地油漆库、预处理库、酸性蓄电池充电间的防火分隔应符合要求； ⑩ 建筑耐火等级与防火分隔的其他相关要求			
3. 安全疏散					
地下车站		① 地下车站有人值守的设备管理区、站台、设备层的安全出口设置位置、数量应符合要求； ② 地下车站站台、有人值守的设备管理用房等疏散距离应符合要求； ③ 地下车站的消防专用通道设置应符合要求； ④ 地下车站安全疏散的其他相关要求			
地上车站		① 安全出口设置的位置、数量应符合要求； ② 站厅通向天桥的出口、换乘通道和换乘梯作为安全出口时，其使用材料、排烟条件等应符合要求并不作他用； ③ 高度超过 24 m 且相连区间未设纵向疏散平台的高架车站，站台应增设直达地面的疏散楼梯； ④ 地上车站安全疏散的其他相关要求			

续表

子项名称	权重	检查细则	检查结果	子项评分	备注
区间		① 载客运营轨道区的道床应满足人员疏散行走的要求; ② 两条单线载客运营地下区间应设置联络通道,相邻联络通道间水平距离及通道内设置的防火门应符合要求; ③ 地下区间内疏散井和用于疏散的风井,应符合相关规范及设计文件的要求; ④ 区间内纵向疏散平台的设置应符合要求; ⑤ 列车客室疏散门和门的手动紧急解锁装置应符合要求; ⑥ 区间安全疏散的其他相关要求			
控制中心、主变电所与车辆基地		① 中央控制室、配电装置室、补偿装置室、电缆夹层、车辆基地各场所的安全出口设置、疏散距离应符合要求; ② 车辆基地和上部其他功能场所的人员安全出口应分别独立设置,且不得相互借用; ③ 控制中心、主变电所与车辆基地安全疏散的其他相关要求			
疏散指示标志		① 站台和站厅公共区、人行楼梯及其转角处、自动扶梯、疏散通道及其转角处、防烟楼梯间、消防专用通道、安全出口、避难走道、设备管理区内的走道和变电所的疏散通道等,均应设置电光源型疏散指示标志; ② 疏散指示标志的设置位置、间距等应符合要求; ③ 自动扶梯起点侧面及人行楼梯起步的3阶踏步立面处,宜增设蓄光型疏散指示标志; ④ 地下区间纵向疏散平台的疏散指示标志和疏散出口的距离标识应符合要求; ⑤ 地下区间之间的联络通道洞口上部,应垂直于门洞设置具有双面标识常亮的疏散指示标志; ⑥ 疏散指示标志不应设置在可移动物体上,应牢固、无遮挡、指示方向正确清晰; ⑦ 切断正常供电后,应急工作状态的持续时间应满足要求; ⑧ 其他疏散指示标志相关内容			

续表

子项名称	权重	检查细则	检查结果	子项评分	备注
4. 建筑构造					
防火分隔设施		① 管线（道）穿越防火墙、防火隔墙、楼板、电缆通道、管沟隔墙处防火封堵的严密性应满足要求，两侧各1 m范围内的管道保温材料应采用不燃材料； ② 在配电间和控制室的沟道入口处或管线（道）穿越电缆通道、管沟隔墙处、电缆引致电气柜（盘）或控制屏的开孔部位，防火封堵的严密性应满足要求； ③ 防火门的选型、外观、安装质量和启闭性能等应符合要求，建筑变形缝附近的防火门，门扇启闭时不应骑跨变形缝； ④ 防火窗的选型、外观、安装质量和控制功能等应符合要求； ⑤ 乘客的疏散通道上不应设置防火卷帘； ⑥ 其他防火分隔设施相关内容			
自动扶梯、楼梯间、管道井与纵向疏散平台		① 火灾时兼作疏散用的自动扶梯应符合要求； ② 封闭楼梯间和防烟楼梯间的防火构造应符合要求； ③ 电缆井、管道井的设置及井壁的耐火极限应符合要求； ④ 区间纵向疏散平台的设置、尺寸、高度、耐火极限等应符合要求； ⑤ 防火构造措施的其他相关要求			
建筑内部装修		① 车站公共区、休息室、更衣室、卫生间、设备管理区用房、中央控制室、应急指挥室、控制中心、主变电所、车辆基地等场所内部装修材料的燃烧性能应符合要求； ② 站厅、站台、人员出入口、疏散楼梯及楼梯间、疏散通道、避难走道、联络通道等人员疏散部位和消防专用通道的装修材料燃烧性能应符合要求； ③ 疏散通道和疏散楼梯的地面材料应具有防滑特性； ④ 广告灯箱、导向标志、座椅、电话亭、售检票亭（机）、垃圾箱等固定设施的燃烧性能应符合要求； ⑤ 车站内使用的玻璃应采用安全玻璃，其耐火性能应符合要求； ⑥ 室内装修材料不得采用石棉制品、玻璃纤维和塑料类制品； ⑦ 建筑内部装修不应影响疏散设施及消防设施的正常使用； ⑧ 建筑内部装修的其他相关要求			

表 A.3　消防设施及器材检查评估表

子项名称	权重	检查细则	检查结果	子项评分	备注
1. 消防给水和灭火设施					
室外消火栓		① 车站及其附属建筑、车辆基地的室外消火栓设置数量、规格型号、间距、永久性标识、流量、压力等应符合要求； ② 消防水源采用天然水源时，取水口设置应便于取水，并有进水过滤措施，并保证冬季和枯水季节的取水可靠性； ③ 消防水源采用消防水池时，消防水池水位、保证消防用水不被挪作他用的设施、补水设施、水位显示装置等应正常； ④ 消防水泵接合器的设置数量应按消防用水量计算确定，设置位置应便于消防车取用，且距室外消火栓或消防水池取水口距离应符合要求，消防水泵接合器应有注明所属系统和区域的标识； ⑤ 寒冷地区的防冻措施应完备； ⑥ 其他室外消火栓、消防水源和消防水泵接合器相关内容			
室内消火栓		① 室内消火栓的布置间距、外观质量、永久性标识、组件及消火栓按钮的设置应符合要求； ② 消火栓流量及压力应满足要求； ③ 室内消火栓给水管网的阀门设置，寒冷地区的管道防冻措施等应符合要求； ④ 其他室内消火栓相关内容			
消防水泵		① 消防水泵应设置注明系统名称和编号的标识牌，相关阀门状态应正常并有标志牌； ② 消防水泵应设置备用泵，其工作能力不应弱于其中最大一台消防水泵的能力； ③ 消防增压稳压设备的设置、规格等应符合要求； ④ 消防水泵的吸水方式应符合要求，压力表、试水阀及防超压装置等应正常； ⑤ 消防水泵的手动启动、联动启动、故障切换及信号反馈等功能应正常； ⑥ 消防水泵的其他有关要求			

续表

子项名称	权重	检查细则	检查结果	子项评分	备注
自动喷水灭火系统		①喷头选型、布置应符合要求,并不得遮挡、变形; ②报警阀组应有标志牌注明系统及保护区,压力表示数符合设定值,阀门状态正常并设有标志,报警阀组的功能正常并能正确反馈信号; ③水流指示器及信号阀应有明显标志,安装距离符合要求,信号阀的启闭及信号反馈功能正常,水流指示器的启动复位及信号反馈功能正常; ④末端试水装置组件、试水接头的流量系数应符合要求,且设置位置合理; ⑤自动喷水灭火系统的系统启动功能及信号反馈功能应正常,水力警铃的声压级应符合要求; ⑥其他自动喷水灭火系统的相关要求			
气体灭火系统		①气体灭火系统的瓶组、储罐外观应完好、铭牌齐全、状态正常,选择阀标识明确且便于操作,管网相关附件完好; ②保护区泄压口、声光警报、放气指示灯、空气呼吸器配置等完好; ③喷头布置方向正确,无堵塞; ④气体灭火控制器的火灾报警、故障报警、手(自)动启动、状态显示、信号反馈等功能应正常; ⑤气体灭火系统的气体相关内容			
建筑灭火器		①车站内的公共区、设备管理区、主变电所和其他有人值守的设备用房设置的灭火器,应按现行国家标准《建筑灭火器配置设计规范》(GB 50140—2019)规定的严重危险级配置; ②灭火器选型、数量应符合要求,外观应完好,组件应齐全; ③灭火器应在有效期内,压力在绿色区域范围; ④其他灭火器相关内容			

续表

子项名称	权重	检查细则	检查结果	子项评分	备注
2. 防烟与排烟					
一般要求		① 排烟与防烟设施的设置场所应符合要求； ② 机械防烟系统和机械排烟系统与正常通风系统合用时，由正常运转模式转为防排烟运转模式的时间应不大于 180 s； ③ 站厅公共区和设备管理区的防烟分区划分应符合要求； ④ 挡烟垂壁应采用不燃材料，凸出顶棚或封闭吊顶及下缘距地面、楼梯或扶梯踏步面的垂直距离应符合要求，活动型挡烟垂壁联动动作正常，并能正确反馈信号； ⑤ 其他防排烟的一般要求			
车站、控制中心、主变电所与车辆基地		① 采用自然排烟的可开启排烟口有效面积不应小于地面面积的 2%，且任一点至排烟口的水平距离不应大于 30 m； ② 常闭排烟口（窗）应设置自动和手动开启的装置； ③ 排烟口、排烟阀开启复位应灵活可靠，且正确反馈信号； ④ 排烟口的设置位置应符合要求，且排烟口风速不宜大于 7 m/s； ⑤ 补风口应设置在室内净高 1/2 以下，且与排烟口的水平距离不小于 10 m； ⑥ 防排烟风机的规格型号应符合设计文件要求，联动启动和关闭功能应正常； ⑦ 其他车站、控制中心、主变电所与车辆基地防排烟的相关要求			
区间		① 当地下区间采用纵向通风时，断面排烟风速应不小于 2 m/s 且不大于 11 m/s； ② 地下区间内排烟射流风机宜备用一组，且不宜吊装在隧道上方； ③ 设置隔声罩的地上区间和路堑式地下区间的自然排烟口应设置在区间外墙上方或顶板上，有效面积应不小于区间水平投影面积的 5%； ④ 其他区间排烟相关内容			

续表

子项名称	权重	检查细则	检查结果	子项评分	备注
排烟设备与管道		① 排烟风机的设置位置应符合相关规范和设计文件要求； ② 地下车站的排烟风机与补风机、加压送风机共用机房时，机房内的排烟管道及连接件的耐火极限应符合要求； ③ 排烟风机的火灾工况连续工作时间应符合要求； ④ 发生火灾时须运行的风机，转换至事故状态所需时间应符合要求； ⑤ 防排烟管道、风口、阀门应采用不燃材料制作，且排烟管道穿越前室或楼梯间时的耐火极限不应低于 2 h； ⑥ 防排烟管道应采用金属或其他非土建井道，且管道内风速应符合要求； ⑦ 其他排烟设备与管道相关内容			
3. 火灾自动报警系统					
一般规定		① 火灾工况专用设备应由火灾自动报警系统直接监控。正常运行与火灾工况均须控制的设备，可由环境与设备监控系统直接监控，并优先执行火灾自动报警系统确定的火灾工况； ② 换乘车站的火灾报警系统宜集中设置，按线路设置时应能相互传输并显示状态信息； ③ 车辆基地上部设置其他功能建筑时，两者的控制中心信息应能互通； ④ 其他火灾自动报警系统相关内容			
监控管理		① 中央级、车站级、车辆基地级的火灾自动报警系统的控制、故障报警、信息显示、查询打印等功能应正常； ② 火灾自动报警系统应设置在控制室内，控制室应符合相应的要求； ③ 现场级火灾自动报警系统网络应独立设置，总线回路中设置短路隔离器，每只短路隔离器隔离的回路器件和模块等数量不宜大于 32 个； ④ 其他火灾报警系统监控相关内容			
火灾探测器		① 火灾探测器与设置场所应适用； ② 火灾探测器的外观、测试报警功能、反馈信息地址功能等应正常； ③ 其他火灾探测器的相关要求			

续表

子项名称	权重	检查细则	检查结果	子项评分	备注
报警及警报装置		① 外观及标志应正常； ② 报警装置功能、报警部位应正常； ③ 火灾声光警报器或火灾报警警铃的联动功能及声压级应正常； ④ 火灾报警及警报装置的其他相关要求			
消防联动控制		① 消防控制设备的动作状态信号应在消防控制室显示、记录，消防水泵、专用防烟和排烟风机的控制设备应具有自动控制和手动控制方式； ② 防排烟系统应联动控制防排烟风机、排烟阀、防火阀，并接收状态反馈信号； ③ 与正常通风合用的防排烟设备，由火灾报警系统向环境与设备监控系统发出报警信息及模式指令，由环境与设备监控系统控制设备转入火灾控制模式，并接收反馈信息； ④ 站台门的联动开启由车站控制室值班人员确认后人工控制； ⑤ 应能联动控制自动检票机的释放，并接收状态反馈信息； ⑥ 在接收到火灾报警系统的火灾信息后，门禁系统应能解除门禁，供电中断时自动解禁或可由车站控制室、消防控制室手动控制解禁； ⑦ 电梯在发生火灾时应能联动控制返至疏散层，并反馈信号； ⑧ 其他火灾报警系统消防联动控制相关内容			
4. 消防通信					
消防通信		① 控制中心防灾调度应设置"119"专用直拨电话、视频监控系统独立的监视器及操作终端； ② 车站、车辆基地的消防控制室或值班室等设置可直接报警的直拨电话； ③ 消防专用电话的电话总机、分机、电话插孔的设置及通话功能应符合要求； ④ 防灾调度电话系统、防灾无线通信系统的设置位置、接入方式等应符合要求； ⑤ 地下线设置的消防无线引入系统的覆盖范围、制式、信号等应符合要求； ⑥ 消防应急广播的设置位置、联动功能、声压级应符合要求，且消防应急广播与运营广播合用时，消防广播应具有最高优先级； ⑦ 车辆客室设置的紧急对讲装置应符合要求； ⑧ 其他消防通信相关内容			

续表

子项名称	权重	检查细则	检查结果	子项评分	备注
5. 消防配电与应急照明					
消防配电		① 火灾自动报警系统、环境与设备监控系统、消防泵及消防水管电保温设备、通信、信号、变电所操作电源、站台门、防火卷帘、活动挡烟垂壁、自动灭火系统、事故疏散兼用的自动扶梯、地下车站及区间的废水泵等应采用双重电源供电，并应在最末一级配电箱处进行自动切换； ② 火灾自动报警系统、环境与设备监控系统、变电所操作电源和地下车站及区间的应急照明用电负荷应为特别重要负荷，应增设应急电源； ③ 车站内设置在同一侧（端）的火灾事故风机、防排烟风机及相关风阀等，其供电方式应符合要求； ④ 应急照明应由应急电源提供专用回路供电，并应按公共区与设备管理区分回路供电； ⑤ 备用照明和疏散照明不应由同一分支回路供电； ⑥ 消防用电设备作用于火灾时的控制回路，不得设置作用于跳闸的过载保护或采用变频调速器作为控制装置； ⑦ 其他消防配电相关内容			
应急照明		① 备用照明、疏散照明的设置位置应符合相关规范和设计文件的要求； ② 应急照明和备用照明的照度应正常； ③ 应急照明的持续供电时间应满足要求； ④ 由正常照明转换为应急照明的切换时间应符合要求； ⑤ 其他应急照明相关内容			
电线电缆的选择、敷设		① 消防用电设备的电线电缆应为铜芯； ② 电线电缆的选型应符合要求； ③ 电线电缆的敷设应符合要求； ④ 其他电线电缆的选择、敷设相关内容			

附录 B 微型消防站分级标准

表 B 微型消防站分级标准表

级别	场所类别
一级微型消防站	① 建筑面积在 50 000 m² 以上的经营可燃品的商场、市场及物流集散中心； ② 客房数在 200 间以上的酒店、宾馆； ③ 容纳人数在 50 000 人以上的体育场（馆）、会堂； ④ 单层建筑面积在 3 000 m² 以上或总建筑面积在 10 000 m² 以上的餐饮场所； ⑤ 建筑面积在 5 000 m² 以上的公共娱乐场所； ⑥ 建筑面积在 5 000 m² 以上的地下公众聚集场所； ⑦ 住院、住宿床位在 200 张以上的医院、养老院、学校、托儿所、幼儿园等； ⑧ 省级广播电台、电视、邮政、通信枢纽； ⑨ 建筑面积在 50 000 m² 以上的公共图书馆、展览馆，具有较大火灾危险性的国家级文物保护单位； ⑩ 小型石油化工企业； ⑪ 生产车间员工在 300 人以上的服装、鞋帽、玩具、电子加工等劳动密集型企业； ⑫ 超高层公共建筑
二级微型消防站	① 建筑面积在 20 000—50 000 m² 的经营可燃品的商场、市场及物流集散中心； ② 客房数在 100—200 间的酒店、宾馆； ③ 容纳人数在 20 000—50 000 人以上的体育场（馆）、会堂； ④ 建筑面积在 5 000—10 000 m² 的餐饮场所； ⑤ 建筑面积在 3 000—5 000 m² 的公共娱乐场所； ⑥ 建筑面积在 3 000—5 000 m² 的地下公众聚集场所； ⑦ 住院、住宿床位在 100—200 张的医院、养老院、学校、托儿所、幼儿园等； ⑧ 市级广播电台、电视、邮政、通信枢纽； ⑨ 建筑面积在 20 000—50 000 m² 的公共图书馆、展览馆，具有较大火灾危险性的省级文物保护单位； ⑩ 微型石油化工企业； ⑪ 生产车间员工在 200—300 人的服装、鞋帽、玩具、电子加工等劳动密集型企业； ⑫ 一类公共建筑

续表

级别	场所类别
三级微型消防站	① 建筑面积在 5 000—20 000 m^2 的经营可燃品的商场、市场及物流集散中心； ② 客房数在 50—100 间的酒店、宾馆； ③ 容纳人数在 20 000 人以下的体育场（馆）、会堂； ④ 建筑面积在 2000—5000 m^2 的餐饮场所； ⑤ 建筑面积在 1 000—3 000 m^2 的公共娱乐场所； ⑥ 建筑面积在 500—1 000 m^2 的地下公众聚集场所； ⑦ 住院、住宿床位在 50—100 张的医院、养老院、学校、托儿所、幼儿园等； ⑧ 县级广播电台、电视、邮政、通信枢纽； ⑨ 建筑面积在 2 000—20 000 m^2 的公共图书馆、展览馆； ⑩ 具有较大火灾危险性的市、县级文物保护单位； ⑪ 生产车间员工在 100—200 人的服装、鞋帽、玩具、电子加工等劳动密集型企业； ⑫ 二类公共建筑； ⑬ 工作人员在 10 人以上的经营性汽车加油站、加气站、液化石油气供应站（换瓶站）； ⑭ 符合重点单位界定标准的粮、棉、木材、百货等物资仓库和堆场，使用易燃易爆化学物品的单位
仅须配备相应灭火器、防护器材及专兼职人员	其他消防安全重点单位

附录 C 微型消防站装备配备参考标准

表 C 微型消防站装备配备参考标准表

序号	器材类别	器材名称	配备标准		
			一级	二级	三级
1	灭火器材	消防水枪	≥4 把	3 把	2 把
2		消防水带	≥8 盘	6—8 盘	4—6 盘
3		室外消火栓扳手	2 把	1 把	1 把
4		分水器	1 个	—	—
5		灭火毯	≥4 个	3 个	2 个
6	个人防护装备	消防头盔	1 顶/人	1 顶/人	1 顶/人
7		消防员灭火防护服	1 套/人	1 套/人	1 套/人
8		消防手套	1 副/人	1 副/人	1 副/人
9		消防安全腰带	1 条/人	1 条/人	1 条/人
10		正压式空气呼吸器	≥4 部	2 部	选配
11		消防员灭火防护靴	1 双/人	1 双/人	1 双/人
12		强光照明灯	1 只/人	1 只/人	1 只/人
13	破拆器材	消防斧	3 把	2 把	1 把
15		绝缘剪断钳	1 把	1 把	选配
16		电梯钥匙	1 把	1 把	选配
17		铁铤	2 把	1 把	选配
18	通信器材	固定电话	1 部	1 部	1 部
19		对讲机	1 部/人	1 部/人	1 部/人
20		PoC 对讲机	选配	选配	选配
21		手持扩音器	2 部	1 部	1 部

注 1：单位可根据火灾危险性、生产性质、重点保护对象的特点等，在微型消防站合理配备轻型防化服、堵漏器材、侦检器材、移动照明灯组。其中，人员密集场所可配备逃生绳、逃生软梯、缓降器等。

注 2：使用天然水源或人工水池作为消防用水源的单位应配备手抬机动泵。

注 3：存在爆炸危险的重点单位应配备防爆型通信、照明、破拆、堵漏等相关器材。

注 4：占地面积较大或单体建筑较多的场所，可以根据实际情况配置小型消防车、消防巡逻车。

参考文献

[1] 中华人民共和国公安部. 建筑设计防火规范：GB 50016—2014 [S]. 北京：中国计划出版社，2018.

[2] 北京市规划委员会. 地铁设计规范：GB 50157—2013 [S]. 北京：中国建筑工业出版社，2013.

[3] 李晓江. 城市轨道交通技术规范实施指南 [M]. 北京：中国建筑工业出版社，2009.

[4] 中国建筑科学研究院. 建筑内部装修设计防火规范：GB 50222—2017 [S]. 北京：中国计划出版社，2018.

[5] 中华人民共和国公安部. 地铁设计防火标准：GB 51298—2018 [S]. 北京：中国计划出版社，2018.

[6] 史聪灵. 地铁安全疏散规范：GB/T 33668—2017 [M]. 北京：中国标准出版社，2017.

[7] 中国建筑标准设计院. 火灾自动报警系统设计图示 [M]. 北京：中国计划出版社，2014.

[8] 中华人民共和国公安部. 建筑防烟排烟系统技术标准：GB 51251—2017 [S]. 北京：中国计划出版社，2018.

[9] 赵国平，张慧玲.《消防给水及消火栓系统技术规范》GB 50974—2014 解读及应用 [M]. 北京：中国建筑工业出版社，2015.

[10] 中华人民共和国公安部. 自动喷水灭火系统设计规范：GB 50084—2017 [S]. 北京：中国计划出版社，2020.

[11] 中华人民共和国公安部. 气体灭火系统设计规范：GB 50370—2005 [S]. 北京：中国计划出版社，2006.

[12] 中华人民共和国公安部. 水喷雾灭火系统技术规范：GB 50219—2014 [S]. 北京：中国计划出版社，2014.

[13] 中华人民共和国公安部. 泡沫灭火系统技术规范：GB 50151—2021 [S]. 北京：中国计划出版社，2021.

[14] 中华人民共和国公安部. 建筑灭火器配置设计规范：GB 50140—2005 [S]. 北

京：中国计划出版社，2005.

[15] 中华人民共和国应急管理部. 消防应急照明和疏散指示系统技术标准：GB 51309—2018［S］. 北京：中国计划出版社，2019.

[16] 中华人民共和国公安部. 人员密集场所消防安全评估导则：GA/T 1369—2016［S］. 北京：中国标准出版社，2017.

[17] 中华人民共和国应急管理部. 社会单位灭火和应急疏散预案编制及实施导则：GB/T 38315—2019［S］. 北京：中国标准出版社，2019.

[18] 杨立中，邹兰. 地铁火灾研究综述［J］. 工程建设与设计，2005（11）：8-12.

[19] 谢灼利，张建文，魏利军，等. 地铁车站站台火灾中人员的安全疏散［J］. 中国安全科学学报，2004，14（7）：21-26.

[20] 王起全，李登尧，杨鑫刚. 地铁事故应急疏散模拟及优化［J］. 中国安全生产科学技术，15（11）：170-178.

[21] 谢振华，孙超，杨琳. 大型活动密集人群的风险分析与管理［J］. 中国公共安全（学术版），2006（4）：40-43.

[22] 胡清梅，方卫宁，李广燕，等. 地铁车站出口布局对人群疏散性能的影响［J］. 铁道学报，2009，31（3）：111-115.

[23] 史聪灵，钟茂华，何理，等. 地铁车站及隧道全尺寸火灾实验研究（1）：实验设计［J］. 中国安全生产科学技术，2012，8（6）：22-28.

[24] 吕健，詹怀宇，晋华春. 电力变压器绝缘纸的性能及其绝缘老化［J］. 中国造纸，2008，27（5）：54-58.

[25] 范明豪，张佳庆，杜晓峰，等. 典型变压器绝缘纸板燃烧特性试验研究［J］. 消防科学与技术，2016，35（4）：443-446.

[26] 张秀云. 环氧树脂浇注型干式变压器之环保特性［J］. 科技信息，2012（23）：134，9.

[27] 唐靖. 中压开关柜绝缘方式和绝缘标准分析［J］. 湖北农机化，2019（20）：13.

[28] 程超，黄晓家，谢水波，等. 智慧城市与智慧消防的发展与未来［J］. 消防科学与技术，2018，37（6）：841-844.

[29] 丁祥郭. "智慧消防"建设与发展的思考［J］. 计算机安全，2012（10）：66-69.

[30] 刘平，陈嵘. 智慧消防建设问题探讨［J］. 计算机时代，2022（8）：145-148.

[31] 陈琪锋. 智慧消防物联网云平台分析与设计［J］. 电子技术与软件工程，2019（4）：4.

[32] 丁宏军. 基于物联网技术的智慧消防建设［J］. 消防技术与产品信息，2017

（5）：67-69.

［33］应急管理部消防救援局. 消防监督检查手册：2019 版［M］. 昆明：云南科技出版社，2019.

［34］刘婷婷. 城市轨道交通安全管理［M］. 北京：北京理工大学出版社，2019.

［35］中国消防协会. 消防设施操作员：中级［M］. 北京：中国劳动社会保障出版社，2019.

［36］刘鑫. 面向智慧消防的物联网云平台系统设计［D］. 杭州：浙江大学，2020.